如何穿越牛熊周期

GEN YANGDELONG
XUE TOUZI

跟**杨德龙**学投资

杨德龙 著

中国财经出版传媒集团
中国财政经济出版社

图书在版编目（CIP）数据

跟杨德龙学投资：如何穿越牛熊周期/杨德龙著.—北京：中国财政经济出版社，2019.3
ISBN 978-7-5095-8777-5

Ⅰ.①跟… Ⅱ.①杨… Ⅲ.①投资-基本知识 Ⅳ.①F830.69

中国版本图书馆CIP数据核字（2019）第014085号

责任编辑：刘孺泾	责任印制：史大鹏
封面设计：卜建辰	责任校对：徐艳丽

中国财政经济出版社 出版

URL：http://www.cfeph.cn

E-mail：cfeph@cfemg.cn

（版权所有　翻印必究）

社址：北京市海淀区阜成路甲28号　邮政编码：100142
营销中心电话：010-88191537
中煤（北京）印务有限公司印装　各地新华书店经销
787×1092毫米　16开　16.5印张　227 000字
2019年3月第1版　2021年7月北京第4次印刷
定价：78.00元
ISBN 978-7-5095-8777-5
（图书出现印装问题，本社负责调换）
本社质量投诉电话：010-88190744
打击盗版举报热线：010-88191661　QQ：2242791300

自序

很多朋友在央视、凤凰卫视、四大证券报以及财经网站上经常会看到我发表的一些文章和观点,大家通过媒体报道也会了解到,我现在供职的前海开源基金,在过去5年市场大起大落中,成功地实现高位逃顶、底部抄底。很多投资者都想知道我们作为大的投资机构是如何判断大势的,又是如何能够挖掘到那么多牛股的。

首先给大家做一下简单的自我介绍。我于1981年出生于河南省商丘市夏邑县,从小热爱学习,被称为"清华的苗子"。经过10年寒窗,刻苦努力,终于不负众望,如愿以偿,于1999年7月以商丘市理科状元的成绩考入清华大学机械工程系。2003年本科毕业以后,我认为中国的工业化逐渐完成,即将进入金融大发展阶段,果断选择改专业。经过半年不懈努力,成功考入北京大学光华管理学院金融系攻读硕士研究生,有幸师从著名经济学家厉以宁和曹凤岐等大师级教授,进入金融领域的殿堂。2006年7月,我以北京大学光华金融系第三名的成绩毕业,获得北京大学优秀毕业生称号。

毕业之后,我有幸进入南方基金研究部做汽车行业研究员。南方基金是国内最早的一家基金公司,也是当时最大的基金公司之一。我在南方基金做了10年的投资和研究,从2006作汽车行业研究员,到2009年开始做策略分析,2010年开始发出第一只公募基金。

2009年起,作为央视特约评论员,我十年如一日,坚持每周在中央二套

《交易时间》《市场分析室》《央视财经评论》等节目做直播。在凤凰卫视、第一财经、香港TVB、亚太商情等电视台作特邀嘉宾。在《上海证券报》开辟《德龙观市》专栏，每周发表独家观点，加上在《中国证券报》《证券时报》《证券日报》等专业报刊上发表的观点，累计数百篇。我在新浪财经、金融界、和讯网、东方财富网等专业财经网站开设博客和专栏，拥有数百万粉丝。根据全景网的基金行业人物曝光度排行榜，2012年之前排第一名的是"基金一哥"王亚伟，第二名就是我。2012年之后，随着王亚伟"奔私"，我一直占据第一名并且遥遥领先。最新个人的行业曝光度占有率达到17%。

2016~2018年，我3次赴美参加一年一度的巴菲特股东大会，现场聆听股神巴菲特和芒格的真知灼见，对价值投资理念有了更加深刻的了解。长期以来，我一直致力于把价值理念推荐给A股投资者，强调价值投资同样适用于A股市场。过去3年，价值投资在我国已经逐步深入人心，坚持价值投资，拥抱白马股的投资者获得了巨大回报，而绩差股、题材股和消息股则遭到资金抛弃。我写了几十篇关于巴菲特价值投资的文章，得到了广大投资者的认可，改变了很多人的投资理念，有幸被媒体称为中国"小巴菲特"。本书的后半部分，收录了近3年来一些时效性不强、可以长期阅读的经典文章，供大家参考。

依靠广大财经媒体朋友、投资者和各级领导不遗余力的支持，我获得了众多荣誉。2012年，我获评"中国财经风云榜年度最佳公募基金经理"；2014年，我管理的南方策略优化基金获评"2014年度股票型基金金牛奖"；2016年，我获评"金融界年度金融风云人物"；2017年9月，我获评中国基金业协会和《今日头条》联合颁发的"基民领袖"；2017年10月，作为新浪财经"最牛人气理财师"，我荣登美国纽约时代广场纳斯达克大屏。从2010年起，我一直担任清华大学经济管理学院金融硕士研究生的行业导师，希望能为中国金融行业培养出更多优秀的金融人才。

学无止境。为了更好地学习最新金融理论和知识，自2018年9月起，我有幸进入清华大学五道口金融学院，开始全球金融GFD项目3年的系统学习，和百名企业家一起，师从国际、国内顶尖的金融专家，争取能够"百尺竿头更进一步"。

我现在供职于前海开源基金，做董事总经理、首席经济学家。前海开源基金于2013年成立，到现在只有5年多的时间，在这5年里面我们对大盘的判断是非常精准的，对趋势的研判也非常明确的。2014年年初，前海开源基金联席董事长王宏远先生就提出A股会有一轮特大牛市，并且提前进行了布局。到了2015年的5月21日，前海开源基金又率先把仓位降低到接近空仓，并发布公告提示市场泡沫已经很大，通过大幅减仓保护持有人利益。在那之后，我们接近空仓运做了9个月的时间，成功躲过了三轮"股灾"。

直到2016年春节之后，也就是2月16日，市场已经跌至2600多点的低点，前海开源基金开始全面加仓优质蓝筹股，把仓位从接近空仓加到接近满仓。在当时市场极度悲观的时候，我提出A股将展开"千点大反弹"的观点振聋发聩，引起市场广泛关注。随后，我提出要学习巴菲特，坚持价值投资理念，配置"白龙马"股，即白马股和行业龙头股，很快得到市场验证，以茅台为代表的白马股走出长达两年的牛市行情，而绩差股和小盘股则节节败退，白马股超额收益很大。

到2018年1月，上证指数在白马股大涨带领下，一口气涨到3587点，与2016年初的最低点2638点相比，刚好接近1000点，基本实现了当初我提出的"千点大反弹"。随后，在内外部利空因素冲击下，A股市场再次大幅下挫，到2018年10月再次跌破2638点低点，市场信心再度陷入极度低迷状态。

资本市场有一句很著名的话："行情总是在绝望中产生，在犹豫中上涨，而在疯狂中灭亡"。在10月市场大跌的时候，整个市场信心处于极度崩溃的状态。在市场绝望的时候，行情恰恰产生了。而正是在市场绝望的时候，前海开源基金联席董事长王宏远先生明确表示看好后市，督促投决会通过决议，旗下基金全面加仓。虽然10月出现了大跌，但是并没有动摇前海开源基金全面加仓的决心。王宏远先生认为，棋局明朗，全面加仓未来3年A股市场将跑赢全球主要资本市场50%以上。现在来看，市场的行情已经悄然展开。

当然，前海开源基金能够在市场大起大落的时候准确把握大势，成功实现逃顶和抄底，一定具备独到的分析方法。

现在，国内资本市场关于投资类的书浩如烟海，一部分是讲投资理念，一部分是国外投资大师的译著，还有很大一部分是讲技术分析的书，但是专门讲宏观经济和市场策略研究方法的书还不多见。结合在公募基金行业十几年投资和研究经验，我认真撰写了一本关于宏观经济和市场策略研究方法的书，通过大量的国内外资本市场真实而生动的案例，向广大投资者详细阐述了理论知识和实践经验。

本书分为三大部分，第一部分讲述宏观经济分析方法，介绍一些重要经济指标、"美林时钟"等重要分析工具，以及如何解读政府各项政策等，阐述了经济发展与股市走向的关系。第二部分讲解策略研究方法，包括市场大势研判，如何判断顶部和底部，如何进行仓位控制、重点行业研究方法、公司财务报表分析方法，如何从行业中寻找穿越牛熊周期的超级白马股，分享巴菲特价值投资理念，以及经典价值投资的案例分析。第三部分选取了近两年来我公开发表的一些关于投资理念和研究方法的重点文章，从专业的视角来看资本市场的投资实践。

另外，我在南方基金做了6年的公募基金基金经理，既有实盘的操作经验，又有投资研究经验，我希望通过这本书能够给大家传授最新的最真实的投资研究方法。古人云："授人以鱼不如授人以渔"，比起给大家推荐几个股票，不如教给大家如何选择股票、如何做好投资以及如何进行大类资产配置。

目录

第一章　研究宏观经济掌控市场大势　　1
第一节　解读经济数据的方法与技巧　　1
第二节　如何判断市场顶部和底部　　15

第二章　坚持价值投资拥抱白马牛股　　29
第一节　如何选择长期牛股　　29
第二节　驾白马，御龙头　　43
　　　　　享受价值投资　　43
　　　　　寻找超级牛股　　50

第三章　如何才能抓住牛市行情　　57
第一节　中线布局管理仓位　　57
　　　　　把握时机，知行合一　　57
　　　　　仓位的管理　　65
　　　　　风控的价值　　67
第二节　掌握交易技巧事半功倍　　70
　　　　　买入的艺术　　70
　　　　　卖出的技巧　　71
　　　　　逃顶和抄底　　78

第四章　经典报告　　　　　　　　　　　　　　　　　　81

如何做好A股策略研究　　　　　　　　　　　　　　　　　81

巴菲特强调：管理层正直是其最看重的　　　　　　　　　88

华尔街和五大投行的兴衰启示　　　　　　　　　　　　　90

成功投资并不需要太聪明　　　　　　　　　　　　　　　93

A股同样适用价值投资　　　　　　　　　　　　　　　　95

价值投资在我国也适用　　　　　　　　　　　　　　　　97

杨德龙分享今日头条最受瞩目基金经理第一名感悟　　　102

杨德龙：为何A股会有"黄金十年"　　　　　　　　　106

杨德龙：2019年宏观经济形势下楼市和股市的投资机会　110

杨德龙：利空因素边际明显改善2019年"十大预言"有望实现　114

杨德龙：新春佳节即到，积极拥抱A股"黄金十年"　　121

杨德龙：A股"黄金十年"牛市已启动3个月　　　　　126

杨德龙：外资为啥被大家称为"聪明的钱"　　　　　　129

重磅！杨德龙的2019年"十大预言"　　　　　　　　132

杨德龙：告别2018年的阴霾迎接2019年的曙光　　　135

杨德龙：我国经济从高速增长转向高质量增长资本市场
　　　　　迎来恢复性上涨机会　　　　　　　　　　　140

杨德龙：流泪播种者必然欢呼收割　　　　　　　　　　143

前海开源基金全面加仓杨德龙坦陈价值投资须克服贪婪与恐惧　146

杨德龙：建议大幅减税降费鼓励企业加大研发投入　　　154

杨德龙：防范商誉减值风险坚持价值投资理念 157

公募网红经济学家杨德龙：冬天已经来了，春天还会远吗 160

杨德龙：当前中国宏观经济形势分析及投资展望 166

贸易摩擦利空出尽前海开源王宏远建议公司旗下部分轻仓
  基金积极做多 172

投资圈超级IP，杨德龙是这样炼成的…… 175

学习再学习，做最好的自己 181

创业的关键是"靠谱" 183

考研加油！这有一个励志小故事 185

从巴菲特致股东的信中读出投资智慧 187

跟巴菲特学投资真谛——宁愿亏时间不要亏钱 190

没有研究基础的投资就像闭着眼开车 195

再赴奥马哈聆听股神巴菲特 202

巴菲特告诉我们如何"抄底"和"逃顶" 205

从巴菲特投资案例探索投资真谛 207

再次亲历巴菲特股东大会的感受 210

个人恐慌是价值投资最大的敌人 214

巴菲特单日巨亏50多亿，股神是如何面对暴跌的 218

2017年巴菲特致股东的信透露了哪些机会 222

白马股与新经济将成"双支柱" 225

都说巴菲特牛，他的观点对A股有用吗？看看这八条"干货" 228

连菜市场大妈都很少讨论股票的时候 232

在市场底部做投资，需要一份耐心	234
美股迎来史上最长牛市纪录A股如何学习	236
优质上市公司是股市长期发展的基石	239
学习巴菲特老师格雷厄姆的选股逻辑	241
看看美国投资大师是如何应对市场大底的	243
巴菲特价值投资理念的精髓	245
坚定持有优质公司度过低迷时期	247
在不确定市场寻找确定性机会	249

第一章 研究宏观经济掌控市场大势

第一节 解读经济数据的方法与技巧

在第一章里，我会重点给大家讲如何解读宏观经济数据，以及如何判断市场大势。

我们知道A股市场是大起大落的市场，往往牛市时特别牛，熊市时特别熊。很多投资者在牛市时赚了很多钱，但是在熊市时由于没有成功避险，没有减少仓位，最后不仅把牛市的收益损失殆尽，而且还亏了本金。特别是在2015年，这波牛市一个主要的特点就是有了"加杠杆"这个工具，很多投资者通过场外配资或者场内融资加了两倍以上的杠杆。在上涨时，加杠杆可以获得很多收益；但是在下跌时，很多人都爆仓了，出现了罕见的股灾。我们应当如何把握这种大的趋势呢？这是第一章要给大家重点讲解的内容。

首先，我们要分析A股市场的周期性。我们知道市场总是有牛熊周期的，没有只涨不跌的市场，也没有只跌不涨的市场，那我们应该如何去把握牛熊周期呢？我们既要分析宏观经济的状况，又要分析政策的趋向，同时要关注资金面、情绪面的变化。

我们回顾A股过去25年以来的走势，可以看出A股是一个大起大落的市场，有过很多次的熊市也有过很多次的牛市，总共经历了5轮的牛熊转换。在过去12年，也就是2006~2018年的这12年时间，A股就经历了3轮大的牛市和熊市。2005年10月，大盘跌破1000点的最低迷时刻我开始找工作，在2006年那一轮牛市刚启动的时候入场。

2006年年初，我开始在南方基金研究部实习，当时大盘的点位是1300点左右，到7月正式入职，当时点位也就是1600点，随后就迎来了两年的大牛市，上证指数从最低998点上涨到6124点。到2008年，全球金融危机爆发，A股出现了60%以上的下跌，这一轮的牛熊转换给很多人带来了深刻的影响。

2009年，随着国家推出"四万亿"，A股出现了一波反弹行情，上证指数实现了翻番。但是好景不长，到2009年7月以后，A股出现长达5年的漫漫熊途，几乎每年都是"熊冠全球"。当大家正在对市场绝望时，随着国内房地产市场短期拐点的出现，市场有了一定的反弹，又加上沪港通宣布开通，大盘从2014年7月起开启了又一轮特大牛市，上证指数在短短不到1年时间里就上涨到了5178点。市场上涨过快，下跌起来也是非常快。从2015年6月15日到2016年2月，仅仅是半年多的时间，A股就经历了3轮股灾，经历了千股跌停。

在过去10多年的时间里，我和很多投资者共同见证了A股两轮最大的牛熊转换。经过了两轮完整的牛熊周期，我们对于市场的理解更加深刻，牛市给我们带来了收益，熊市给我们带来了宝贵的经验，让我们知道风险控制的重要性，让我们知道掌握投资方法的重要性。

A股投资者都知道一句话——"A股市场牛短熊长"。但其实根据我们的统计，A股"牛短熊长"是误读，我们把牛市时间和熊市时间进行比较，发现其实牛市延续的时间更长，但最长的是"震荡市"，有人把它称为"牛皮市"，也有人把它称为"猴市"。A股很多时候可能是处于垃圾时间的，指数没有大涨也没有大跌，市场成交量也非常低迷，只有一些个股有些比较好的机会。所以，我们要想有所作为，就需要去抓住牛市的机会，更关键的一点是，在牛市能够逃顶，从而保住牛市的成果。

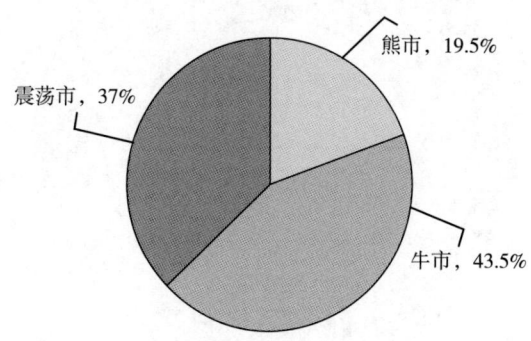

图1-1　A股牛市熊市时间分布（1991~2018年）

我们研究股市的周期，首先要研究投资的周期。我们要具备大类资产配置的概念，单纯去研究股市往往会让自己的视野变得狭窄。股市只是资本市场的一个组成部分，我们同时要关注大宗商品、债券市场、货币市场等其他市场的表现。在我国，还要特别关注房地产市场，因为房地产市场和A股市场的"跷跷板效应"是非常强的。

关于投资研究，最著名的就是"美林时钟"，"美林时钟"是美林证券在2004年最早提出来的一种分析宏观经济周期和资产配置关系的方法。"美林时钟"把经济增长、通胀分为4个周期，分别是"复苏""过热""滞胀"和"衰退"。对应4个不同的周期，投资者应该配置的资产品种是不一样的（见图1-2）。

在经济复苏期，我们应该配置股票资产，因为经济在复苏的时候，投资者的信心还不足，股票的市盈率比较低，上市公司业绩也开始好转，因而股票上涨就具有"戴维斯双击"效应，既有市盈率的增长，又有盈利的增长。在复苏的时候，股票的涨幅是非常大的（见图1-2）。

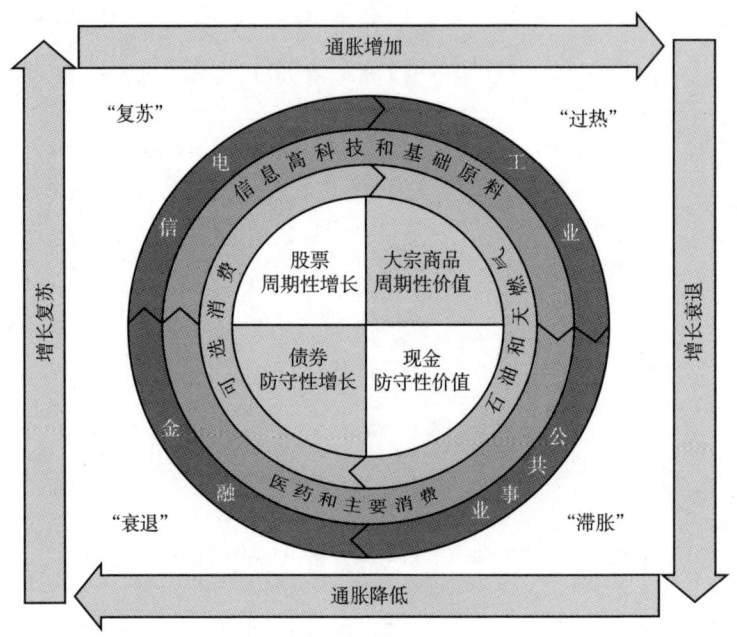

图 1-2 美林时钟

随着经济的复苏，物价也在上涨，通胀开始逐渐抬头，各方面的投资增速也在不断增加，这时候经济就会进入过热期。在经济过热的时候，货币政策会转向，从之前宽松的货币政策转向紧缩的货币政策。货币政策的工具包括调整利率、调整存款准备金率以及公开市场操作，央行通过这些手段来紧缩，防止经济出现过热的状况。在经济有过热苗头的时候，股票就有见顶的风险，这个时候我们要果断地把股票资产降低仓位，增加大宗商品的配置。

经济经过了过热期之后，就可能进入一个增速放缓、通胀保持高位的滞胀期。滞胀期是最差的一个阶段，在这个阶段不能持有股票，因为股票会暴跌，也不能持有大宗商品，因为经济衰退导致大宗商品的需求也下降。因此，这个时候就是"现金为王"，大家一定要持有现金。

过了滞胀期这个阶段之后，经济就会进入衰退期。这个时期因为实际需求下降使通胀减小、增速下降，在这种情况下，我们应该持有债券。债券会给我们带来比较好的回报，因为在衰退的时候货币政策又开始转向，从原来紧缩的货币政策转向宽松的货币政策，随着央行不断降息，债券价格会不断上涨，债券收益率会不断下降，紧接着债券市场会迎来牛市。

央行的货币政策对于经济的影响并非时时刻刻都是有效的。根据经济学理论，在经济过热的时候，央行通过紧缩的货币政策，比方说上调利率、上调存款准备金率，或者收紧银根来打压经济、打压投资，效果是比较明显的；在经济衰退的时候，央行通过宽松的货币政策，比如降低利率和存款准备金率，释放货币，刺激经济增长的效果并不那么明显。为了更容易理解，我来打个比方：人可以通过缰绳把马拉走，但是反过来人通过缰绳去拉马倒退却很难做到的。所以，在经济过热的时候，央行的紧缩货币政策往往能起到作用，但是在衰退的时候想刺激起来就比较困难。

通过"美林时钟"，大家可以大致知道，在经济的不同阶段我们应该配置什么样的大类资产。股票投资是大类资产配置的一个方面，我们要做好股票的策略分析、大势的判断，首先要对宏观经济进行深入的研究，既要研究中国经济，也要研究世界经济，还要去关注一些政策变化、一些金融市场的变化。

所以说，做策略研究和宏观经济研究是非常困难的，做宏观经济研究是一门复杂的科学，有人开玩笑说：10个经济学家往往有11个说法，经济学家之间也有很大的分歧。我们学宏观经济学就会知道，经济学上有很多笑话就是嘲笑经济学家的，他们针对经济以往的走势进行的总结是比较准确和有道理的，但是对于经济未来的预测往往不准，所以做宏观研究和策略研究经常被打脸。

有一次，我在经济学书上看到一个故事，说有一个人要做环球旅行，于是他就做了一个氢气球，飘了好几天，最后飘到了一个自己都不知道是哪的地方。然后刚好看到地上有一个人在走，他就问别人他现在在哪，那个人抬头看了一眼，说："天上"。这个环球旅行者就对他说："你是不是经济学家啊？"那个人说：你怎么知道？他说："因为你说的话无懈可击，但是毫无用处。"

这个笑话说明，做经济研究非常困难，能够把经济走势说清楚并给出一定的预测分析是一件很有挑战的事，然而我们做股市的预测分析却离不开宏观经济的研究。

在中国做经济分析，首先分析GDP。GDP就是国内生产总值。GDP这个概念目前已经被全世界普遍接受，它是衡量一个国家一年经济发展的重要指标。GDP指标的核算方法有两种，一种是支出法，一种是生产法。大家熟悉的是支出法，也就是所谓的"三驾马车"——投资、消费和净出口。生产法主要是把产出分成上游、中游和下游。

在过去这30年的时间里，我们国家通过改革开放、加入世贸组织（WTO）、做全世界的代工厂，使投资和净出口在我们国家GDP中占有非常高的地位。投资拉动的GDP增长一度超过50%，进出口在我们经济中的贡献也一度达到40%，而消费占比一直不高。但是从这几年开始，情况已经发生了很大的变化，消费对GDP的贡献超过了50%，投资在GDP中的占比首次低于消费，进出口对GDP的贡献也变得非常小，甚至有的月份是负的，这就是我们经济结构的变化。

过去这30年，我们经历了一个工业化的过程，工业增速决定了GDP的增速。我们从图表可以看出，两者的拟合度是非常高的。我们要从哪些指标看经济增速呢？一个是工业增加值的指标，这是每个月都公布的，另一个是发电量。为什么我们要把两个图放在一起？详见图1-3和图1-4。

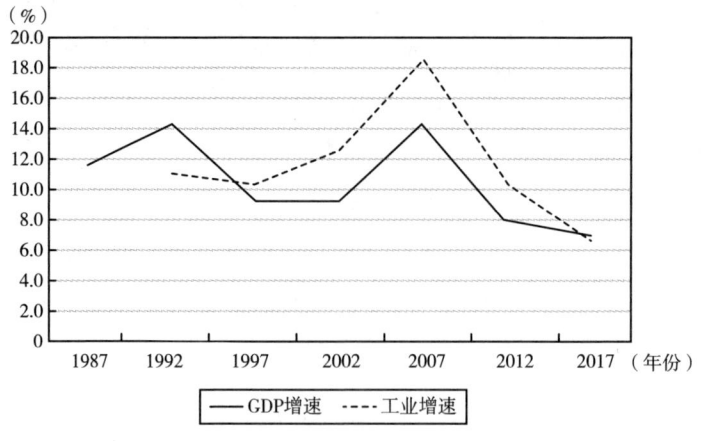

图1-3　GDP增速与工业增速

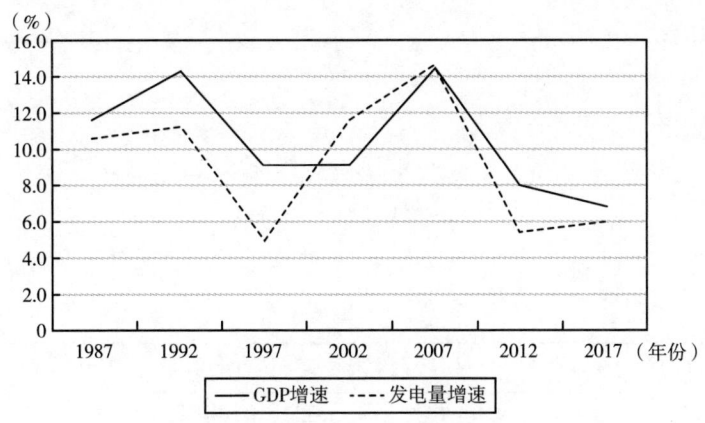

图 1-4　GDP 增速与发电量增速

因为工业增加值是国家统计局给出的数据，很多人怀疑统计局的数据会注水，而发电量是一个客观的数据，它是很难进行人为调整的，直接统计各个发电厂的发电量，发电量的多少其实就代表了经济的增速。整体来看，我们看到工业增加值和整体发电量的趋势是一样的，但是工业增加值的波动更小，这说明什么呢？说明经济本身的波动会更大一点，可能统计局给出的数据相对平滑一些。

发电量和工业增加值都是看当月的经济增速，要想看未来的经济增速就要关注一个指标（即中采PMI）。中采PMI是中国采购联合会，它每个月会给出采购经理人指数（也就是PMI）。采购经理人会通过预测未来两个月的需求量来进行采购，所以这个PMI它是一个可以预测未来的参数。PMI是一个环比指标，也就是这个月比上个月增加多少。50%是分水岭，如果PMI超过50%，那就表示经济在扩张，如果PMI低于50%，表示经济量在收缩。所以，我们可以通过PMI来预测未来几个月的经济增速（详见图1-5）。

看完经济增长之后，我们要看货币政策。货币分为资产和负债，资产主要指信贷和社会融资总量，负债就是我们常说的M1、M2、M3。央行的货币政策是为经济增长服务的，央行要发多少货币取决于经济发展的需求（详见图1-6）。

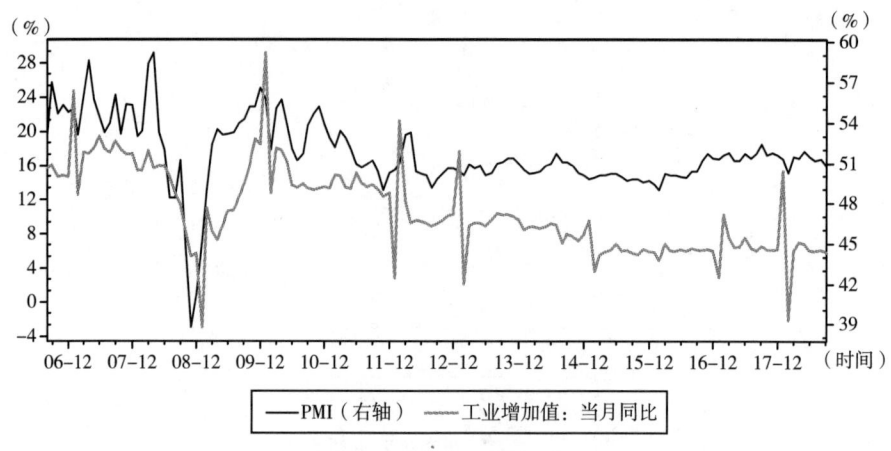

图 1-5 PMI 与工业增加值

数据来源：Wind。

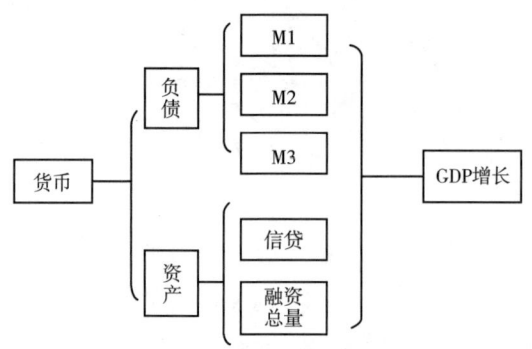

图 1-6 货币与 GDP 增长

首先，我们要搞清楚 M1、M2、M3 分别是什么意思，它们其实是不同口径的货币统计指标。首先说 M1。M1 是流通中的现金以及企业的活期存款，比 M1 更小口径的是 M0，M0 就是指现金，用处相对小一些。M1 用处比较大，不仅包括现金还包括活期存款，活期存款可以等同于现金。M2 是 M1 加上企业的定期存款以及居民的储蓄存款，M2 是用处最广泛的指标，基本上代表了整个经济的货币的发行量。M3 是比 M2 更大的口径，不仅包括 M2，还包括外汇存款。我们国家对于 M1、M2、M3 的定义和国际货币基金组织（IMF）

的定义略有差别,但是大致口径一致。

M1被称为是"万能的M1",因为它是现金加活期存款,往往M1走势和上证指数走势重合度很高,只是这3年偏离比较大,这3年情况比较特殊,经济处于转型期,实体经济没有太多的机会。M2是我们平时用得最广的量,M2多大算货币超发?这里有一个参考指标,就是M2除以GDP,我们知道GDP是国内生产总值,而M2是央行发行的货币量。一般这个指标是1的时候比较合理,经济产值需要多少货币,央行理应发行多少货币。国际通行的标准在1左右,像美国、欧洲、日本这个指标基本在1。

那我国是什么标准呢?我国现在M2达到180多万亿元,GDP大概是90万亿元,M2是GDP的2倍多。从这个角度来看,货币是超发的,这会造成货币贬值。大家想一下10年前的物价和现在的物价、10年前的房价和现在的房价差了多少?可以说,这10年房价的大幅上涨可能60%~70%都可以由货币超发来解释,这个房子本身价格没有涨那么多,但货币贬值导致房子的名义价格上涨。

那么,什么是推动经济增长最根本的要素,我们应当如何看经济增长。根据经济学理论,驱动经济增长的因素由劳动力、资本、技术进步构成。过去这30年我国经济增长,第一是由于劳动力成本低而出口代工,第二就是有大量的资本涌入,第三是技术进步也贡献了一定的经济增长。

但是,我们技术进步还不够多,现在劳动力开始出现一定的瓶颈,特别是低端劳动力供给开始紧张,农村人口转移到城市的过程基本结束,所以我们靠这个要素推动经济增长比较难。而且资本是严重过剩的,大量资金无处投资,下一步我们国家要想实现经济增长,就需要第三个指标,就是技术进步,通过提高劳动生产力来提高我国经济增长。所以我们看到这些年政府鼓励发展新兴产业,鼓励技术升级,目的就是想提高劳动生产力,从而提高我国经济增速。

关于劳动力和经济增长的关系,有个观点叫"人口红利"。"人口红利"就是指在一定的工资水平下,可以有源源不断的劳动力供给。在过去的这30

多年，大量的农村年轻人拥入到城市，农村基本只剩下老幼病残，所以，当时劳动力成本是很低的。全球的一些跨国企业都来中国开代工厂，基本上，全世界40%以上的低端产品是中国生产的。你到国外旅游会发现，商场里面的衣服、鞋袜、玩具基本上都是"Made in China"。

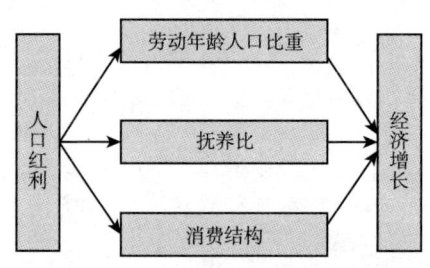

图1-7 人口红利与经济增长

我国从20世纪80年代开始实行计划生育控制人口增长，而如今农村人口转移也基本上结束，这就导致了劳动力的成本从此开始上升，进而出现了像苦力、保姆这些工作收入比较高而大学生毕业就业困难的局面。因为过去这10年中国的高校扩招，大量人口转为高素质人才，很多人上了大学之后就业观念就变了，不愿意从事一些低端工作，而高端工作又不需要那么多人口，这就造成了结构性失业，一方面大学生就业困难，另一方面低端劳动力短缺。

现在建筑工人的工资据说都已经提到了8000元甚至10000元以上了，而很多大学生工资可能还不到4000元，所以很多人开玩笑说，都不敢说自己是"大学生"的了，因为工资还没有搬砖的收入高。这说明我们的人口红利并没有结束，而是一种结构性的调整。这恰恰为中国经济转型升级提供了廉价的高素质人才，所以对经济未来的增长前景我是不悲观的。我认为随着人口素质的提高，就业观念的改变，将来会有更多的高素质人才进入劳动力市场，有利于推动我们的经济转型和升级。

因为我们这本书重点讲策略研究，时间有限，所以对于宏观经济研究我们只能点到为止，不能分析得太详细。重点要讲怎么去判断大盘的顶部和底部。

上文讲了要看宏观经济,因为经济是股市的"晴雨表"。经济是上升的,往往股市会走强;经济进入衰退,股市则往往表现不佳。在A股,这个关系并不那么明确。回顾过去这26年,只有几次是经济好并且股市好的,大半时候两者的关系是脱离的。我们怎么判断A股的底部和顶部,前海开源基金是如何在这6年成功做到抄底和逃顶的,在这里给大家详细介绍一下。

前海开源基金在这6年对于市场趋势的把握是非常精准的,给投资者印象最深刻的就是在2015年5月21日,面对中小创的疯长,当时前海开源不仅把仓位降低到接近空仓,而且公开地发表了一个公告,给投资者提示了市场的风险。一直空仓了9个月,直到春节之后我们判断市场已经见底了才开始加到满仓,加仓的方向也是一些优质的白马股,特别是像黄金、白酒这些强势股(见图1-8)。

1	2014年年初,投研团队就率先指出这是特大牛市
2	2015年5月21日,面对中小创疯涨、泡沫化巨大的状况,前海开源基金率先严控中小板创业板投资比例
3	春节后海开源基金结束了9个月的空仓期,把仓位两天加到接近满仓
4	春节后配置白酒、医药、家电、军工、农林牧渔等传统白马股行业

图1-8 市场趋势的把握

从2015年5000点的高点到2016年的9月30日,前海开源基金有4只产品净值创新高。在2016年,前海开源基金业绩拿到双料冠军,股票基金的第一和混合基金的第一。能取得这么好的业绩主要就是对于市场趋势的把握非常精准。有投资者说:"是不是前海开源基金会算命?"我们不会算命,我们总结了一些指标来判断市场的顶部和底部,我把这些指标简单地总结为如下3个。

第一个指标是基金的销量,特别是新基金的发行量。因为新基金的发行量代表了投资者的入场意愿,在牛市时,投资者入场意愿非常强烈,很多基金一天就卖100亿元，这往往是市场的高点，离见顶就不远了，而2015年5月市场就出现了1天卖100亿元的基金。在市场低迷时，投资者往往不愿意买基金，1只基金最少2亿元就可以成立，而很多基金公司却卖1个月也卖不出2亿元，最后只能找证券公司帮忙，这个时候就是市场的最低点。

基金的销量是很容易观察的，每只新基金发行都会公告。所以我认为这个指标是非常灵敏的，几乎屡试不爽。因为中国基金持有人中90%都是散户投资者，基金的销量其实代表了散户投资者的入场意愿。在2007年时就出现过1天卖100亿元的基金，最多的一次是有一个基金一天卖了900亿元，接着市场就到了6000位的高点，而这一轮的牛市也是在出现一天卖100亿元的基金之后见顶了，所以这第一点我们一定要重视。

第二个指标就是A股的成交量。A股的成交量表示的其实是场内资金交易的意愿。在牛市时，炒股票赚钱，大家都愿意炒股票，天天换手，市场成交量非常大。在2015年牛市时，成交量突破15000亿元，最高的时候达到22000多亿元，这个成交量刷新了人类历史成交量的记录，也超过了美国市场一天的最大成交量，这就表示市场已经达到了极度疯狂的状态，其实这已经是最好的离场时机。在市场低点时，投资者已经被下跌吓怕了，被股灾吓怕了，不敢交易了，有的投资者甚至把账户关掉，发誓以后不炒股票，而这个时候正是市场见底的时候。

根据我们的经验，一般在市场低点时，每日的成交量会萎缩到市场高点时的20%左右。2015年高点时的成交量达到了每天20000多亿元，20%就是4000多亿元，所以当成交量萎缩到4000多亿元时就是地量，而"地量见地价"，这也是2016年春节之后我们敢于全面加仓的原因。

第三我们是看价格指标，也就是沪深300的估值水平。我为什么选沪深300的指数估值来看呢？因为沪深300的成分股主要是优质蓝筹股，蓝筹股比较稳定，它的估值是有意义的。沪深300的估值从过去来看，它的最低点就是1664点，大概是11倍，而在2016年春天之后，大盘在2600多点时，沪深300的估值已经跌到了12倍以下，接近历史最低点。这个时候我们买进去，牺牲的只是时间，不是本金。我们在沪深300市盈率很低时买，面临的只是今年赚钱还是明年赚钱、这个月上涨还是下个月上涨的问题，而且风险是非常低的。

在A股做投资也是要踩准节奏，一步走对步步走对，一步走错步步走错。很多人在2015年牛市时赚了很多收益，很多人都认为自己是股神，但是到股灾时，很多人都没有逃掉。有的人躲过了第一轮没有躲过第二轮，有的人躲过了第二轮没有躲过第三轮，有一句话叫"新股民站在高点上，老股民死在抄底的路上"，很多投资者对此深有体会。在市场趋势已经发生了变化之后，我们就应该果断地顺势而为，而不能跟趋势作对（见图1-9）。

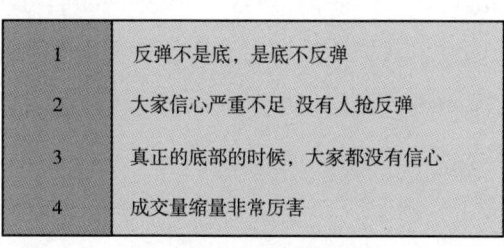

图1-9 市场趋势变化

2015下跌时我们为什么保持空仓而不去抓反弹呢？是因为我们认为在2015年前两轮股灾时市场并没有到底，我们判断的依据是市场还有很强的反弹。我在2015年年初提出了一个观点："反弹不是底，是底不反弹"。也就是说，在市场下跌时，还没有见底之前，投资者信心还在，很多人甚至认为"有钱难买牛回头"，所以在市场下跌第一波时，市场的反弹是很快的，很多人都去抢反弹，最后证明，往往没有抄到底而抄到腰。往往在投资者已经被股市吓怕不再讨论股票时才能真正产生底部，在2016年春节之后，市场看多的人已经没有了，市场已经真正见底了。

在2016年春节过后市场最悲观时，笔者提出了"千点大反弹"的观点，引起了市场各方面质疑，几乎很多人都一边倒地认为大盘还会跌到2000点，而这个时候是真正到底了，到底之后的反弹是非常弱的，基本上是走两步退一步，每次下跌投资者都担心会不会创新低，恰恰这种弱势反弹说明市场真的见到了历史大底。

大家对于底部和顶部的判断，用我说的这3个指标去分析，对A股市场来说是非常有效的。很多投资者经历了2015年下半年的股灾，经历了2016年年初的熔断，受到的教训非常惨痛，这进一步地证明在A股做投资一定要有对趋势的把握，要判断好大盘的方向。股市有句谚语说"会买的是徒弟，会卖的是师傅，会空仓的才是大师"，很多人都需要对这句话反复琢磨。

有一本写得很好的书——《股票大作手回忆录》，它的作者利弗莫尔说道："当我看见一个危险信号的时候，我不跟他争执，我选择躲开"。什么意思呢？当市场开始出现一个危险的信号、一个见顶的信号时，这个时候最好的选择就是先空仓出来。我们不需要考虑为什么会出现跌停，我们先跳出来再思考为什么。如果市场还没出现见顶的信号，仅仅是正常的技术性回调的话，我们就再买进来。买和卖只需要几分钟甚至几秒的操作，但是可以大幅规避被套风险。

我们来总结一下。对A股趋势的把握是在A股取得成功投资的最关键要素，要把握A股的趋势，就要关注宏观经济指标、关注财经政策和货币政策的变化，甚至还要关注中央的政策意图。同时，我们要结合A股本身的交易特点，通过基金发行量、市场成交量以及沪深300的估值来判断A股是否已经见顶和见底，从而对A股的大趋势进行准确的把握。

第二节　如何判断市场顶部和底部

在第一节里，我们讲述了如何通过分析一些指标来判断宏观经济的走势和如何根据一些市场交易的指标来判断大盘的趋势。在这里，我重点讲解的一个观念是一定要了解宏观经济的方向，而且一定要判断好A股市场大的趋势，这样才能在A股投资中立于不败之地。

在下文中，我重点给大家讲一下经济、政策与A股的关系，以及如何从海外的视角来看A股，只有跳出A股来看A股才能对A股有更清晰的认识。

我们首先来讲一下国内的经济和A股的关系。

股市上有一句话叫："股市是经济的晴雨表"。但有很多人提出质疑，在过去16年的时间里，我国经济经历了突飞猛进的发展，年均增速超过8%；更不用提利润增速了，利润增速可能会超过10%，但是上证指数却是大起大落，和10年前相比，上证指数仍然停留在3000点附近。

在2006年，大盘已经到了2000多点，而现在也还在2000多点。在我国，大家似乎没有看到股市和经济之间存在明确的正相关关系，甚至只有在2006年、2007年以及2009年这两次市场的反弹或者说市场的牛市是和经济面共同上升的，其他几次牛熊转换其实和经济并没有太大的关系。

最典型的就是从2001年到2005年这4年的时间里，虽然我国经济增长的非常平稳，增速也很高，但我国的股市却经历了4年的大熊市，上证指数从2001年的2140点一直跌到了2005年的998点，看到这个数据我们发现经济与股市的脱节比较严重。

说到经济和股市的关系，在国外，有一个很著名的比方，就是把经济基本面比喻成遛狗人，把股市的走势比喻成狗，遛狗人在遛狗的时候，有时跑得快就跑到前面去了，有时走得慢就落后了，但是狗始终都不会偏离人太远，等主人回家了，狗也跟着回家了。

而经济和股市的关系在我国是什么样子呢？其实，在中国也可以这么比方，从长远来看，过去26年，A股从100点涨到了3000点左右，应该说这26年是增长的，如果看相应时间成分指数的走势，我们发现中小板指数的涨幅也是比较大的，所以从中长期来看，股市和经济的关系确实是正相关的关系。但是，如果以短短的2~3年或者10年以内的时间来看，股市和经济的关系就没那么紧密了。

如果包括美国在内的这些成熟市场和我国都把股市跟经济的关系比喻成狗和遛狗人的关系的话，那么区别在哪呢？区别在于国外市场可能遛狗的绳子是两米，而在我国遛狗的绳子可能就是20米，有时候甚至因为我国有雾霾，就可能不知道狗跑哪去了。

我们知道，我国经济的增长应该说是比较平稳的，但股市的波动却是非常大的。我在读北大光华金融硕士的时候修过一门课叫《金融学》。这门课讲到了一个有意思的数据，说在过去100多年里，道琼斯指数从100点涨到了25000多点，涨了250倍，也就是说，如果你在100年前刚刚有道琼斯指数的时候，投资1美元买这个指数，现在你会赚到250美元；如果你这1美元100年前存到银行，到现在可能也就是几十元钱而已。

如果你在这100年里面是一个短炒的高手，你每天都可以把股市上涨阶段给赚到，而把股市下跌给规避掉，并且不考虑交易成本，大家可以猜想一下，100年前你投1美元的话现在会变成多少钱？这个数字是非常惊人的，是100万美元？1000万美元？1亿美元？都不对，是10亿美元！

这说明了两点。第一点就是经济面的变化不大，而指数的波动非常大。当然了，没有人能真正预测准股市的涨跌，连上帝都不知道明天是涨是跌，所以这个计算只是一种模拟的假设，是理论，但它却也从侧面说明了股市的波动是非常大的。第二点就是说复利增长是非常可怕的。我们知道股神巴菲特，他的年均回报率也就是19%，不到20%，但是他复合增长了40年。大家猜他基金的净值增长了多少？2万倍！

所以，从这一点来看，做投资你不仅要想到每年赚多少收益，关键还要规避掉大的股市下跌。不仅要在上涨中赚到钱，在下跌中也要规避掉风险，这样的话，复利增长是最可怕的，财富增长是最快的。是不是很多人都做过这种梦想：如果我能预测到明天哪个股票能涨停，我不就发财了吗？当然这肯定是不可能的！一旦你能预测到明天哪个股票能涨停，即使你只有1万元，可能不到1年，整个股市的钱都被你赚走了。

复利增长有多快呢？所谓复利增长，其实是指数增长。我在高中学物理的时候，当时物理老师用一个很形象的例子给我们讲述复利增长有多快。我们知道，一张报纸是很薄的，现在把报纸对折一下，那么它的厚度就变成了原来的2倍，再对折一下，厚度就变为了原来的4倍，也就是2的二次方，再对折就是2的三次方，如果我们能够做到把一份报纸对折43下，大家想象一下这个报纸会有多厚？你肯定想象不到，把报纸对折43下的厚度是地球到月球的距离，这就是指数增长的速度。

大家知道这一点的话，就会知道其实做投资的秘诀就是巴菲特说的三句话：第一，每笔投资都要赚钱；第二，每笔投资都不要亏钱；第三，记住前两点；因为复利增长是非常快的。当然，会有很多人说我做不到这样，怎么能保证不亏钱呢？在后面章节中，我会给大家讲到贯彻价值投资，在有安全边际的时候再去买股票，就可能做到每笔投资都不亏钱。

现在，让我们回到策略分析上来，在研究A股的时候，我们不能仅仅去研究宏观经济，还要研究其他相关因素。我给大家总结一下策略研究的框架，首先是从宏观经济开始入手，大家要关注在第一节里讲的那些内容，同时关注后面的几个因素。

股票、债券这些资产它们的定价方式是什么？其实，我们可以用一个DDM模型（也就是股利折现模型）来定价。任何一个资产，它的价值就是它未来可能产生的现金流，通过一定的折现率折现到现在加总之后的价格，这种模型可以用作几乎所有东西的定价。比方说，债券定价是怎样的呢？债券定价是每年到期之后利息与本金一起付，那么债券的现值就是明年的利息除以折现率折现到现值，第二年的利息折现到现在，一直到最后一期利息加本金折现到现在的价值，然后加总就是债券的价值。股票是怎样定价的呢？应该是股票在未来给你带来的分红收入，通过一定的折现率折现到现在，然后加总得到的价值。

股票和债券的不同是什么呢？债券一般是有期限的，而股票是无期限的。我们假设一个公司是永续经营的，这样才能对它进行估值。我们有了这个DDM模型之后，就可以分析什么因素能够影响到股价。首先是折现率，折现率和无风险利率（比如国家的利率、银行的定期存款利率）是密切相关的，无风险利率由央行来调节；其次就是风险偏好，投资者的风险偏好越高，折现率就越高；另外就是公司的分红，这个公司在未来的预期分红越高，那么它的现值就越大，股票价格就应该高。

很多人可能不习惯用DDM模型，觉得它太复杂，最后就把它简化为一个简单的模型，直接用市盈率。市盈率就是股价除以每股收益，或者说是上市公司的总市值除以净利润，这个指标相对来说简单易行。市盈率的高低决定了投资者对股票未来的一个预期，整个市场的市盈率就表示大家对于股市未来增长性的预期。等到后面讲选股的时候，我会具体分析怎么用市盈率来选股。

研究策略不仅要关注这两点，还要关注政策的因素。比方说，货币政策还有一些制度性因素，例如新股发行制度、资产证券化、混合所有制改革、并购重组、PPP等一系列的因素。另外，微观结构也会影响这个市场，例如这两年的场外配资、两融规模及股指期货、权证，这些都会影响到市场的表现。刚刚讲的这些方面，在做策略的时候，我们都要关注到。所以说，做策略研究是很难的，比行业研究要难得多。

每个基金经理都认为他自己是一个策略分析师，每个股民都会跑来跟你讲明天大盘要涨还是要跌，但是我们怎么才能做到专业呢？有人说，做策略就是预测点位，和算命差不多，而两者唯一的差别就是策略分析师不仅要会算命，还要会讲故事，其实这是对策略分析师工作的一个误解。做策略不仅要预测点位、牛市、熊市，更要讲对策。也就是说，当市场到了某个阶段，或者当市场出现了哪些信号，我应该怎么做。这才是策略分析师的工作重点。

例如，2015年上半年，股市疯狂上涨，大家蜂拥入市，很多人恨不得砸锅卖铁去炒股票，把杠杆用到最高，在当年5月我去大理、南昌给客户做报告，客户问我的最多问题就是"杨总，你感觉大盘能涨到多少点"，当时很多人都说大盘会涨到1万点，而我的回答是要涨到多少点我也不知道，只有事后大家才知道最高点是多少，但是做策略要讲对策，我可以告诉你现在应该怎么办。

在2015年5月，创业板的估值已经到了130倍，超过了美国2001年科网泡沫破灭时的90倍，泡沫已经是人类历史上"第四大泡沫"了，所以创业板的估值肯定是高了，是要卖掉的。另外，要看你在这个股市是不是已经赚了很多钱，一个牛市能让你赚这么多钱，你还不满足？所以，当时我就给客户提了三点意见：第一，要去杠杆，把你借的钱全部还掉，无论是场外配资还是两融得来的钱都要还掉，从而把你组合的风险降下来；第二，就是要去利润，把你在这个牛市中赚的利润全部取出来；第三，更进一步，市场再涨，我就全部清盘，去本金。你把这些钱全部取出来后，市场涨跌就和你没关系了，市场就算涨到1万点你也不用眼红，因为牛市赚到的钱已经落袋为安了。

当时，确实有很多客户听了我的建议，把创业板清掉，把杠杆降下来，进行减仓，最后躲过了3轮股灾。还有的客户听了我的建议去买房子，因为我跟他讲股市和楼市是跷跷板，现在你从股市上赚到的钱如果不取出来买成房子这种资产，那么你还会忍不住抄底，最后你高位逃顶也没有太大意义。

我之前讲过，每轮熊市都是"新股民站在高岗上，老股民死在抄底的路上"，所以，大家在牛市中赚到的钱一定要取出来买房子，这样的话即使房价不涨，那我也实现了保值，并且能够管住自己的手不会再去抄底炒股票。

显而易见，当时听我意见把股票卖掉买房子的人后来又享受了房价大涨带来的利润，相当于赚了两次钱。所以，做策略研究就是要讲对策，不要简单地认为是预测点位，即使偶尔有一次蒙对了，预测对了大盘点位，那也不代表你水平多高，因为，可能你这一次预测对了，下一次预测却错得离谱。只要预测点位，就会容易被打脸，所以，做策略关键是要给大家讲清楚逻辑，讲清楚我应该要怎么做才是最重要的。

在A股市场中，经济增长的高低会影响到上市公司盈利的增速，而上市公司盈利的增速又会影响到市盈率里面的每股收益（EPS），进而会影响到股价。虽然说在中国股市增长和经济增长没有太紧密的关系，但是我们还是要关注经济增长指标，同时要关注经济中的流动性指标。

所谓流动性，其实就是我在第一节中讲到的央行放出来的货币量，其中主要的指标就是M1、M2，M1被称为"万能M1"，为什么这么讲呢？在过去二十几年的时间里，M1的走势跟上证指数的走势可以说是非常吻合的，基本趋势都是一样的，这反映了什么呢？股票市场的涨跌和市场中流动性的高低有关系，当市场资金充裕了，就比如池子里的水增多了水位必然会上涨。流动性增多了之后，这些资金就会找出口，有的流向了楼市，有的流向了股市，有的流向了大宗商品，也有的流向了实体经济。所以，流动性多了之后必然会有一部分流入股市。我们可以看到，在流动性高的时候，股市的涨幅更高。

但这个规律在2016年发生了改变，因为在2016年，一年多的时间里，M1的增速在回升，但是股市却出现了下跌。这是因为这一轮股市下跌一方面是对之前加杠杆导致股市暴涨的修正，另一方面是楼市的火爆吸引走了大量的资金。

其实在以往，楼市和股市的跷跷板效应并没有那么强，而从2014年开始楼市和股市出现了明显的跷跷板效应，其中主要的原因我认为是实体经济在这几年处于转型期，没有太多投资机会，所以，投资者只能在楼市和股市这两个最大的投资市场里面进行分配资金，股市好的时候炒股市，楼市好的时候炒楼市。因此，才出现了股市和楼市的跷跷板效应。

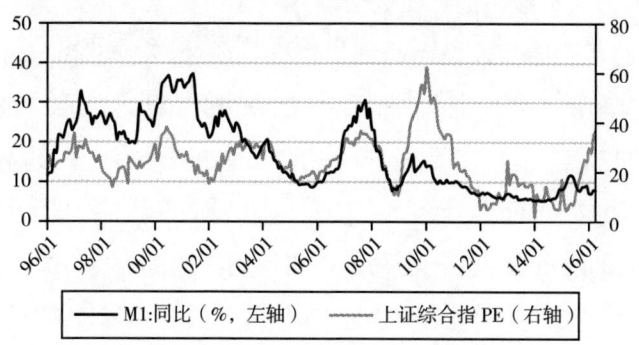

图1-10　M1与上证综合指数PE

这就是给大家讲的一个流动性指标。影响流动性的因素除了货币总量之外，我们还要关注的一个因素，就是中长期的贷款利率，这主要是指资金成本。在利率下行的时候，往往能够产生牛市，而在利率上升的时候往往会产生熊市。大家都知道，货币政策是有滞后性的，在经济已经开始复苏以后，央行还没意识到经济已经复苏，仍然在不断地减息。

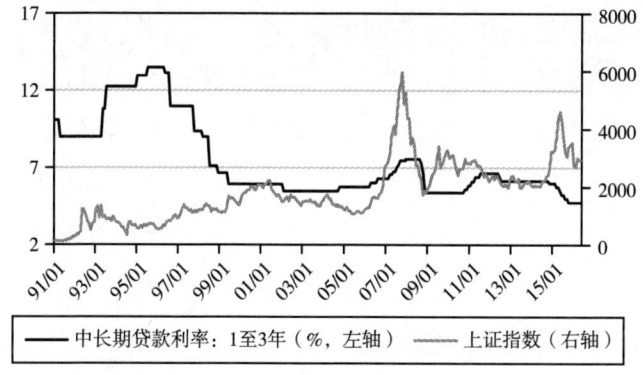

图1-11　中长期贷款利率与上证指数

根据美林时钟可以知道，在经济复苏的时候股票是涨得最多的，股票是最好的配置资产，而央行又在不断地减息，这对股票的上涨更是一个大的利好，所以往往在经济复苏的时候，股票的涨幅会非常大。虽说这只是理论上讲的，但事实我们也很清楚地看到，在2006年经济就已经复苏了，股市已经上涨了，但是央行的政策仍然在宽松。

到了2007年下半年，股市飙涨，经济呈现过热的态势，央行开始紧缩银根，急踩刹车，不断地上调贷款利率，不断地加息。到了2007年的10月，大盘到了6124高点之后，受到全球经济危机的冲击开始走下坡路，开始跳水暴跌，但央行还在不断地紧缩、在加息。直到股市跌了一半，跌到3000点了，因为央行的政策有一定的滞后性，央行还在加息。其实那个时候经济指标开始往下走了。在看利率这个指标的时候，我们一定要分清楚是在什么经济状态下采取的加息和减息，不能单纯地认为加息就跌、减息就涨。

这里我给大家讲一个典型的例子，就是在2015年第一轮股灾的时候，当时大盘跌到4000多点，央行第一次减息。投资者可能就认为央行减息了，股市就要反弹了，甚至要创新高，所以，很多投资者开始去抄底，结果就被套在4000多点。

当时，有一个特别有意思的图片，就是央视新闻在报道央行减息消息的同时，下面有个滚动的新闻条，新闻条上写着"如何在火场逃生"，刚好显示的一句话是"当你离开火场的时候就不要轻易回来"，因为这句话很多网友都开玩笑说央视字幕组的人太牛了。当然了这只是一句玩笑话，我主要想表达的就是大家不能简单地推理为央行降息市场一定涨，要看在什么时候采取的这个政策。

刚才给大家提到了DDM模型，影响DDM的要素一个是利率，一个风险偏好，还有一个是盈利，从这3个指标来分析过去10年A股的走势是非常清晰的。在2006年、2007年是盈利好、利率低，股市走了大牛市，而从2010年到2014年这5年，盈利在下滑，而且国家利率还比较高，所以当时股市是熊市。在A股过去这20多年的发展过程中，产生了很多牛股，但是在不同的阶段，这些牛股的特征是不一样的。

值得注意的是，A股产生牛股的一些板块，往往是跟当时的时代背景是有关的，经济的变革带来了股市的熊牛。

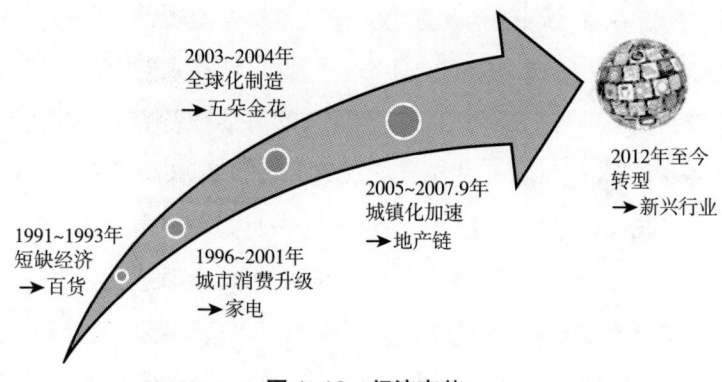

图 1-12　经济变革

我们可以回顾一下，在股市刚成立的时候，从1991年沪深交易所成立到1993年，什么板块的股票最牛呢？答案是百货，因为在当时属于短缺经济，我们刚刚从计划经济中走出来，刚刚结束凭票去买商品的时候，这个时候是任何商品，只要能生产出来，就能卖得掉，严重的供不应求，所以在当时什么都吃香，很多百货商店、百货大楼应运而生。这就反映了那个时代的特征。

而1996年到2001年那一波行情，主要的牛股产生在家电行业，因为当时我们处于一个家电进家庭的时代，冰箱、洗衣机、空调都开始进入千家万户，这体现了一个时代的进步、消费的升级，所以当时生产家电的企业是最容易诞生牛股的。开始的时候，家电行业可以说是一片混战，全国几百家大小的家电企业为了抢夺市场份额，纷纷进行价格战，今天你降100，明天我降200，最后降到成本以下，大家都不赚钱了，有很多小型的家电公司就倒闭了。大浪淘沙之后，剩下的几家大的家电公司，像黑电里面TCL、长虹、康佳，像白电里面美的、格力、海尔，这些公司就成为很长一段时间的牛股。

经过一遍混战之后，这个行业终于从胜负未分的行业变为胜负已分的行业，从而形成了寡头垄断的格局。这些寡头之间达成了一种默契，大家彼此都不恶性竞争，都不打价格战，这样大家都能生存得很好，打价格战大家都赚不到钱，所以在这个时候这几家寡头公司是非常有价值的。直到现在，像白电这3家公司依然是市场里面的传统白马股，特别是格力，前段时间担心像万科、伊利那样被举牌，董事长董明珠想尽办法找资产，提高大股东的持股比例，防止门外的野蛮人进来，但最终因为价格不合适被中小股东否定掉，这事件引起了各方的关注，所以说，在当时因为城市消费升级产生的家电到现在还有余威。

再看2003年到2004年这两年，当时产生了"五朵金花"，最典型的就是汽车、煤炭、钢铁等。这些代表什么呢？代表全球化的制造在那两年熊市的过程中，"五朵金花"的股票大幅上涨。全球化制造最先是在欧美，然后转移到日韩，到2003年之后，就转移到了中国，给中国带来了巨大的机会。所以，"五朵金花"行情代表那个时代的变化。

从2005年到2007年这两年的大牛市里，一个典型的特点就是城镇化的加速，我国的城市化率从10%上升到了50%，而北上广一线城市上升到了60%。城市化就会有大量人口从农村转移到城市，就需要大量的住房，所以地产板块以及地产产业链板块都成为那一个牛市里的大牛股，地产、钢铁、建材、水泥、工程机械都是2005年到2007年里的牛股，这是和当时城镇化加速密切相关的。

从2012年到2015年，什么板块涨的最好？那就是新兴行业的股票，截止到2015年的6月15日，创业板走了长达3年多的牛市，创业板的牛市就是从2012年5月开始启动的，一直到2015年的6月15日，指数从500多点涨到了4000点。为什么创业板在大盘比较低迷的时候能走出牛市行情呢？因为我国从2012年经济开始转型，国家对新兴产业进行了大量的扶持，新兴产业产生了很多个10倍牛股。

到2016年，创业板成立已经有七周年了，当时央视对我做了一个采访，让我谈一下对于七周年的看法，客观地说，这七周年有喜有忧，从喜的角度来看，创业板给很多投资者带来了惊喜，产生了很多大牛股，也产生了很多很牛的"80后"基金经理，有一些小盘股最高涨到400元；忧的是创业板也产生了很多问题，包括上市后的业绩变脸、业绩陷阱，还有一家创业板公司因为财务造假上市结果直接退市。

创业板经过3年多的上涨之后，遭遇到业绩不能兑现的困境，最终遭到投资者的抛弃，接着指数就从4000点跌到了2000点。对于这个新兴行业我认为大的行情已经走完了，下一步就要从新兴行业里进行分化，一些真正有成长性又能代表经济转型方向的新兴行业股票可能还会不断创新高、不断地给投资者带来惊喜，但是大多数仅仅会讲故事、讲题材的创业板公司可能会从此沉下去。

据我们统计，由小公司成长为大公司的可能性是很低的，100家小公司10年之后来看90家还是小公司，中间有5家成为大公司就已经是很好的局面了。所以，买这些新兴行业股票其实就是一个博弈的过程或者说是买彩票，你中了大奖买到了这个牛股才会发财，但如果你没买到这样的公司，那你就血本无归。

举个例子，比方说腾讯，腾讯是过去这10年最成功的公司之一，在QQ刚产生没多久的时候，马化腾一度经营不下去，想以100万元的价格卖掉QQ，结果没人要，而现在市值达到了上万亿。他在香港上市之后，李泽楷买了腾讯20%的股票，但是后来卖掉了。很多人开玩笑说：李泽楷错过了这一生唯一一个可能超过他老爹李嘉诚的机会。如果当时李泽楷拿着腾讯20%的股份没有卖的话，现在已经远远超过了李嘉诚的财富。

有人也把创业板比作中国的纳斯达克，纳斯达克上出现了很多伟大的公司，包括微软、雅虎、苹果这些公司，但是有更多的公司被历史淘汰了、倒闭了。所以，对于新兴行业的投资，要有火眼金睛，要能选出真正具有成长性的股票，这样的话才能享受这种大牛股带来的利润。

讲完A股的策略研究方法，下面我们要讲的是海外市场和A股的关系。很多人半夜爬起来去看美股，为什么？因为，他们希望通过美股来预测明天A股的走势，还有很多人去关注美国商品期货的走势、美元走势，也有人关注美联储的货币政策和一些重大的国际事件，为什么呢？因为A股现在已经国际化了，和国际市场也越来越紧密，通过观察海外市场的表现可以给A股投资者带来参考。

不仅如此，我们还认为跳出A股来看A股可以看得更清楚，古诗有言"不识庐山真面目，只缘身在此山中"，跳出A股看A股，就可以更清晰地看出A股的未来。

笔者在2015年5月写过一篇文章《通过海外市场看A股》，我们为什么要通过海外市场看A股呢？一方面是因为全球化，中国是世界的一部分，全球化让世界各国联系更紧密，让世界成为一个地球村，所以海外市场的波动必然会影响到A股，海外一些政局的变化会影响到中国；另外一方面是因为A股是一个散户居多的市场，80%的交易是散户贡献的，指望散户对股票有一个正确的定价是不可能的，所以A股的走势往往是非理性的时候多，理性的时候少，而海外市场则是以一些很聪明的机构投资者为主，海外市场更加理性。A股的走势是落后于海外市场的，但是往往会矫枉过正，补涨起来的速度是很快的。

下面我给大家具体讲一下，我把全球投资者分为6类：第一类全球最聪明的投资者在做外汇交易，特别是美元交易。我在2015年的"五一"期间去奥马哈参加巴菲特年会，之后又到华尔街和美国的金融机构交流，当时我去参观美银的交易大厅，大厅几百个交易员盯着一排大屏幕每分钟都在交易。他们都是美国一流大学毕业的，比如哈佛、耶鲁等，可以说他们有着最聪明的大脑，稍微有一些风吹草动，马上就能有所反应，相当灵敏。世界上任何事件只要发生，美元的指数就会出现波动；

第二类聪明的投资者在做大宗商品的交易，大宗商品包括原油、铜、黑色金属、铁矿石等。这些大宗商品的交易是有很高的杠杆的，大部分是期货交易、期权交易；第三类投资者才是做股票交易的，所以说最聪明的人不在股市上，而在外汇市场和期货市场上，他们为什么不做股票交易呢？因为股票交易没杠杆，太没意思了，他们太聪明了，所以要玩一些高杠杆的东西来赚更多的钱；做股票投资最聪明的交易者也不在我们A股，是在欧美市场。

像全世界一些优秀毕业生,很多都去了华尔街就业,包括很多哈佛、耶鲁的学生。我读的是清华、北大,在国内应该是一流的学校。但有一次我去哈佛参观,走在校园里面,看到人家都是世界一流的学生,突然有种自卑感,其实清华、北大跟哈佛、耶鲁这些学校的差距还是挺大的。正是他们这些毕业生在做欧美市场的交易,所以他们的反应往往也是比较理性的。

第四类投资者是在做新兴市场交易,包括香港的恒生指数,也包括巴西、印度、俄罗斯等市场;第五类投资者在做香港的恒生国企指数,国企指数一半是国外投资者在做,一半是国内投资者在做;第六类才是做A股的。

所以每次市场出现拐点的时候,传导顺序就是这样的:先是美元市场的反应,然后大宗商品、欧美股市、新兴市场、港股,最后A股,基本上就是这个顺序。

我们举个例子来帮助大家了解清楚。在2014年大盘还在2000点的时候,前海开源敢第一个喊出来A股将有特大牛市,是因为在2009年到2014年这5年的时间里,A股走了5年的熊市,但是美股走了5年的大牛市。通过三轮量化宽松,美联储成功地把美股刺激起来了,道琼斯指数从最低的6500点一直涨到15000点,超过了2007年的14000多点的历史高点,可以说,美股涨了2.5倍,而A股还在地板上。

我们知道,A股是一个后知后觉的市场,牛市只会迟到不会缺席,所以我们当时判断只要有一个契机、一个催化剂,A股就会来一个特大牛市。果不其然,到了2014年7月,当政府宣布沪港通要在当年11月开通的时候,股市就来了一个大行情,大盘回到了3000点以上,然后2015年来了一个更大的牛市,到了5000点,从2000点涨到5000点,上证指数涨了多少呢?2.5倍,和美股涨的一样,差别是什么呢?差别是美股涨2.5倍用了5年,我们A股涨2.5倍用了11个月,所以A股的市场就是这样,反应滞后但是纠错起来非常快,甚至往往矫枉过正。

在2016年春节时候,大盘跌到了2600多点,全市场都特别悲观,前海开源敢于结束9个月的空仓期一次性进满仓,我也提出了"千点反弹"的观点。为什么？因为我们看到A股矫枉过正了，所以通过股灾把涨的过多的部分给去掉，去掉之后又纠错纠偏了，变成超跌了，远远落后于欧美市场，所以当我们看到美股不断创新高的时候，就认为A股是不会无动于衷的，A股肯定会反弹。因此，通过海外市场看A股，你会看得更清楚。

  第一章是非常重要的，是所有投资者都值得看的内容，我们在第一章里重点强调对A股要把握大的趋势，只有把握大的趋势，才能真正做到游刃有余，真正能做到成功投资。而把握A股大势，我们给大家提供了3个指标，第一新基金发行量，第二市场成交量，第三沪深300的市盈率，同时，给大家讲了我们研究宏观经济应该从哪些指标下手，宏观经济和股市到底有什么关系，做A股策略研究应该从哪些方面着手，最后给大家讲了要跳出A股看A股，从海外市场来看A股可以看得更清楚。

第二章 坚持价值投资拥抱白马牛股

第一节　如何选择长期牛股

在开始第二章之前,我们先来回顾第一章的内容。在第一章里面,首先讲了怎么来分析宏观经济,宏观经济和股市到底有什么关系。在讲趋势的时候给大家提供了3个指标:新基金的发行量、市场成交量、沪深300的市盈率来判断市场的顶部和底部。

在第一章第二节里,我们重点讲了怎么做策略研究,同时给大家提出要跳出A股看A股,在A股做研究有点像雾里看花,但是如果我们把视野放眼全球,去通过欧美股市的分析、外汇市场的分析、期货市场的分析来看A股的话,往往一目了然。在过去这五年的时间里,前海开源基金能够成功的逃顶抄底并不是因为我们会算命,而是我们有一些科学的依据,通过海外市场的分析,我们认为A股具有补涨的机会,所以在2014年年初的时候我们提出特大牛市，而在2016年2月16日春节之后，我们又提出千点反弹，以及在2018年国庆节前提出"棋局明朗，全面加仓"，就是运用了我们第一章讲的这些大势演变方法的知识。

在第二章里面，我们要讲得微观一些，第一个是怎么进行价值投资，在A股怎么做投资才会立于不败之地，怎么选一些行业，怎么做行业轮动。第二个是我们怎么来选一些好股票，怎么找白马、黑马，这样可以增加可操作性。同时，要讲在基金公司是怎么做研究的，是怎么来选行业的，以及我们选择的一些成功案例，这样对大家的实际操作会更有帮助。

在A股做投资有很多成功的方法，不一而足，做技术的人看不上做价值的，做基本面分析的人看不上做技术的。其实，在A股做投资没有统一的方法，关键是要找到适合自己的方法。一个方法能不能有效，要通过实践见真知，就是看实际操作中这方法能不能给你带来回报。

在A股做投资如果从大类来分析，一部分是机构，比方说我所在的基金公司，我们喜欢做基本面分析，没有一个研究员是做技术分析的，我们通过大类资产配置、通过掌握行业轮动、通过调研去挖掘一些好的公司，持有之后会获得一个比较好的收益。而更多的人是喜欢做技术分析，会看很多图表、趋势线、支撑位、压力位来做投资。这是两类不同的人群，我们不能武断地下判断说孰优孰劣，但整体来看，机构盈利的概率较大，散户盈利的概率较小，这似乎证明机构的投资方法更加有效。

在A股，我们首先讲怎么样做价值分析，怎么来进行波段操作。做波段，我认为不要养成频繁操作的习惯，不要追涨杀跌。有很多投资者亏钱，甚至在牛市的时候还亏钱，为什么？因为，总是这山望着那山高，刚买了一个股票，一看不涨，而另外一个股票涨停了或者是别人给他推荐的股票涨得好，赶紧追进去，追进去之后那个股票就不涨了甚至跌了，而一开始买的这个股票又涨了。很多投资者都有这种体会，好像整个市场就看着我这一个小账户来走的，我不卖它不涨，我一卖它就涨。

其实，频繁的操作必然会导致较高的犯错概率。你卖掉一个股票去追另外一个股票，如果没有确切的把握，那你犯错的概率就是75%，对的概率只有25%，也就是你不高兴的概率是75%，高兴的概率只有25%，为什么？因为，这是个概率问题，你把一个股票卖掉去买另外一个股票，比方说，把A卖掉买了B，最好的结果就是A跌了B涨了，这是最开心的，只是1/4，还有3种可能：A涨了B也涨了；A涨了B跌了；A跌了B也跌了，这几种可能都不会让人太高兴。所以说，如果你换股票没有确切把握的话，往往都是负收益。

有些人会想，为什么我一卖主力就会拉升？这是因为有些股票它要等到一定时候，当你都受不了要割肉、要卖掉的时候，那也是其他投资者受不了的时候，如果你的忍耐力是比较高的，那可能忍耐力低的人早就卖掉了，所以等你卖的时候就是最低点。

在华尔街有句话："一致的时候就是变盘的时候"，就是市场一旦形成一致预期，或者一个股票的价格一旦形成一致的预期，往往就是它的拐点。我们可以回顾一下这两次牛熊的转换，先说2006年到2007年，当市场涨到3000点的时候，赵丹阳就说："A股到顶了"。所以他作为第一代的私募大佬，宣布A股已经没有太多价值了，然后他宣布清盘，卖掉了所有股票，转战到印度市场。结果大盘从3000点涨到了4000点，到4300点的时候出现了"530"。

2007年5月30日，政府突然出了一个要加印花税的政策，并且是半夜出的。有网友开玩笑说是"半夜鸡叫"。结果股市应声而跌，连着4个跌停板，这个时候有人喊牛市结束了，但是只要还存在看空的人那就说明牛市还没结束、没到顶、没形成一致预期。等大盘涨到6000点的时候，前面看空的人已经被逼空了，这些人要么不敢说话了，要么自己买股票去了，而这个时候就形成了一致的预期，因为所有人都认为大盘还会涨，所有人都号称自己是多头。

在2007年，喊10000点的人比比皆是，但这个时候就应验了华尔街的那句话，"一致的时候就是变盘的时候"，原话是说"一致的时候就是最危险的时候"。因为所有人都看到10000点的时候，那证明所有的人都已经满仓了，甚至把能借的钱都借了。这个时候你想市场再涨靠什么呢？哪还有更多的钱进来支持市场的上涨呢？那么，市场就自然见顶了。

在2007年10月的时候，甚至一些保安、清洁工都开始买股票了，当时还有一个很有名的例子在网上传播了很久，说广州公安局贴出了一条宣传横幅，宣传语是"抢劫不如炒股票"，意思是你去抢劫的话要冒很大的风险，炒股票的话今天买了明天就涨，干什么要去抢劫呢？所以，这个时候市场就到了拐点，开始从牛市转向了熊市。

2008年是下跌的一年，这一年市场不断地下跌，甚至出现了"11连阴"，有很多不做股票的人不理解做股票的人，为什么一个股票天天给你亏钱你还不割肉呢？大盘"11连阴"了为什么还不卖呢？因为，在下跌的时候，大家总是抱以幻想，认为市场还会反弹的，或者说是贪婪，人们认为当时在大盘6000点的时候都没卖，现在跌一半了让我去卖肯定是不情愿的。

市场下跌的时候都伴随着一些反弹，但伴随着反弹的往往不是底，大家回想在2008年大盘跌到4000点的时候，很多分析师都说大底到了，可以抄底了，结果又跌到了3000点，这个时候政府开始探底了，这个时候大家就认为这是政策底、铁底，跌不破了，这说明还没有见底，因为还没有一致，大盘继续下跌。很有意思的是，当时每个月都跌1000点，每跌1000点反弹500点，就这样一直跌到2000点，而这个时候没有人说话了，大家都傻眼了，后来跌到1664点，那个时候所有人都彻底地翻空了。

我清楚地记得，在2008年年底券商策略会上的所有的券商一致认为2009年会跌倒1000点，很多券商给了明确的点位，1300点都算是乐观的，还有说1000点的，甚至有人说股市要关门了、要推倒重来。每次到这种一致预期的时候，就是历史大底。当时，大家都引用邓小平的一句话"资本主义的东西我们也可以拿过来搞嘛，不行就关了嘛"，都认为股市要推倒从来了，有人就在广州公安局的标语下，添了一行小字"还是抢劫比较安全"。

这就是到了所有人都看空的时候，大家都号称"空头"，其实大家都不是"空头",都是潜在的"多头",因为大家都已经空仓了,看空的人基本都把手里的股票卖完了,还有一部分没卖的人是准备长期做股东的。熊市的时候总有网友把签名改成"多家上市公司股东"来自嘲。所以说,这些所谓的空头,他们已经不是真正的空头了,而是潜在的多头,随时准备在市场真正见底的时候加仓。当你掌握了"市场一致的时候就是变盘的时候"这句话的真谛,那么,你对市场大势的判断就会准确很多。

在A股这种大起大落的市场,你面对的指数其实就是广大的散户投资者,你比他稍微专业一点,稍微掌握一点专业的知识,认真把我讲的这些内容看完的话,你想战胜指数就是非常容易的,因为大多数散户是完全没有定价能力,完全没有常识的,所以我们只要掌握常识就可以在A股做得很好。

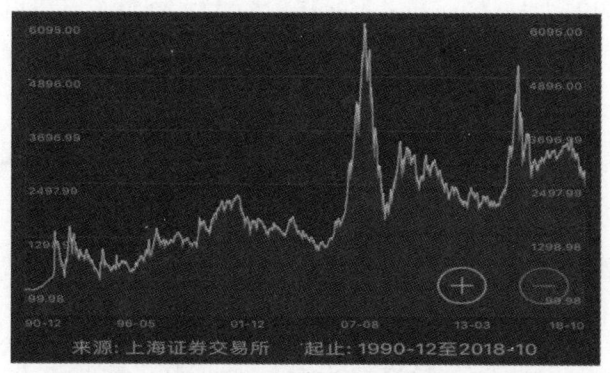

图2-1　1990~2018年A股经历五轮牛熊转换

我之前在南方基金的时候,投资总监邱国鹭先生作为市场中的证券人士经常会抛出一些真知灼见,他也出了一本销售量在很长时间都排在第一的书——《做投资是一件简单的事》。他说的是有道理的,不要把投资看得太复杂,真正的成功投资都是很简单的逻辑。如果研究员不能在3分钟之内给你讲清楚研究报告里的投资逻辑,那就不要听了,只能说明他对这个公司没有理解透,要么就是这个公司没价值,真正好的投资逻辑是一两句话就能够说清的。所以,在A股做投资,我们只要去把握市场的特征,做大的波段,而不要追涨杀跌,那么我们就会获得很大的投资收益。

过去的26年，A股经历了五轮的"牛熊"转换，这五轮牛熊转换你能做对其中的两轮到三轮，那你早就实现财务自由了。但是很多人往往不相信历史，都认为这一次和上次不一样，这次的见顶和上次的见顶不一样，这一次会创新高。比方说，最典型的2015年的5月，当市场已经到了疯狂上涨的状态，很多投资者都在拼命加杠杆。我听说有个投资者加了10倍杠杆，这就意味着只要跌10%他就会面临爆仓的危险。如果他有盈利，就可能跌20%会面临爆仓的风险，所以高杠杆必然伴随着高风险。

在市场上涨的时候，大家都被利润冲昏头脑了，已经完全不管风险了，并且越涨越乐观，而笔者认为每个人自我感觉到的风险和市场真正的风险往往是成反比的，或者说是相反的，你越感到市场没风险，市场风险就越大，你越觉得市场有风险，而这个时候市场往往没风险。比如说，2015年6月大盘上涨的时候，很多人都觉得炒股票没风险，买什么什么涨，根本不用选股。

一个买菜的大妈选的股票比基金经理选的还要好，涨得更多。在牛市的初期，往往很多人问我要买哪个股票，在2015年5月的时候，很多人反过来给我推荐股票，这就是市场风险在逐渐加大的过程。虽然股票市场不是零和博弈，但扣除掉交易成本，其实很多人亏的钱应该大于其他人赚的钱，所以说，很多人都赚钱的时候肯定是风险最高的时候，是不可持续的。这个时候，人的感觉往往是和市场真正的风险相反的，我们都应该警惕。

当时，还流传一个笑话，说一个老大爷拿着一袋子钱到券商的营业部要买股票，营业部的人问大爷要买什么股票，大爷回答说什么股票都行，反正都涨。牛市出现这种大家都抢着买的状态就代表风险其实已经很高了。当时，大家也都在抢着买基金，基金公司一天卖100亿元，在2015年有个基金公司一天卖了300亿元，这种疯狂的状态就是见顶的信号，也是你赶紧减仓、赎回基金的时候。而在3轮股灾发生之后，投资者越来越没有信心，有的人经历了前两轮股灾，有的人经历了3轮股灾，有的人成功躲过了前两轮股灾，第三轮没有躲过去。

在经历了前两轮股灾之后,很多人还是有信心的,相信股市,只要有账户我就能赚回来,但到了2016年初,经过了1月的熔断之后,很多人彻底没有信心、开始骂娘了,甚至发毒誓说再做股票就剁手指,而这个时候大盘是真正的见底了,因为已经形成了一致预期,这个时候,应该果断入场抄底。这就是一个简单的逻辑:当一个东西大家都不要、都抛弃的时候,那肯定是最便宜的时候。

我们来看一下图2-2,很明显的,A股投资者以散户为主,2017年年底的数据显示资金量中散户占了45.5%,而全部基金才占了10%。与A股形成鲜明对比的是美股,在美股散户非常少,而机构投资者占据了投资市场的主流。其实,美国在100年前和A股现在这个图是一样的,在美国市场刚开始的时候,也是一堆散户在炒股,大家都是把炒股当赌博来看的,但是在这100年的时间,美国股市是经历过无数次的牛市、熊市,每一轮牛熊转化的过程都是消灭散户的过程。一半的散户是亏掉离开的,还有一半投降,找机构买基金了,所以散户投资者占比会越来越少。

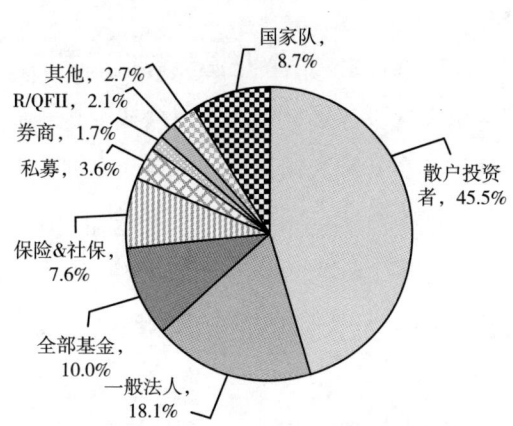

图2-2 A股投资者自由流通市值占比

100年之后,A股投资者会不会也变成这个图?这是有可能。在A股,你做普通投资者怎么能够赚到钱呢?第一,我认为要学习机构的投资方法;第二,通过直接买基金或者说买最新的产品,叫基金的基金FOF来实现成功投资。这是有统计数据的，在过去10年的时间里，散户投资者的90%都亏钱，只有10%的账户赚钱，而买基金的投资者有60%的人是赚钱的，40%的人亏钱，而40%的亏钱投资者并不是因为买的基金本身亏钱了，而是因为买卖时点没选好，在低点的时候把基金赎回，在高点的时候拼命买，导致基金净值是增长的但是客户是亏钱的这种状况。

比如说2015年，2015年虽然大起大落，但整个基金的平均收益是40%，然而大部分散户投资者买了基金都是亏钱的，因为年初的时候买了10万元基金，拿到5月涨到快5000点的时候一下子加到100万元，后来一跌就亏掉了。为了解决散户投资者买基金亏钱的问题，美国发明了一种工具，叫基金的基金（Fund of Fund，FOF）。你买FOF，FOF的基金经理会拿你的钱去买其他基金而不是买股票，从而替你做买卖时点的选择，替你做品种的选择。

我认为FOF会成为未来A股市场上最大的一种基金品种，因为它太适合我国市场投资者了。我国市场投资者正是因为不懂选时、不懂选基金，所以投基金亏钱，虽然投基金亏钱，但是投股票亏钱的人更多，所以，FOF在我国的发展，我认为会很快。

那么，A股的这种投资者结构的特征必然带来了市场大起大落，我们可以看出，散户的资金量在A股占了50%，但是从成交量来看，散户贡献的成交量超过了80%，为什么呢？因为散户换手率高。一般公募基金1年的换手率平均大概600%，也就是说，换了6遍，有个别基金，比方说像前海开源这些价值类的基金，换手率可能只有200%，可是A股散户恨不得天天换，现在A股是"T+1"的，所以只能今天买了明天卖，如果改成"T+0"，我估计天天卖的人都会有。

A股散户投资的换手率是非常高的，很多投资者的持股时间不超过1周。有一个投资者说："我是长期投资者，我的股票已经拿1个月没卖了。"其实什么叫长期投资呢？在美国长期投资定义是持股时间超过10~15年，才叫长期投资。当然了，A股大起大落嘛，我们持股时间不可能那么长，很少有人有耐心10~15年不换，但是在A股至少要持有2~3年才能算相对长期的投资，所以A股投资者亏钱我认为主要是两个原因：第一是频繁操作，打探消息，始终满仓操作；第二就是没有交易纪律，没有一个投资理念，而是完全凭心情在炒股。我在后面章节里面会给大家具体讲怎么交易，什么样的交易频率是最好的，怎么才能在A股学精。

下面，我们具体讲一下：怎么去判断市场行业轮动，我们知道市场首先有大小盘风格的转换，其次有各个行业之间的轮动，然后有一些热点板块。首先我们看大小盘风格的转换，大小盘风格的转换是指蓝筹股和小盘股之间的风格转换，市场往往不是齐涨齐跌的，经常是此起彼伏。

蓝筹股行情的时候，以沪深300为代表的蓝筹股大幅上涨，小盘股按兵不动甚至有可能下跌；而有时候是小盘股行情，比如说，从2012年5月到2014年7月，大盘一直在2000点到2400点之间震荡，但是小盘股却走出了大牛市。大小盘轮动是比较频繁的，有时是以半年为分界线，每半年轮换一次。在牛市的时候，往往一个月转换一次，大盘风格转换非常快。

对于大盘和小盘的转换，我们怎么去把握呢？要首先看投资风格，如果投资风格是偏稳健的，希望获得一些稳健收益，那么就瞄准大盘股来做。有的老年人为了获得一个比较稳健的收益，就盯着几个银行股做买卖，或者持有一些银行股等分红。香港市场汇丰银行被称为"定海神针"，很多老人家也都买了汇丰银行，股价几乎不动，但是每年都有稳定分红，类似于固定收益率产品。

A股的蓝筹股，我认为分为大盘蓝筹和二线蓝筹，以银行、地产、石油石化为代表的这些大盘蓝筹股，业绩增长比较慢，往往不受普通投资者喜欢，机构喜欢配置这些大盘股，以便获得稳定的收益。散户投资者特别喜欢小盘股，因为小盘股弹性大，随便有些买盘就涨上去了。大盘股一天的波动可能3%，小盘股一天波动6%，买小盘股的话会更刺激。这并不是说买大盘股和买小盘股哪个好哪个坏，而是根据你个人的投资风格来定。

对于小盘股，我们要认真地去研究这个公司的基本面，看它是否有成长性。因为广大的A股投资者都喜欢小盘股，就导致小盘股的估值特别高。在

A股小盘股的市盈率动辄就是六七十倍，高一点的时候就上百倍，而在香港同样是内地的公司在香港上市的小盘股，市盈率不到10倍，这差了多少？对于大盘这种估值差距，我们也深入研究了很多，A股和港股的大小盘风格转换以及估值的差距首先是和两个市场的投资者结构有关，香港市场80%的交易是机构的，散户只占20%，而A股是反过来的。机构是喜欢蓝筹股的，所以香港的蓝筹股估值有溢价，小盘股估值有折价，A股散户喜欢小盘股，所以小盘股估值比较高。

第二个是研究覆盖的情况不一样，在香港，研究员获得的年终奖是根据他推荐的股票给客户带来的收益提佣金的，他推荐一支蓝筹股，客户可以买很大的量，稍微涨一点，研究员就可以分到很多的钱，如果推荐小盘股，买不到量，即使赚了很大的比例其实也赚不到钱，所以很多的研究员是不覆盖小盘股的，那小盘股的估值就会低。而在A股，我们券商特别多，行业研究员特别多，几乎所有的股票都有人覆盖，所以在A股小盘股的估值是很高的。

第三点，我认为是和两个市场的上市制度不同有关，香港是注册制，只要想上市的企业在交易所报备之后，交易所会出具一个回复函就可以上市了，所以这几年香港市场年融资额全球第一。A股现在还是审批制，上市的话先排队，少则一年多则三年，上市非常困难。那有的企业急着上市怎么办呢？只能借壳上市，所以A股一些绩差股、小盘股，本身业务不好，没有什么业绩，但是有壳资源的价值，有可能会被借壳，所以就保持一个高的市盈率。

现在沪港通开通了，深港通也已开通，A股和港股实现了全面的互通互投，这个时候会发生一些什么变化呢？港股进来的资金会偏向于买蓝筹，A股流去港股的资金买什么呢？买港股的小盘股。深港通已经放开了在港股50亿港币以上的小盘股，它的估值非常低，可能会成为内地资金买的对象。

这样的话，两地的估值差距会进一步缩小，A/H股溢价指数在沪港通开通的时候大概是105，也就是说A股比港股贵了5%，在2015年A股牛市5000点的时候，A/H股溢价指数涨到了145，就是说A股比港股贵了45%，而到了2016年年底A/H股溢价指数已经回落到120左右了，估值差距已经缩小了，所以我们可以预计蓝筹股的估值在A股要提高，小盘股的估值要下降，这是一个大的趋势，也是A股逐渐走向国际化带来的必然结果。

所以，从这个角度来看，大家要逐渐地重视蓝筹股或者白马股的机会，而不要只盯着小盘股。笔者认为未来两年都是蓝筹并购行情，一些传统的白马股将成为产业资本、保险资金重点并购的对象，估值存在比较大的上升空间。这一点大家一定要重视起来，而小盘股特别是一些讲故事的题材股，估值有可能会进一步压缩甚至有可能跌一半。

对于大小盘风格转换，我认为大家首先要掌握大小盘风格转换的规律，然后要了解大小盘估值差距的原因，以后要多从蓝筹股里找机会，小盘股里面只能选取少数的成长股来配置，大多数的小盘股都面临估值回落的压力。

讲完大小盘风格转换，我们看一下行业比较，首先，我们把大的行业分成两类，第一类是周期性行业，第二类是非周期性行业。什么叫周期性行业呢？周期性行业就是这个行业的盈利情况、收入情况和宏观经济是密切相关的。经济好的时候，这个行业业绩超预期；经济差的时候，这个行业可能就会亏损。那在A股最典型的有色金属、煤炭、钢铁、化工、航运这些都属于强周期性行业，周期性非常强。

在2006年、2007年经济好的时候，这些行业的业绩不断地超预期，成为当时最牛的板块，这两年有色金属涨10倍以上的股票比比皆是，钢铁、煤炭也是大牛股。这些强周期性行业都是重工业化时代的结果，现在我国已经逐渐完成了重工业化，在逐渐地进行产业升级和转型，所以这些强周期性行业都面临着产能过剩的问题。我国的煤炭产量、钢铁产量都是世界第一，到现在这个时候，这些周期性行业都面临着产能过剩、盈利亏损的困境。

对周期性行业的投资，我们要逆向思维，就是在行业最差的时候、市盈率最高的时候却是买的时候。比方说，2015年春节之后，很多煤炭企业发不出工资，有色金属行业亏钱，很多钢铁厂关门，这些行业的盈利只有几分钱，很多公司就只有几分钱的业绩，有的甚至亏损。这时候市盈率是非常高的，也恰恰是这个行业可以抄底的时候，为什么呢？因为它已经到了最差的时候，不能再差了，只要国家采取一些措施，比如债转股、去产能、供给侧改革等，这些企业的状况就会好转。边际好转的话，股价就会出现大幅上升，所以，我们看到在2016年大盘见底之后这些周期股反弹是很好的。

非周期性行业是一些和宏观经济关系度不大的行业，最典型的包括消费类的公司，比如白酒、医药、食品饮料、汽车、家电、旅游、酒店，在中国，房地产有时候也是一种非周期。非周期性行业和宏观经济关系度不大，比如经济好的时候人们吃饭喝酒，生病了要吃药，经济不好的时候这些也需要，所以这些行业往往没有很明显的盈利波动特征，盈利是稳定增长的，这些行业我们称为"非周期性行业"。投资非周期性行业，我们主要要盯着它的市盈率波动。在其市盈率低的时候，股价跌到比较低的位置买；等价格上去之后，市盈率高了，突破了历史的上限，那你就可以卖了。

对于非周期性行业，我们是按照市盈率的高低来判断高点和低点的。在行业比较的时候，我们比较盈利，同时我们也要去比较不同行业的特点。传统的行业可以按传统的方法，对于新兴行业的估值就不能死板地用市盈率。因为，很多新兴行业，比如互联网、机器人、3D打印，这些企业在创新的时候是没有盈利的。

京东在美国上市之前包括上市时盈利还是亏损的。也正因为此，京东在A股上不了市，因为A股有持续盈利的要求，但是京东却在美国募集了大量资金。对于这些行业，我们在分析的时候，和传统行业的分析方法肯定是不一样的。我们进行行业研究，有一个典型的行业研究成长曲线，我们看图2-3，一个行业产生的时候万事开头难，增速很慢，行业成长性很慢的。

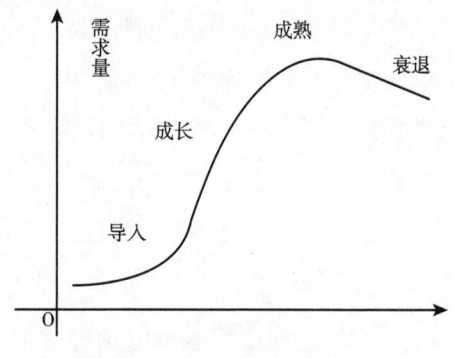

图 2-3 行业研究成长曲线

当这个行业开始需求放大的时候，就会迎来一个快速发展期，之后因为这个行业盈利好，会有大量的竞争对手进入这个行业，这个行业进入一个成熟期，然后大家的利润率不断下降，那么在完全竞争的市场，厂商的经济利润可能降为零，这个时候行业就会慢慢进入衰退，这个行业需求量在下降，甚至由于技术进步有可能导致这个行业消失了。

我们举个简单的例子，比如汽车行业在中国的发展。在20世纪80年代汽车引入中国，当时中国为了贪图速度，我们没有像日韩一样自主研发而是选择了中外合资，我们出土地、人力，外资出技术、出资本，很快地建了很多合资公司，上海大众、一汽大众、福特、东风日产、东风丰田、东风本田等，中外合资这种方式在这个行业开始爆发。

特别是从2006年开始，我国进入"汽车进家庭"的时代，也是我从2006年开始研究汽车行业的时候，汽车处于高速成长期，每年增长20%~30%。在2006年之前，汽车是一种身份的象征，是少数人可以享受的奢侈品；但是2006年之后，普通人都可以买得起汽车了，汽车行业就处于一个高速成长期，汽车行业的股票也是大幅上涨。我当时接手汽车行业研究之后，给公司分析了这个行业的状况，然后大量推荐汽车行业的公司，包括轿车、重卡、客车，我们都买到所有上市公司的前十大，之后股价翻了很多倍。

到了2010年之后，我国的汽车增速开始从20%~30%降到了10%，也是从那个时候开始，我国汽车每年的销售量超过了美国。美国1年的销售峰值是1800万辆，我国在几年前就达到了2000万辆，现在稳定在2000万辆以上。从此，我国汽车行业就从成长期变为成熟期。这个时候企业利润增速就下来了，虽然做汽车还赚钱，但利润下降，所以这时候投资汽车股带来的回报就比成长期少了很多，更多的像一种稳定收益性的公司。

当然，现在汽车行业还没进入衰退期，因为我们人均保有量还比较小，在美国100人中拥有70辆车，而在我国100人平均下来也就是10~20辆，还有很大空间，但是北上广深这些拥堵的城市很难再增长了，一是因为限购；二是因为保有量已经达到100人有40辆甚至以上了。

对于行业研究，我们如何去选择当下比较热门的行业？一方面要掌握不同行业发展规律同时要关注政府的政策，比如，政府给一些行业补贴有可能造成这个行业比较好的上涨。像前几年政府搞家电下乡、汽车下乡，就带来了一波很大的行情。再比如，在2015年上半年国家对于新能源汽车的补贴导致新能源汽车特别是上游的原材料锂电池、电解液这些公司出现了大幅的上涨。我们对于行业政策也要进行关注并研究，这样才可能掌握比较热门的行业，抓住一些真正成长性行业，而从成长性的行业里面选股票，我们才能挖掘出10倍的大牛股。

本节主要是从A股的投资的方法是趋势投资，还是大的波段操作；是基本面研究，还是技术研究给大家做一个详细的分析。同时对A股的行业轮动、大盘的风格转换进行了仔细地分析，我们为下一节怎么去进行公司研究、怎么来挖掘10倍大牛股做一个很好的铺垫。

第二节　驾白马，御龙头

享受价值投资

> 价值投资方法，如何从行业中寻找穿越牛熊周期的超级白马股。
>
> 分享巴菲特价值投资理念。价值投资在中国同样适用。
>
> 经典价值投资的案例分析。

价值投资对于很多人都是耳熟能详的，但是真正能够理解价值投资的人并不多，他们认为价值投资在中国并不适应。我在以前写过很多文章中提到价值投资不仅适合美国，也适合我国。对于价值投资，很多人存在误解，有的人认为持股不动就是价值投资，还有人认为只要买得便宜就是价值投资，其实这些都是误解。

真正的价值投资是指在一个资产被严重低估的时候买入，在资产被高估的时候卖出。我国市场是大起大落的，这种情况下贯彻价值投资会更有成效。因为A股的下跌，往往会造成很多价值股被错杀，这时其实就是一个很好的买点。而在牛市的时候，很多股票涨得很快，以至于股价很高，这时其实就是出货的时机。另外，在A股上也有一些长期牛股，比如万科、茅台等，这些股票长期持有确实能够获得很好的回报。

价值投资发源于美国，广为人知的是巴菲特的价值投资理念。巴菲特就是从他的导师格雷厄姆身上学到的价值投资。格雷厄姆说过：价值投资几乎是通向成功投资的唯一途径。巴菲特被称为"股神"，受到全世界的尊敬。

每年5月的第一个周六，巴菲特的公司伯克希尔·哈撒维会在他的家乡内布拉斯加州的奥马哈市办一次年会。

从2016年到2018年，我连续3年赴美参加了年会，现场感受了全世界投资者对巴菲特的追逐和热爱。在奥马哈的体育场，每次年会都会有将近50000人参加，2017年的年会，50000人中有4000位左右的中国人。

全世界优秀的投资者非常多，除了巴菲特，大家耳熟能详的还有索罗斯、罗杰斯等，但巴菲特享受到了全世界人的尊敬，这是因为他进行了真正的价值投资，他和企业一起成长，他赚的是企业成长的钱，这和索罗斯有很大的区别。索罗斯的量子基金曾经在1997年阻击东南亚各国的货币，制造了亚洲金融风暴，让索罗斯大发横财，其实他赚的是别的国家亏的钱，是别的投资者亏的钱，用国内的话说是割韭菜赚的钱。

巴菲特的价值投资贯彻得非常彻底，和国内投资者的频繁交易相比，巴菲特的持股时间是非常长的，像可口可乐、沃尔玛这种长期的牛股，巴菲特的持股时间超过了几十年。他曾经说过：如果一只股票你不准备持有10年以上的话，那么你连1分钟都不要持有。这句话说明了他自己的理念，买一个公司，应看好它的未来，要分享它的成长，而不是像国内的投资者一样，今天买就是为了赚差价。

巴菲特说过：我们经常看到炒股的人亏钱，很少看到买房的人亏钱，因为炒股票很多人只听消息，几分钟内打个电话就下单了；在国内的话，用手机就下单了。成百上千万的投资没有经过深入思考，也没有经过深入地调研就购买，卖的时候如果股票跌了，就跌了。但如果买房的话，至少会考察一下这个房子的位置怎么样、价格是否合理、周围的配套设施怎么样，人们往往会看很久，当我们卖房的时候，至少会找个卡车把自己的东西拉走。

买房、卖房的交易成本比较高，耗时比较长，研究的比较深入，所以一般买房的人亏钱的比较少，炒股票的人亏钱的比较多，这就给了一个很好的启示，也就是我多次强调的，不要频繁操作，要做价值投资。

我们可以来看巴菲特公司股价的变化。从伯克希尔·哈撒韦的股价变化可以看出，在1987年，伯克希尔·哈撒韦的股价大概是19美元，今天已经超过了30万美元，涨了上万倍，年均涨幅是27%。在上一节中，我讲过复利增长是非常快的，虽然27%并不算高，但是巴菲特坚持了50多年，股价涨了上万倍。

巴菲特曾说过一句名言：人生就像滚雪球，最重要之事是发现湿雪和长长的山坡。这句话的意思是，做投资就像滚雪球，每天都有点收益，每年都有一点收益，然后累积下来，这个雪球就会越滚越大。那么，如果想"滚雪球"的话，我们就要找到湿的雪也就是好的上市公司，同时还要找到一个长长的山坡，其实就是指要找到适合公司成长的环境。

巴菲特的神话是让很多人羡慕的，但他的神话也离不开美国这样的环境。因为，在过去40年，美国经济稳步增长，股市也是40年的长牛。巴菲特自嘲说他自己中了"卵巢彩票"，因为他刚好出生在美国，如果他出生在日本或者是在中国，那他可能就没有这个神话，特别是在过去的30年间经济几乎停滞的日本，股价还停留在20年前的水平。

巴菲特说他自己出生在美国很幸运，但出生在美国的投资者成千上万，为什么只有巴菲特真正地赚到了上万倍，成为首富，这就是靠他的价值投资理念。我们可以看到，福布斯每年都会公布每年"一百强"的富人。在这100个人里，99个都是做实业出身的，像比尔盖茨是做软件的，有一些做石油的，还有做零售的（沃尔玛），而靠炒股票成为首富的只有巴菲特一个人，这再次证明了价值投资是真正取得成功的利器。

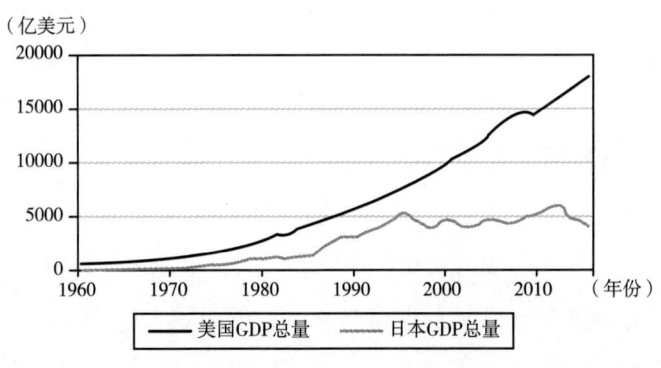

图2-4　美国、日本GDP变化

我在南方基金的时候，与当时投资部总监也是我清华的嫡系师兄苏彦祝先生一起出差去调查一个上市公司——潍柴动力，因为之前我们买入了大量的湘火炬股票，后来潍柴动力与湘火炬合并在A股上市，作为第一大流通股股东，我们去参加股东会。在我们挖掘的这个股票上，我们赚了6倍左右。

当时，大家都在讨论，在全世界的富人中，只有巴菲特一个人是做股票的，其他都是做实业的。但是，现在中国以及世界上名牌大学毕业的大学生，都想削尖脑袋往金融行业钻，为啥不去做实业呢？而从统计来看，做实业更容易成为首富。当时，苏彦祝先生很幽默地说：因为很多人的想法不是想成为首富，而是过得不错就好了，金融行业做投资很容易过上小康生活，真正想成为首富或者说资产上百亿的话，那就需要有比较犀利的眼光、比较好的投资方法和精明的头脑，也就是要做到价值投资。

很多股民都反映，炒股票风险大，做投资亏钱。很多人经过熊市之后，发誓以后都不会炒股票了，要把这些教训写到祖训里，子孙八代都不能炒股票了，但是每次行情来了的时候，大家会前赴后进地去炒股票。记得在2015年的下半年，一个著名的股评家、教授谢百三先生去世了，他曾说过一句很有名的话："你不炒股票确实没有亏钱的风险，但却有一生贫穷的风险"。其实就是说做投资本身并不一定是个高风险的事情，关键是看你有没有找到真正适合你的投资方法，有没有找到价值投资这种利器。

在美国，依靠长期持有个股实现资产翻上万倍的人比比皆是，有一次我看到媒体报道说一个美国的老太太活了95岁，她一生从事的职业就是公司职员，收入也不高，结果在去世的时候，她捐给慈善机构75万美元，这个结果让很多人很震惊，这个老太太的邻居都知道，她没有很有钱的亲戚和儿女，怎么会有这么多钱捐给慈善机构呢？

有个记者因为好奇就去做调查，发现这个老太太在20多岁大学毕业的时候，用自己第一个月的收入180美元买了一只股票，很多人拿了第一笔工资会买些礼物送给父母或者给自己买些衣服，但是这个老太太买了一只股票，这个股票是美国一家刚刚上市的做奶粉的公司，当时还只是个很小的奶粉厂，股票好像是60美元/股，她买了3股。买了之后，她就把这个事忘了。

后来，70年里，这个地区性的奶粉厂成长为跨国公司，不断地分红送股，到这个老太太95岁去世的时候，她当时买的那3支180美元美股的股票，变成了75万美元。这向我们表明了一点，我们要发掘一些成长性的公司，在它们成长的初期，哪怕是中期买入股票，仍然可以获得一个非常大的回报。

世界上最大的公募基金公司——富达基金最著名的基金经理彼得·林奇在《彼得·林奇的成功投资》中提到过一个案例，他刚做基金经理的时候，沃尔玛刚好上市。他当时并没有看好沃尔玛这只股票，所以没有买。后来，沃尔玛连锁店不断地变多，股价不断地上涨，几年之后和上市的价格相比已经上涨了几十倍了，这个时候他想这个公司已经涨了几十倍了。当初它上市的时候他没买，现在买就亏了，他就一直没买。结果，沃尔玛就不断地成长，后来成为全球最大的零售公司，股价从当时他看的那个价格又涨了几千倍。

所以说，我们买这种成长性的公司不一定非要在它的成长初期买，即使在它上市并发展了几年之后再买，也是可以获得一个很好的收益。彼得·林奇举了个例子，在他刚做基金经理的时候，他妈妈想买他们家门口超市的股票并问他可不可以买，因为她发现这个超市的生意很好，她也经常去买东西，但彼得林奇说："这个超市有什么好买的，我给你推荐一只银行股吧，股价比较稳定"。然后，他妈妈就听了他的建议买了银行股。这只银行股确实非常稳定，股价一动也不动，每年有稳定的分红，而那家超市就是后来的沃尔玛，股价涨了上万倍。

所以，在做投资的时候，我们要选择一些真正有成长性的公司。股价的短暂波动有很多影响因素，但是从长期来看，决定股价的唯一因素就是公司业绩的增长。没有第二个因素，只有公司成长了，股价才会涨。

巴菲特曾说过一句名言，大家一定要记住，上市公司的股票短期看是投票机，长期来看是称重器。也就是说股价的短期波动就像大家投票一样，所以存在很大的不确定性，买的人多了就会涨，买的人少了就会跌。但从长期来看，就是看公司的成长性。在美国有这样的例子，在中国有没有呢？这是大家比较好奇的。

我在深圳遇到一位牛散，他就是在A股投资赚了大钱的人，他是在2003年时用30万元买了一只做红酒的股票张裕A，他认为红酒在中国有比较好的发展前景，所以他就坚定持有了10年，中间发生过很多次转换，他也没有做波段，包括2008年金融危机，股价跌到一半，他也没有卖，持有10年之后赚了70倍。

之后他换了比亚迪，因为比亚迪公司在做新能源汽车，然后巴菲特入股，在比亚迪上又赚了5倍，这样就赚了350倍，随后又换了一家白酒的公司，又赚了3倍，这样算下来，他的资产在十几年的时间里从30万涨到了3亿元，涨了1000倍。所以在做A股投资的时候，不是说你做价值投资赚不到钱，而是你要会选择好的公司来持有。如果你选的就是很差的公司，甚至快要退市了，那你的投资肯定会血本无归了。

A股做投资真正贯彻价值投资的人不多，有很多人号称自己是价值投资者，但是往往在实践的时候贯彻不了，因为人性既贪婪又恐惧，在上涨的时候贪婪，希望赚最后一分钱，在下跌的时候恐惧，担心会跌没有，所以造成了很多人"高买低卖"的习惯。做股票投资赚钱的原理其实说起来很简单，就是"低买高卖"，但是为什么很多人都选择"高买低卖"呢？因为高低不是绝对的。

巴菲特是怎么贯彻价值投资的呢？那就是他注意安全边际，他不会等到一个公司的股价在合理的价格去买股票，因为一个股票在合理的价格买，很可能会出现一个比较大的回调，就会深度被套，他喜欢在股票被严重低估的时候买，而卖的时候，他也不会在合理价格去卖，而会在被高估的时候卖，这样的话，他的风险会降得很低。所以，我们看巴菲特的操作，他总是在熊市的时候买股票，并曾说过股灾是上帝送给价值投资者的礼物。

很多人都讨厌股灾，因为在股灾的时候，很多人的资产都缩水了，炒股票都亏钱。但是巴菲特很喜欢股灾，他认为只有股灾的时候，才有大量的公司被低估，才会有大量买的机会。在牛市的时候，他不会买股票的，比如说，在2000年、2007年这两年，全球股市都是"慢牛"市，很多人都在疯狂地买股票，但巴菲特却按兵不动持有大量的现金，这也导致他那几年的收益并不高，一年的收益只有30%~40%，远远低于很多投资者的收益，很多人的资产都翻倍，还有的人自称股神，但到2008年的时候，金融危机发生之后，股市暴跌，很多人疯狂地抛股票，导致资产缩水。当时，有个非常有名的笑话：华尔街的一个交易员说，金融危机还不如离婚，现在我资产缩水了一半，结果老婆还在。

2008年，股价下跌让很多投资者的资产大幅缩水。就在这时，巴菲特以救世主的身份出现，买了50亿美元的高盛，50亿美元的通用电气。他买了之后市场又跌了一段时间，很多人替巴菲特捏了一把汗，担心他虽然以前躲过了1987年躲过了"黑色星期一"、躲过了1997年的亚洲金融危机、躲过了2001年的新经济的泡沫破裂，但这次可能躲不过了。当时，有电视台的人问他：为什么在这个时候出手，为什么不等到市场涨了之后再买。他说，如果你听到鸟叫的时候，才认为春天来了，其实春天快结束了。

他敢于在市场最低迷的时候买入，也正是因为敢于在2008年市场最低迷的时候买股票，使巴菲特在2009年市场反弹的时候在高盛和通用电气上赚了1倍。很多人认为，他赚钱太容易了，其实是因为他战胜了贪婪和恐惧。很多人都会背这句话："投资既要战胜贪婪，也要战胜恐惧"。可是，很多人既没有战胜贪婪，也没有战胜恐惧，而巴菲特做投资，他就贯彻了这个简单的理念：在公司被低估的时候买，然后在市场疯狂的时候卖掉。用这个方法获得了巨大的成功。

他不会去打听消息，我去参观他的办公室发现办公室里甚至都没有电脑，只有一个电话，还有一份《华尔街日报》和上市公司的年报，其他什么都没有。他从来不看华尔街的人写的报告，不信任那些人写的观点，认为华尔街的那些投行，把很多很简单的问题写得很复杂，从来都是为了忽悠投资者而搞出很多专业人士都看不懂的模型，他不信任他们。他都是去自己看上市公司的年报，自己去调研，甚至约谈上市公司董事长、总经理来了解这个公司的真相。这样，他才能够真正了解这个上市公司的价值。

从投资范围来看，巴菲特比较偏爱消费股，他认为消费没有周期，就像我们上一讲讲的那样。他买的是非周期，这种公司的波动比较小；他也不喜欢买汽车股，认为汽车股的周期性比较强，并且处于资本密集型的行业，投资风险比较大，所以他说他不喜欢带轮子的产业。通用电气在前几年被破产清算，股价暴跌也一定程度上验证了巴菲特的观点。

当然，通用电气是由于养老金负担太重倒闭的，这在后面分析个股的时候，我会给大家讲。巴菲特贯彻价值投资，可以保持一个良好的心态，他不会天天去看盘，不会受市场波动影响。我对这次年会的印象很深：一开场，他戏弄了他自己的合作伙伴——92岁的芒格。大家都知道巴菲特86岁，两位耄耋之年的老人合作了一辈子，非常默契。

他在开股东会之前放了一段很幽默的视频来讲述自己和朋友的日常生活。巴菲特开场说："大家看到的这个刚才片子里面播的每次出去吃饭喝酒，总有女孩跟着芒格走，却没有跟着我走的，这为什么呢？后来我终于想明白了，原来美国的妈妈给女儿会说一句至理名言：'如果你一定在两个有钱的老男人里面选一个的话，那你就选那个更老的'。"他非常幽默地把这个事情给讲明白了。我们在学习巴菲特的时候，不仅要学习他的价值投资理念，还要学习他良好的心态，这样才能真正地把投资做好。

寻找超级牛股

> 识别板块，热点的龙头牛股特征。
> 如何寻找即将站上风口的大牛股。
> 经典龙头牛股的案例分析。

我们怎么样寻找超级牛股、怎么才能像巴菲特那样可以在一个股票上赚成千上万倍呢？在我国做投资持有股票超过10年的人少之又少，我们不能指望持有几十年赚几十倍、上百倍，只要能找到10倍牛股，其实就是很好的投资了。那么，我们选择这些牛股都有哪些特征呢？我们怎么去研究这些上市公司呢？我们需要寻找能够在风口上的牛股。

我在第一章中讲过，在不同的时代，牛股的特征是不一样的。在汽车进家庭的时候，汽车股就是牛股；在股市刚开始的时候，也就是1991年、1992年的时候，是短缺经济时期，百货股比较好；这几年属于经济转型，新兴产业是最能产生牛股的。所以，在不同的阶段，牛股的特征是不同的，这一点大家一定要有深刻的认识。

基金公司研究一个股票，很少去看技术图形，因为很多时候它会误导人，很多看技术的人往往会被一些专家蒙蔽。

有一次，我读了一个段子：一个人在麦当劳里边吃东西边看股市交易，然后过来一个乞丐跟他讲："这个指标明显该卖了，你到现在还不卖"这个人也很奇怪，问这个乞丐怎么懂这些图。然后，那个乞丐说："正是因为我懂这些图，我才成为乞丐的。"我并没有说做技术分析一定不行或者不重要，而是说做投资并准备长期持有的公司一定要做深入的研究去买入好的公司，而不要凭一个消息去买入一些垃圾股。

基金公司会做公司研究，并把研究分成各个行业，一般会有26个行业左右，每个行业会分配给1~2个研究员，研究员会首先进行行业的研究，分析这个行业的发展趋势，然后对行业里面的重点公司进行实力调查，通过阅读上市公司的年报、季报以及外部研究报告来综合分析这个公司的价值。研究员也会根据上市公司的财务报表，例如存货周转率、收入增长率、利润增长率、毛利率、净利率、ROE、ROA这些指标来分析公司财务报表是否健康、公司的发展是否具有可持续性。

通过财务报表分析才能对公司做深入的研究，发现有价值的股票之后，会做一个分析公司财务报表的模型，根据过去3~5年的财务数据加上自己对这个行业发展、公司财务发展的判断来对未来3~5年做一个盈利预测。这是一个研究员的基本功,不但要有扎实的财务分析基础,还要懂基础会计。

每个研究员在入行的时候都会受到建模的考验或者说折磨,要完整地做好一个上市公司的3张财务报表模型,要把3张财务报表调平,至少要花1周的时间。正是有这种基本功,大家才能真正地看懂这个公司的财务报表,才能够真正地避免踩雷。做盈利预测的时候,有的研究员会急于做出判断,还有的是和上市公司领导搞好关系、打听消息,希望能够通过上市公司的高层,了解到这个公司未来3年的盈利是多少,或者说当年的盈利准备报多少,这点与国外的同行相比确实有很大的不同。

我刚入行的时候是做汽车行业研究员,有一次参加上市公司的年会,当时几个国外的同行也在场,我们把他们叫作"外行",他们当时被国内的一个券商研究员给"雷住了",这个研究员直接问董事长说:"今年你们公司准备做多少钱?"做盈利预测不仅是要看EPS的结果,还要看推导的过程,基于哪些变化和哪些变量才得到这个盈利预测是很重要的,也就是说,逻辑比结果更重要。

如果一个研究员是拍脑袋或者打听消息得到的结果,即使和最后公布的一样,也不一定有价值,而一个研究员经过详细缜密的分析推导出这个盈利预测可能更具有参考价值。这就是基金公司做研究的一个基本过程。

研究员向基金经理推荐了股票之后,基金经理也不是照单全收,也会有自己的判断。他会根据市场行情、行业轮动、投资经验以及对这个公司的了解,才决定是不是要买或者卖。只有基金经理认可的公司,才会真正地买入。

研究员推荐的股票会进入股票池,一般会把股票池分为3类:第一类是核心股票池;第二类是普通股票池;第三类是禁买池,就是例如ST之类的或者有一些问题的公司的股票。每个核心池和普通池里的股票都要有研究报告作为支撑,而不能随便地加入股票池,这样从一定程度上可以避免投资踩雷、避免有较大的风险。我们知道,防范胜于救灾,事前控制风险比事中和事后控制更重要。通过建立股票池制度,基金公司就可以在事前控制风险。

这是一个很重要的措施,也值得大家去学习。

因为,每个投资者的精力有限,你不可能去覆盖所有的公司,你也不可能去看所有公司的年报。那么你可以选择5~10家自己熟悉的公司作为自己的股票池,你长期跟踪这些公司的股价、基本面的变化,因此你可以更容易赚钱。

我认识的一些投资者只盯住一个公司做,对这个公司有着充分的了解,对这个股性也很了解,所以总是可以做好波段,收益也还不错。做一只股票对人的眼光和耐心考验比较多,因为有的时候我们持有的一只股票可能会一直不涨。

我认为,研究5~10只股票,重点做3~5只股票,对普通投资者来说,是一个比较好的方法。基金公司的资金量比较大,一只基金几十亿甚至上百亿,持有的股票肯定是几十只、上百只的,所以需要建一个拥有几百只股票的股票池作为备选。我们在做公司研究的时候会用到几个模型,我在这不能一一地跟大家讲,就跟大家讲一个最简单、最通用、最常用的模型。公司研究有很多模型,最通用的就是波特模型(见图2-5)。

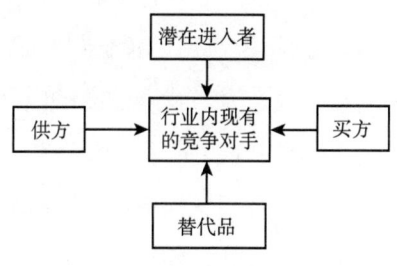

图 2-5　波特模型

波特模型分析在这个行业里面哪些是它的供货方,哪些是它的需求方,有没有潜在进入者,有没有同行存在竞争,有没有可能出一些替代品来替代他们公司的产品。从这5个方面来分析这个公司有没有投资价值,有没有发展的一个重要方法。

大家可以通过用波特模型的分析,对这个公司做一个全面了解,不仅要分析它的上游,也要分析它的下游。我们举个简单的例子,比如钢铁行业就不是一个好行业，它的供货方是全球三大铁矿石巨头，他们几乎垄断了全部的铁矿石交易，导致国内的钢铁企业没有定价权和谈判的砝码，而买方都是一些大的汽车厂。因为汽车厂的购货量很大，所以在谈判上钢铁企业也不占优势，这相当于两头受压。

在经济好的时候，它的利润被压缩，也没办法去涨价；铁矿石一涨价，把它的利润吃掉一大半。而在经济不好的时候，它又没办法让供货方降成本。所以，在经济不好的时候就会面临亏损，甚至巨额亏损。所以钢铁行业的周期性这么长和国内的钢铁企业大部分亏损的一个原因是产能过剩，另一个原因是这个行业本身就不是一个好的行业。

我们来看一些具体公司的案例，看哪些股票能成为牛股。我举第一个例子是"中国中车"，很多人把它叫作"中国神车"。这个股票在2015年的大牛市里面表现得非常的突出。它其实是南车和中国北车合并，产生了中国中车，它的市值一度超过波音飞机，所以被称为"中国神车"。南北车的合并是国企改革的一部分，我国的高铁战略也是这届政府重点推动的战略，所以说这个行业在当时处于一个风口，同时也是国家重点扶持的一个行业。

李克强总理到国外访问的时候，都不忘记推荐我国的高铁技术，甚至大家开玩笑说总理成了高铁的代言人，我国的高铁出口量非常大，在未来的发展前景非常好，所以南北车合并，就是我们一致对外的战略，就是为出口服务的。在合并之前，国际上进行高铁的招投标，我们国内南车北车内部竞争，竞相报低价，最后不能一致对外，导致流标或者赚不到钱，通过推动南北车的合并，成立"中国中车"，形成一致对外的局面。

在南北车合并的时候，这只股票成为最热的股票，股价在短短半年时间里上涨了8倍。在大家认为"中国神车"会成为超级大牛股的时候，开始发生了股灾，股价暴跌，几乎被打回原形。每当你听到谁说，××公司是我国的什么公司的时候，那么一般这个公司就离见顶不远了，因为都已经到了这种疯狂的地步了，这也给我们一个很大警示。

我们再看2015年上涨中另一个上涨的股票——乐视网。乐视网其实在十几元钱的时候，就有很多人关注了，乐视网给大家讲了一个非常大的故事，股价也出现了很大的上涨，乐视网的战略是通过不断地扩张、跨界经营来扩大这个市值。人们对于乐视网的这种手段提出质疑，股价在后来也出现了比较大的下跌，截至2018年10月，乐视网的股价已经跌到每股3.9元。

大家在找牛股的时候，一定要想一下这个故事能不能兑现，一旦这个故事兑现不了，我们就只能在股价上涨之后把它卖掉，获得上涨的收益。索罗斯曾经说过一句名言。他认为所谓的投资就像一场盛宴。在盛宴的时候，你可以和大家一起去享用这个盛宴，但一定要众人皆醉我独醒，要保持清醒的头脑，不要被盛宴所迷惑；在盛宴结束之前，要离场。

他的这句话虽然不完全对，但在一定程度上适合A股的市场，因为A股市场有很多这样的公司，给投资者讲了一个很美好的蓝图，但最终能不能实现却是一个未知数。如果能实现那就是长期牛股，如果不能实现那就是短期的牛股，这一点大家一定要分清。

刚才我一直在讲短期牛股，现在我们来看长期牛股。在2015年最热的一家公司万科，万科从1991年开始股价上涨了1000倍，很少投资者能持有万科的股票很长时间，但万科的一个巨头股东刘晋升从上市之后一直持有，现在资产翻了上千倍。而在20年的时间，万科为什么有这么大的涨幅？

其实，就是因为在王石的带领之下，万科从一家深圳的小地产公司成为全世界最大的住宅公司，所以万科才能成为长期牛股。我给大家讲过，股价的短期因素非常多，但是长期来看决定因素就是上市公司的业绩增长，万科就是一个最典型的例子。2015年，万科异常火爆，就是因为宝能系的举牌，我国第一大股东吸引了全市场的眼球，万科的股价也创了历史新高。对于好公司，在股灾的时候，我们就看到了它的价值，股灾对万科几乎没有影响，但很多小公司的股价暴跌。

在2015年牛市的时候，很多人会说一句话："就是风来了，猪都会飞"，但是我们要记住另外一句话，就是"当风走了，风停了，猪就会掉下来，只有有翅膀的鸟，才会飞。"很多垃圾股就是那些猪，而万科这样的好公司就是有翅膀的鸟，可以在股灾之后股价创出新高。我们要选长期牛股，就要选成长性的行业里面具有成长性的公司，这样才能安享财富增长。

在本章里面，我给大家重点阐述了巴菲特的价值投资理念，讲了巴菲特如何用价值投资的方法，让财富增长上万倍。然后，我给大家讲了一些怎么识别10倍牛股的方法，怎么去辨别这个股票是短期牛股还是长期牛股，希望本章的内容可以给大家一些启发。

第三章 如何才能抓住牛市行情

第一节 中线布局管理仓位

把握时机，知行合一

> 瞅准时机，果断出击，不要与趋势为敌，最好的操作时机就是当下：一旦上涨趋势形成，果断加大股票仓位；一旦下跌趋势形成，果断卖出股票。
>
> 不要怕踏空，严防套牢。不买看不懂的股票，不赚没有道理的钱。

投资要从全局的角度把握交易，让交易有的放矢，而不是频繁地交易、频繁地出错。交易是最后执行的阶段，很多投资者看对了市场，但没有做对。一句老话说得好：从看对到做对有很长的路要走。最典型的例子是在2015年5月，全市场的投资者都能清楚地看到市场泡沫化严重，很多股票价格虚高，甚至还出现了400元一股的股票。

在A股市场上，有一个茅台魔咒：如果有一只股票的股价超过了茅台，这只股票很快会面临大跌，最后让茅台成为股价最高的股票，至今这个魔咒未被打破。很多投资遇到牛市会头脑发热而忽略一些基本常识。历史不会简单地重演，但往往会以相似的方式出现。

在第二章里讲到，投资要像巴菲特一样，既要战胜贪婪也要战胜恐惧。投资的方法其实很简单，就要敢于在底部买入，在顶部卖出，低买高卖。每轮的"牛熊"转换，其实都是同样的故事。太阳底下没有新鲜事，但是为什么很多人做不到呢？很多人有了经验教训，仍然会在同样的地方跌倒。

德国哲学家黑格尔曾说："人类五千年的历史，给人类带来的唯一教训就是人类往往不会记住教训。"要做好投资，首先就要有严格的交易纪律，从看对到做对，能够让收益落袋为安，而不仅仅是赚过。有人总结：2015年这种大起大落的市场，很多人都亏钱。

亏钱不是取决于的技术和方法，主要是看自己账户上有多少钱。在股灾的时候出现了千股跌停，除了通过降低仓位，选择空仓等待机会之外，没有太多好方法。在市场的高点，只有严格执行市场交易纪律，降低仓位，去除杠杆，才能真正赚到钱。

有人说，2015年最悲催的词是"赚过"，很多人深有体会。在牛市里，仅仅是赚过还不够，还要真正赚到手。在市场上，不是看曾经赚过多少钱，而是能活多久。

有位著名的交易员名叫利弗莫尔。他在1929年美国股市大崩溃之前，提前预感到了股灾的来临，紧接着他便提前做好布局，大范围

图3-1 股票大作手回忆录封面

地做空。后来，市场果然崩溃大跌，美国指数跌了70%。这个交易员身价大涨，一年的时间赚了1亿美元，名声大噪，还写了一本《股票大作手操盘术》。

过了一年之后，市场开始见底回升，他认为股市跌幅超过70%，抄底时机已然成熟，因此他反手做多。但市场在昙花一现的反弹后，出现了又一轮下跌，从最高点算起跌幅达到89%。事实上，从70%到89%的过程中，下跌杀伤力与之前相比是同样惨烈的。

假如一只股票是100元，跌了70%以后剩余30元，如果此时抄底，再跌到89%，30元入手的股票便跌到11元，仍然亏了63%。由此来看，熊市最后阶段的下跌依然十分凶猛。这名交易员在在第一轮操作中获得巨额收益，却在第二轮操作中损失更多，传言落得自杀的下场。所以，对市场要有敬畏之心，这个市场没有常胜将军，如果想在这个市场生存下去，能够做到成功地投资，需要认真计划交易和制定严格的交易纪律。

美国市场有这样的例子，国内也有。2008年金融危机时，港股中有一个股票叫莱茵纸业，莱茵纸业的董事长叫张茵。在牛市的时候，它的股价一度大涨，到了26元，董事长张茵也因此成为中国的女首富。后来在2008年金融危机的时候，股价大跌，从26.5元一直跌到了2元，应该说跌幅已经非常大了，跌了92.5%。此时，很多投资者认为跌幅已经接近尾声去抄底，而这些2元抄底的这些人后来又亏了大钱，因为它从2元跌到了0.8元。2元抄底的人，在跌到0.8元的时候，又亏了60%，熊市的末尾杀伤力十分可怕。

所以，有人说："新股民站在高岗上，老股民死在抄底的路上"。就是说，在市场下跌的过程中去抄底，无异于接一把下降的匕首。抄底过早，就会把手击穿，很难撑到反弹的时候。后来到2009年反弹，莱茵纸业最高反弹到12元，涨幅也是巨大的。

想要有计划地交易，就要准确把握出手的时机，并且要知行合一、说到做到。有的人在5000点的时候看到了风险，但并没有真正地贯彻，最后还是亏了大钱。所知道A股做空的工具不多，并且在股灾的时候，做空的工具又受到限制，只能选择做多。想要规避风险就要注意仓位的控制。

地产公司的广告反复强调"地段，地段，还是地段"。决定房价的因素很多，而地段是最重要的。深圳中心区的房价就要比关外的房价高1倍以上，而深圳的房价比内地城市同样的楼盘的房价可能要高10倍。在A股市场上，决定投资成败很重要的一点是仓位。所以，在这里强调，在A股做投资的关键就是仓位的管理。所以，要学会空仓，要学会控制仓位，这样才能够在A股赚到钱。

对仓位的控制，要进行事前的风险管理，所以投资者要看到风控的价值，要制定严格的交易纪律。在这里，给大家讲一下前海开源基金。前海开源在这6年的时间，通过高位减仓、低位加仓获得了大量的超额收益。

以前海开源2013~2016年这3年的基金平均仓位作为权重，用指数基金的表现作为投资标的，做一个模拟测算，通过对于仓位的控制，即4800点左右把仓位降到10%，然后在2600点进行抄底，最后的超额收益提升了80%，同时把最大回撤控制在10%以内，这就远远地跑赢大多数的投资者。从这一点来看，仓位的控制是非常重要的。

所谓的大类资产配置，就是把资产在债券、股票、现金、商品等不同的资产中进行配置。在中国做大的资产配置，其中最重要的是对股票的仓位的配置。A股的波动率超过40%，是很高的一个值，而债券的波动率大约是4%，股票的波动率是债券的10倍。对于债券来说，好的配置可能只带来几个点的收益。但是对股票的配置来说，可能一天的跌幅就能抵消债券的收益。所以，在A股做大的资产配置，90%的超额收益是由股票资产配置比例决定的。

传统的风险评价模型，计算了股票、债券这两种不同资产配置的比例。用它做测算，能明显感觉到累积回报和用前海开源的仓位控制来获得的回报差别很大。传统风险评价模型累积回报只有13%，而前海开源大类资产配置的收益达到104%。多出的超额收益是通过对股票仓位控制来实现的。

在美国，使用传统风险评价模型比较合适，因为美国的股票波动率比较低。过去5年，美国指数几乎都是一条斜线上去的，30度角的一条斜线，没有太大的波动。所以在美国市场，要做波段的操作，或者利用股票仓位的控制创造超额收益很难。美国的公募基金、股票基金是没有仓位观念的，大多是满仓。他们基金经理的职能主要是选择一些优秀的上市公司来持有，他们只有选个股的责任，不会去选择仓位，仓位是由投资者自己来控制的。如果投资者认为股票市场风险大，他们会把股票基金赎回。

在国内，普通投资者是缺少对股票大势的判断能力的，所以国内的投资者会要求基金经理帮他们选择仓位，所以国内发行了大量混合型基金，股票的仓位比较广，从0到95%。以往股票型基金最低仓位要求是60%，近两年上升到了80%，股票基金人为地设立了一个80%的下限。

A股的市场大起大落，导致股票性基金操作空间比较小，特别是在市场下跌的时候，难以及时规避风险。很多基金公司倾向于发行混合型基金，有的股票型基金为了规避80%的最低仓位限制通过修改基金合同，把股票型基金转型为混合型基金。美国股票的年波动率是10%，债券的波动率是4%，波动率差别不大。在美国，对股票和债券的资产配置比例同样重要，而在A股主要是对股票的趋势的把握。这也体现了在A股做资产配置的核心任务就是判断好股票的趋势，对股票的比例做一个严格的把握，这是取得超额收益的最主要的来源。

在具体的交易上，要制定严格的交易纪律，如果对一个股票研究了很久，要把时间放在买之前。在买一个股票之前，要认真研究这个公司的基本面和未来的发展，要研究他们有没有买入的价值，要研究有没有上涨的空间。一旦研究透了之后，就可以瞄准时机，果断出击。所谓果断出击，就是要在价格还在低点的时候，就要果断买入。不要与趋势为敌，最好的操作时机就是当下，一旦上涨趋势形成，果断加大股票仓位；一旦下跌趋势形成，果断卖出股票。

进股票市场的人，都是希望赚更多钱。再比如，想卖掉一个股票，发现趋势不对，大盘已经开始下降了，或者发现这个公司基本面恶化，要把它卖掉，卖的时候不用管自己成本的高低。如果说这个公司基本面真的变坏了，利空了，或者说，后市会有比较大的下降空间，就要现价卖出，而不要等反弹再卖。因为如果真的是利空，就不会反弹，也没有人给反弹的机会。但如果真的反弹了卖，那很可能这个公司本身并没有真正地恶化，可能后市还有很大的空间。

有一句股市的谚语："最好的操作时间就是当下"。当决定买一个股票或者卖一个股票的时候，不要犹豫，就在当下执行，不要等反弹或者调整的时候，再买或者再卖。决策的过程中，多花一些时间，但一旦有了决策结果，就要果断出击，不要犹豫。很多成功的投资，就是在果断执行或者冲动的情况下实现的，但事后来看，都是非常正确的。

不要与趋势为敌，尤其是A股，这是个趋势性很强的市场，一旦形成牛市，就会实现正反馈，股票的价格会不断地创新高，甚至超出想象。在这个时候，就要果断做多，加大仓位，而不要涨一点加一点，最后让平均成本越来越高，而应该在低点的时候果断加满，越涨越减仓，这样会不断降低成本，甚至降低到0或者负值，这样在高点的时候就会获得最大的收益。而在下跌的时候，就要果断卖出，而不要犹犹豫豫，错失良机，最后越套越深。

不要怕踏空，严防套牢。有人总结了在A股炒股的经历："先是在下跌的时候，犹豫要不要出，后悔自己没在高点卖掉，会想如果我在高点卖掉会赚到很多钱，而不会亏钱，如果拿这个钱去旅游或者买东西，该多好啊，这个时候开始痛苦，痛苦的时候股价会继续下跌，再后来就变得麻木，索性就不再关注，眼不见为净，不敢打开账户，不敢直视，最后就被动地成为股东，炒股炒成股东。"

其实，发生深度被套的教训是非常深刻的，是非常值得警醒的，很多股民都有这样的经历，所以大家一定要吸取教训，一定牢记不要与趋势为敌，因为市场的趋势一旦形成，就会不断地强化。股价上涨，越涨人们赚得越多，就有越多的人进来，这时候指数就会涨得更高，这样就形成了正反馈；在下跌的时候，就会形成负反馈，越跌人们亏的钱越多，然后亏钱又割肉，这样亏的更多，这样就形成了负反馈。要想扭转趋势，需要一定的外力，或者只有到了一定的时期，才能出现这样的拐点。

关于这种自我强化趋势的形成，有一个著名的案例：

> 在南美洲印第安人的部落里，他们刚选了一个新的酋长，酋长有一个责任，是要在每年秋天的时候预测一下今年冬天会不会冷。如果今年冬天很冷，他的部落里的人就会多准备一些东西进行过冬；如果今年冬天不冷，就会少准备一些东西。但是这个酋长不会预测，他不知道今年冬天会不会冷，于是他就给他的一个气象学家朋友打电话问今年冬天会不会冷。他朋友拿不准就搪塞地给他说："我觉得今年冬天可能会冷吧。"
>
> 这个酋长听了之后，他给部落说今年会比较冷，要多准备一些柴火，然后整个部落都在准备柴火。后来酋长不放心，担心第一次当酋长弄错了被当成笑话，就再次询问今年冬天是否真的会很冷。然后，气象学家说今年冬天会非常冷，结果酋长就让部落准备更多的柴火。又过了一个月，快到冬天了，酋长很不放心，就问气象学家怎么知道今年冬天很冷的。然后，这个气象学家就给他说："我当然知道了，看今年印第安人准备的柴火比往年都多。"

这个故事说明趋势很多时候是可以相互强化的，股票的价格其实就是自我实现，股票市场也不例外。一旦趋势形成，就很难改变。在A股，要做好判断，一旦判断好之后，一定要敢于重仓。

对于自己熟悉的股票，可以重仓；对于自己看不懂的股票，不管涨多少，都不要去看，因为它和你没有关系。要赚到自己能看得懂的钱，不要买自己看不懂的股票，不要赚不明白的钱。如果是稀里糊涂买股票赚的钱，也会稀里糊涂地亏掉。因为赚的是没有道理的钱，不知道这次为什么赚钱。很多投资者遇到过这种问题：本来打算开盘之后买入一个股票，这个股票开盘之后跌了，那他就不买了，后来可能错过了一只大牛股；还有的投资者准备把股票卖掉,当天这个股票涨了,又不舍得卖了,最后错过了最好的卖出时机。

基金公司对于交易有个严格的限制,首先基金公司不能反向交易,也就是说当天把某个股票卖了,其他人就不能再下买单。如果有个基金经理买了哪只股票,全天不能下卖单。为了防止利益输送,交易的第一个规则就是不能反向交易。这就要求要想买一个股票,或者卖一个股票,一定要在开盘之前下单,这样才有可能成交。

为了防止基金经理看盘,因为盘面的变化会影响预先的计划,所以有一些基金交易部曾有个规定:基金经理在9点半把该下的单下完,防止基金经理看盘做出改变。没有紧急情况,在交易时间不要下单,也不要撤单,基金经理要拿出更多的精力去研究基本面,研究大盘,而不要被盘中的波动所影响,这样才能真正地贯彻知行合一。

在交易上,还有一个重要的点,就是不要怕踏空,严防套牢。尤其是在股市下跌的时候,一旦趋势形成,不要抢反弹。有的投资者不喜欢空仓,空仓的时候手就会痒,老是想下单,老是想着我的资金是有成本的。但是空仓的时候,躲避了股市的下跌,不亏就是赚,这个收益是远远高于资金成本的。很多投资者买股票一定要满仓,舍不得空仓。

在牛市的时候,很多散户投资者把账户上每一分钱都花掉,绝对不能看到账户上有余额。有一次一个投资者跟我讲他是怎么做到持有1股股票的,因为知道A股买股票至少买一手,一手100股,买1股是不行的。他说,他买了之后发现账户上还有钱,还可以再买一股,该怎么办呢?他就先买100股,然后再卖掉99股,因为A股是可以零卖的,这样他就把那1股买到了,几乎用了账户上所有的钱。

很多投资者老是怕踏空,他们认为踏空比套牢更严重,看中了这个股票,没有重仓,一涨就难受,因为觉得自己买少了;如果自己没买,更难受,甚至比买个股票被套更难受,这是人的正常的心理。人的幸福感并不是绝对的,而是跟周围的人相比,过得怎么样。有人说,幸福就是比你妹夫多赚一点钱，多开一辆好一点的车，就是这么简单。所以很多人一旦踏空，没有周围的人赚的多，他就难受。

一个资深的华尔街人士曾说：其实踏空比套牢要好，不信看一下的账户，踏空的时候，资金没少，但是套牢的时候，资产在不断地缩水。大家在做投资的时候，一定要克服这种怕踏空的心理，宁愿错过，不要做错，这是做投资的一个纪律。看上证指数的走势图，很明显市场上的走势是大起大落的。而在牛市中，要想赚到钱，一定要记住我给大家讲的这些纪律，并且能够严格执行。

仓位的管理

> 要学会仓位控制，何时满仓，何时空仓，何时调仓。
> 仓位的重要性和应用实例。

对于仓位的控制，大家一定要好好地学习。很多有经验的股民，他们永远不会满仓的，都会留着一定的现金仓位。等到看好的一个股票跌了，他会开心，会以更便宜的价格多买一点筹码，如果再跌，就再买一些，降低他的成本，等到它涨的时候就可以赚到钱了，但是这个前提条件是要对这个股票研究透了，确认它的价值是多少，这样就可以用这种越低越买的策略。如果说满仓了，就有可能短期被套。虽然短期被套，但如果持有的周期长，就不是问题。

但很多A股的投资者没有长期持有的习惯，被套之后就想着我就放这做长期投资了，但是一旦跌幅较大，跌到30%以上，他心脏受不了了就忍痛割肉了，这就是没有知行合一。要是做长期投资，选了好的公司，就要长期持有，不要管波动；如果是做短线的，就不要用长期投资的思路去买股票，否则就把会短期的操作变成了长期持股，最后深度被套。

有时，资金被套之后，买的股票不涨，有可能错过一个大牛市。有的投资者在2007年高点追的股票，在2015年这轮大牛市里面刚刚解套，别人都赚了好几倍了，他才刚刚解套。解套完之后没舍得卖，到2015年下半年再次被套，又等下次解套，这样就错过了整个大牛市，直到如今仍未解套。

巴菲特是一个长期投资者，他认准公司之后，一定会坚定地持有。他是不看盘的，也可以做到不考虑仓位，这当然和他的长期资金有关。伯克希尔哈撒韦本来是个纺织厂，巴菲特在它快破产的时候收购了它，转业务作为保险公司。买巴菲特基金的人都是一些长期投资者。巴菲特的基金，很少分红，也不送股，所以它的净值很高，现在已经是30多万美元/股了，换算成人民币已经达到200多万/股了，这把多数的投资者排除在外了。

他的目的就是吸引一些长期资金，而不用频繁地交易去应付那些短期的投资者。巴菲特可以做到长期持有一个股票，然后仓位不变，但大多数投资者做不到，因为资金是有一定期限的，一旦被套，心理压力就会非常的重，所以学会仓位的控制是非常重要的。

前海开源基金能够在2015年的5月底把仓位降到10%以下，一直空仓9个月，不去抢反弹。正是有前面的铺垫才在股灾中没有受伤，所以才敢在2016年的2月市场最低点时抄底。如果说在之前没有做好仓位的控制，还是满仓或者高仓位，那可能在下跌的过程中，净值会大幅回撤，心态也会变坏，甚至绝望，就有可能在最低点的时候割肉出去。

在2016年春节前后，很多人都已经绝望了，扛不住了，最后只能忍痛割肉出来了，倒在了黎明前。他们割肉也不是说他们认为2600点还未见底，而是内心受不了了，那时候已经内心想着远离股市，珍爱生命，已经发誓不再做股票投资了，所以倒在了黎明前。这也体现了仓位管理在A股投资有多么的重要。

可以注意到，2016年前海开源金银珠宝混合A为什么能够夺得第一，第一点就是仓位的控制，在高点的时候减仓，避免了大幅度的下跌，基金的净值是一条直线，没有仓位，处于空仓的状态，而在2月中旬，市场降到2600

多点的低点的时候，一次性地把仓位加到满仓，成功抄底，充分享受了这波反弹，而这波反弹又跑赢了大盘，比大盘反弹的多。

因为方向对，重配了黄金，享受了这一波黄金的牛市，净值也大幅度跑赢基准。另一只前海开源沪港深蓝筹精选混合基金也是同样的仓位控制，3轮股灾期间，净值几乎是一条直线，仓位很低，回撤非常少，然后在2月中旬一次性加仓，随后随着大盘的反弹，获得了很大的超额收益。这只是公司两个基金的走势，其实十几只基金的走势基本都类似，都是靠仓位的控制躲过了股灾，得到了反弹的成果，这一点值得投资者借鉴。

风控的价值

> 设置合理地止盈线和止损线。
> 还要制定严格的投资纪律，不能从看涨变为盼涨。

最后再讲风险控制。风控对投资来说是非常重要的。就像踢足球，既要进攻也要重视防守，即便是进攻很厉害，进了很多球，但是防守很松，被别人进了更多的球，最后还是会输。前几年，我听一个先生说他打网球的时候，不会主动地扣杀，他会把这个球接过去，然后等着对方来犯错，对方犯错的机会大了之后，自然就赢了。

做投资也一样，要学会控制风险，要为自己的操作设定一个止盈线和止损线。当然，这只是适合一些中短期的投资者。通过设定止盈线和止损线，可以防止深度被套，也防止赚到钱没有落袋为安。

在股灾的时候，有很多私募基金的产品，合同里面都设置了0.8元或者0.7元的止损线，一旦净值跌到了止损线附近就要抓紧减仓，跌到了止损线就要果断地清仓，这看似给投资者亏钱了，实际上是设定了下限。比方说设定止损线是0.8元，客户的亏损线就是20%，但是有一些私募的基金经理，他们对止损线视而不见,对后市有信心,希望能把净值找回来,所以他们就找客户商量,看他们能不能取消止损线,或者把止损线进一步降低,咱们从0.8元下调到0.6元,或者下调到0.5元,这样,就可以等来反弹,否则就要清盘。

有的客户同意了,但这样止损线就失去了它的意义。随后股市就迎来了第二轮股灾,净值从0.8元跌到了0.6元。这个时候如果进一步再向下设止损线,那就会有第三轮股灾,净值可能就会从0.6元降到0.4元。所以既然在契约里有止损线这个规定,大家就要严格地执行,这是极端情况发生的一种风险控制方法。

有很多投资者喜欢和股票谈恋爱,说××股票是我的爱股,我就是抱着它不放,这是一种错误的理念,任何股票都是投资的标的、投资的工具,买这只股票,不是要做它的股东。因为,对普通投资者来说,买的量很小并不是为了长期做股东,而是为了赚钱,一旦一个股票买了之后,发生了基本面的变化或者大盘开始趋势下跌,就要果断地把它卖掉,而不要有情感,你对它有情感,它对你没有情感。等跌下来之后,深度被套,忍痛割肉,没有人会看和这个股票有没有情感。所以,我提出一个观点,不要和股票谈恋爱。

现在,前海开源联席董事长王宏远先生,也是我刚入行的时候把我招到南方投资研究部的时任投资总监,他就给讲过一句话,他说:做投资,不能从看涨变成盼涨。有很多投资者,买股票的时候是因为他看涨,是因为这个股票要涨才买,结果买了之后不涨或者还下跌了。他不会去反思这个股票为什么不涨,他喜欢选择性地获取信息,凡是对这个股票有利的信息他就听,凡是不利的,他就不听。天天盼着涨,而不会思考它为什么不涨。这是很多投资者都容易犯的错误。

知错改错在A股市场上是非常重要的,人无完人,谁都不敢说自己每笔投资都是对的。就连股神巴菲特,在致投资者的信里面都会写他在这一年做了哪些错误的投资,有哪些地方需要反思,为什么会做出这些错误的投资,如何控制没有让这个错误的投资继续下去。只要能够及时地纠错,那错误是可控的,就不会遭遇拿破仑的滑铁卢。

如果明知道选的股票基本面恶化或者大盘趋势向下了，还抱着不放，从看涨到盼涨，就有可能越套越深，就有可能最后忍痛割肉或者长期被套。这是我给大家讲的风控的重要性。在上文，我给大家重点讲了怎么合理地做交易计划、合理地控制仓位、怎么能够合理地控制风险、怎么能够在A股市场上不仅赚过而且赚到。

第二节　掌握交易技巧事半功倍

买入的艺术

上文讲到了要计划交易，对于自己深入研究的股票，要采用一定的策略。从赚过到赚到，仓位的管理是很重要的一关，通过仓位的管理，可以减小回撤，从而实现落袋为安。风控始终伴随着投资和交易，在事前做一些风控，进行止盈线和止损线的设置，可以防范2015年下半年股灾这种极端的情况，保证即使在亏损的时候也不会把自己的本金全部吃掉，否则很可能造成无法翻身的情况。在这里，我会给大家具体讲一些买入和卖出的技巧，同时也给大家讲在大盘和个股上成功实现逃顶和抄底的事例。

首先讲买入的艺术。在买入股票的时候，资金量大小不同的投资者操作的方法有很大的差别。对于中小投资者，很多人喜欢现价马上买入，这种做法比较适用于小资金或者比较有把握的个股。对于大资金来说，可以采取分批建仓的方法，因为底部在事后来看就是一个点，但在事前来看，谁也不知道哪一个点就是真正的底部。在真正的底部出现之前，可能会有很多次的假底。

另外，底部也不是一个具体的点位，而是一个底部区域。在市场见底的时候，无法买到最低点，但可以买到次低点，那怎么做到呢？要在市场见底的过程中就开始分批建仓，这样就可以获得底部的一个平均成本。这样在股价上涨的时候，就可以获得最大化的收益。

2006年年初，当时市场刚刚经历了四年的大熊市，很多人对后市没有信心。我从2006年3月开始在南方基金研究部实习，那时候上证指数还在1200多点，每天都还在冲击1300点，这个冲击的过程也是一个反复的过程。因为在熊市的末期，投资者的信心严重不足，而市场也在不断地试探底部。这时候买入，其实就是分批建仓的方法。

当时，南方基金的投资总监王宏远先生，他坚定地看好A股在2006年、2007年这两年的大牛市，而在大牛市里面，应该买什么股票？很明显是券商股，因为在牛市里面，券商股会得到双轮驱动，一个是业绩大幅增长，一个是估值大幅提升。特别是从大熊市转到大牛市的情况，券商股的涨幅是非常大的，所以在当时，南方基金投研团队敲定的策略就是分批建仓券商股，当时上市的券商股并不多，几乎把所有上市的券商股都买到了上限。

由于在当时的市场上，真正相信牛市的人非常少，大家还是惯用熊市思维，所以当时券商股并没有很快上涨，反而还在震荡下跌。当时，建仓第一笔资金用来购买中信证券时大概只有6元，在之后越买越跌，越跌越买，最后最低跌到了4元。通过分批建仓，就获得了一个底部的成本。

后来的故事大家就知道了，大盘开启了两年的大牛市，券商的业绩爆发式增长，以中信为代表的这些券商股轮番上涨，甚至包括一些券商影子股。比如，广发证券的两个股东——吉林敖东和辽宁成大也出现了几倍的增长。在券商股的上涨过程之中，采取持有的策略，就是在牛市一定要持股，持有可以获得牛市最大的回报，而频繁换手很可能造成赚了指数不赚钱的后果。因为坚定看好这轮牛市，所以坚定地持有券商股。等到券商股涨到2007年下半年，中信的价格已经上涨到了80元以上了，已经赚了20倍，这时候可以考虑分批卖出。

卖出的技巧

> 学会分批卖出法，逐步兑现收益，落袋为安。

很少有人能在最高点卖出，只有神仙才知道最高点在哪，所以很多人卖到最高点大部分是运气的因素。当牛市的走势已经达到一种顶峰的状态，已经到了全民炒股的时候。这就是分批卖出的时机。通过分批卖出，逐步地兑现收益，落袋为安。

2007年，提前布局券商股的南方基金，从中信80元以上开始分批卖出券商股，基本上，成功地在券商股上获利了结，大盘也达到了几乎最高点位6000点。当时，对于券商股的这种配置，第一，选在了风口，牛市里买券商。第二，采取分批建仓，坚定持股，高点分批卖出的这种方法将收益最大化。这也让南方基金以及王宏远先生一战成名，在A股的历史上留下了浓墨重彩的一笔，可能过了几十年，人们还会津津乐道，当时南方基金重仓了券商股。

很多投资者在牛市里犯错误：一是在市场见底的时候，因为犹豫不敢进入；二是在牛市的过程中，拿不住股票，频繁地换手，天天追热点，今天看见另一个板块涨了，就把这个股票卖掉，去追那一个，然后后来那一个板块购买之后跌了，就去追另一个。这样翻来覆去，几乎赚不到钱，指数却在不断上涨。

有人打比方说：持股比守寡还难。虽然这只是个玩笑话，但是能反映很多人的心理。在牛市的时候，持股是获得最大收益的方法。可以看到，在牛市的时候，很多股票都涨了好几倍，但是很多投资者频繁操作导致赚不到钱，反而在市场下跌的时候，又是满仓的下跌，导致在牛市里面亏钱，这一点投资者需要好好反思一下，要思考怎么样才能够在大趋势不变的情况下，坚定持股信心。具体到股票如何买入卖出，还需要结合大盘的趋势。

在上升趋势过程中，只要大盘没见顶，个股往往都有上涨的机会，但是和大盘见顶一样，一旦市场达到了一致预期，大家都非常乐观的时候往往就是大盘见顶的时候。可以举一个2006年、2007年当时的一个很典型的例子，关于当年涨幅最大的股票中国船舶。它在重组之前，价格只有不到30元，如果再往前追溯到2004年、2005年，可能只有几块钱。

中国船舶通过重组，改了名字，而且在当时正好遇到了造船业从日韩转到我国、制造业从世界转到我国的好机遇，使得当时很多制造业的股票都成为大牛股，中国船舶是其中最典型的代表，几乎每个月都有大幅的上涨。很多投资者从里面买进卖出，赚了一些小钱。大盘趋势不变的情况下，像这种既在风口上又有业绩增长的股票是可以一直乘坐收益率曲线，一直稳股不动就可以。直到大盘到了6000点，中国船舶超过了300元/股。

这个时候和整个大盘一样，大家对这个股票的看法已经到了相当疯狂的状态。我记得当时有一位很出名的券商分析师，给出了一个2008年中国船舶的目标价格，即再涨5倍涨到1500元。出现这种乐观判断，往往说明已经到了疯狂的状态了，股价和大盘一样，都有了很明确的信号，这时候就应该分批卖出，而不要继续恋战。

再举一个这轮牛市里面的一个例子，2015年也出现了很多大牛股，甚至还有几只股票，股价最高超过了400元，远远超过茅台的价格，难免陷入了"茅台魔咒"。其中，最典型的代表就是全通教育，很多人在这个公司上市之前都没听说过它，我也没听过它，我只知道新东方，但是上市之后却受到很多资金的追捧，股价飙升，这个公司的营业收入在当年也就是两亿元左右，但是市值却炒到了400亿元，达到了200倍的市销率，这是多么可怕的泡沫。

它在上升到100元、200元、300元的过程中，其实更多投资者是跟着风在走，因为在牛市里面，风来了，猪都会飞。所以，当时很多业绩并不好但估值很大的股票出现了大幅度的上涨。甚至有的分析师在全通教育涨到了270元的时候，还推荐给客户去买，其实这时候已经进入了一种非理性的状态，这些股票再上涨已经完全不是由基本面推动了，而是完全处于一种"博傻"的状态。

什么叫"博傻"呢？就是比谁更傻，英语叫作"bigger fool"，就是说买这些股票的人并不认为股票值这些钱，而是他们预期到会有更傻的人来买这些股票，然后再卖给他们。这样，只要能找到更大的傻瓜接盘，买它就能赚钱。这种做法其实就是一种击鼓传花的游戏，总有最后一个接盘的，最后接盘的人就是"biggest fool"，最大的傻瓜。一旦做最后一个接盘侠，就会为前面的人买单，从而亏损巨大。

追逐这些短期的牛股或者概念性的牛股，一定要掌握卖出的技巧。当这些股票的价格出现了明显的泡沫之后，不必等到市场疯狂的时候卖出，而是在上涨的过程中就要分批卖出，这样才能够落袋为安。很多投资者在炒股票的时候，都可能陷入击鼓传花游戏的里面，明知股票已经泡沫很大了，但是仍然疯狂购买，就是为了赚个差价，但最后不幸当了接盘侠。

有人可能在一个股票上跑掉了，但是在另一个股票上被套了。这种击鼓传花的游戏，其实在各个资产市场都很常见，包括欧洲曾经发生的郁金香热。当年的荷兰郁金香被各个国家的贵族所喜爱，所以欧洲人疯狂地炒郁金香。因为大家认为买了郁金香，明天就可以卖高价，所以人们不问它实际价值为多少，都愿意出高价去买。这样，就造成很多人不再工作，都去倒卖郁金香。

当游戏进行到最后的时候，郁金香的价格被炒到极点，一朵稀有的郁金香可以换一栋房子，还可以送几匹马，这时候就变成了纯粹的击鼓传花的游戏了，也就是"博傻"游戏。结局可想而知，就是泡沫破裂。当时，很多人把房子卖掉，买了几朵郁金香放家里，导致最后很多人跳楼，流离失所，所以炒泡沫是会面临很大风险的。

大家在选股票的时候，要选择像万科、茅台、苏宁这种长期的牛股，而不要选择一些短期的牛股，很可能为赚一个涨停板，最后深度被套。后来在股灾的时候，这些400元的股票纷纷下跌，跌幅很大，最后"尘归尘，土归土"，还是难以打破"茅台魔咒"。因为茅台是稳定增长的公司，而白酒行业本身就是中国特有的行业。

从1000年前中国人就喝白酒，再过1000年还是喝白酒，所以这个行业不像科技行业更替比较快，因此这个行业就有永续经营的概念。茅台作为国酒，在行业中的地位已经确定了，所以它在成长的过程中是比较平稳的。茅台只分红不送股，所以它的股价也是A股里面最高的，因而在股市中出现了

"茅台魔咒",这其实就是说一旦股票的价格超过了茅台,大家就要反思,这个价格是不是被高估了,还是说这个股票有"高送转"的潜力。

一般来说,小盘股股本小,绝对股价高,就有"高送转"的潜力,而通过"高送转",这些公司的流动盘会做大,绝对股价会下降,这样会吸引更多的投资者买入,甚至有填权的行情。也就是说,股价从除权后涨回原来的价格,这样可以实现收益的翻倍。对绝对股价比较高的股票既要小心,也要认真分析是否值这个市值、是否估值过高。

买卖股票除了要关注买入卖出的技巧,也要关注投资当中有没有加杠杆。这一轮的牛熊转换,让很多中产阶级的财富瞬间被没收,很多投资者把本金亏掉,主要的原因就是在上涨的过程中过度加杠杆。配资公司在做业务推广的时候,经常会给投资者讲阿基米德的故事,阿基米德说:"给我一个支点,我将翘起整个地球。"杠杆确实能够产生加速收益的效果,给人类社会进步带来了很大的贡献,但是杠杆如果使用不好,很可能造成灭顶之灾。

2008年,大盘受到金融危机的冲击跌幅要比2015年要多,但是为什么在2008年大盘在跌了60%多的情况下,很多投资者没有爆仓,没有把本金亏光,也没有多人亏损巨大呢?因为2008年的时候,大部分账户是没有杠杆的。股票和期货不一样,它是全额交付的,最多亏90%,或者90%多,只要这个公司不退市,再跌也会有所保留,但加了杠杆便不一样。加了杠杆之后,账户很有可能爆仓,很有可能血本无归。

凯恩斯曾说过一句名言:资产的价格总是会回归理性的,但是一旦加了杠杆可能就等不到价格回归理性的时间,在黎明前就倒下了,这是很多人的惨痛教训。我在股灾来临前多次写报告建议投资者慎用杠杆,或者尽量不用杠杆,用自有资金或自己可以支配的资金来进行投资,一旦加上杠杆之后,时间就会成为的敌人,而不是朋友。

巴菲特曾经说过:"时间是价值投资者的朋友。"意思是说,只要以很低的价格买入了一个好的公司,不需要关心大盘的波动;只要持有足够长的时间,总会获得比较好的回报的。但是如果加上杠杆,时间就不是朋友,而会成为敌人。一旦价格跌到了平仓线附近,就要被动地补仓和交保证金;如果不能交保证金,那就要被平仓,平仓完之后账户上基本所剩无几。所以,建议投资者慎用杠杆。

其实,在美国市场中有大量加杠杆的工具,但是美国的投资者已经有了100年的投资经验和教训,大部分投资者都投向了机构买了基金,所以杠杆基本上都是机构之间的博弈,他们对期货、期权等衍生品使用得游刃有余,但是仍然发生一些很大的风险事件。比如,巴黎银行的倒闭、次债危机雷曼兄弟的倒闭等。

教科书上最著名的案例就是美国长期资本管理公司的倒闭,它是由一些获得诺贝尔奖的著名的经济学家组建的一家公司。他们的投资理念很简单,就是任何的资产一旦偏离了合理的价格以后,只要持有足够长的时间,这个价格总会回归它的价值。他们利用各种模型计算出资产的价格,然后在价格偏离价值之后,加30倍以上杠杆来放大这个收益。前几年,运行得非常顺利,他们的策略赚了很多钱,赚取了几十亿美金以上。理论上,这样的理念是很不错的,但是这种理论在加了杠杆之后,就不一定很有效。

最后,黑天鹅事件发生,长期资本管理公司立马倒闭。当时,他们在赌俄罗斯的债券,俄罗斯的债券价格已经远远低于理论上的价值了,然后长期资本管理公司加大了杠杆,买入了大量的俄罗斯债券,但是后来由于俄罗斯局势动荡,债券价格一跌再跌,因为长期资本管理公司是加了杠杆才去买的,所以他们就要不断地补充保证金,最后他们消耗了所有的资金,没有钱作为补充。

事件发生之后,以大摩为代表的华尔街的投行以及美国财政部联合起来,试图挽救长期资本管理公司,但是并没有用,因为杠杆率太高,最后只能听任公司爆仓、倒闭。这个公司经营的人都是最聪明、对经济学金融学研究最深的一批人。他们的投资理念也没有太大的问题,之所以最后局势失控,出现公司的爆仓,就是因为他们加了30倍以上的杠杆。

所以,在这里我要建议大家,做投资尽量地用自有资金,不要用杠杆,就算是两融，我也建议大家少用，除非自己特别有把握的股票，也要慎用杠杆。因为资本市场上没有确定的事情，认为很有把握的股票很可能表现不佳，甚至有可能跌得更多。有的投资者说："我这个股票有内部消息，别人告诉我这个公司要停盘，可能有重大的资产重组。"当这个消息传到的耳朵的时候，都不知道是几手的消息了，可能之前买入的人已经准备出货了，或者这个消息本身就是假的。所以，大家千万不要轻易听信这些谣言消息。

巴菲特曾说过：给你100万美元，再给一些内部消息，肯定能会在1年内破产。所以，无论在中国还是美国，做投资其实是一样的，不能靠打探消息来做投资，否则很容易会亏大钱，对这一点大家一定要有深刻的认识。

一本书叫《在不确定的世界》，内容寓意深刻。这本书作者是曾经任高盛的董事长、美国财政部长罗伯特·爱德华·鲁宾。这本书的大意是生活的世界就是一个不确定的世界，没有任何事情是确定无疑的，都存在不确定性，所以在这个不确定的世界试图去找一些相对确定的事，是没有绝对确定的。所以，在这种情况之下，怎么确定选中的股票能涨呢？怎么确定消息一定会兑现呢？所以，大家很难有十足的把握。

说起罗伯特·爱德华·鲁宾，他也是华尔街举足轻重的人物。他的故事非常的有意思。他当年在申请大学的时候，先是申请了耶鲁大学，结果被拒绝了；后来他又申请了哈佛大学，被哈佛录取了。后来，罗伯特·鲁宾发展得很好，做了高盛的董事长，之后又做了美国的财政部长。

一天，他突然想起当时申请大学的时候耶鲁大学把他拒绝了，所以他就想嘲笑一下耶鲁大学招生办的人，他当时作美国的财政部长，就给耶鲁大学的招生办写了封信，说：

我是当年被拒绝的那个学生，哈佛大学接受了我，现在我在美国财政部做部长。

招生办主任是个很幽默、很智慧的人，就给他回了封信，说：

尊敬的部长阁下，其实当年看材料的时候，就知道你是个非常优秀的学生，但是按照惯例，耶鲁每年都会拒绝一些优秀的学生，以便哈佛大学也能招到人。

这是一个很幽默的方式，既给了美国财政部长面子，又给自己当时的拒绝找到了一个理由，这种智慧与幽默也值得大家去学习。

刚才给大家讲到不要加杠杆，如果选的股票有成长性并且基本面很好，可以坚定的持有，但是仍然要学会怎么高位逃顶和低位抄底。

逃顶和抄底

> 敢于在市场底部建仓，在市场顶部清空，学会逃顶和抄底。
> 克服贪婪和恐惧心理。

对于大盘的逃顶和抄底，第一章就已经详细地陈述了：要看一些技术指标，比如新基金的发行量、市场成交量以及沪深300的估值水平；然后要看一些人气指标，比如新账户的开户数以及网上的运行监测；还有一些亲身经历，看看周围的人是不是在谈股票。这可以用来判断大盘是否在顶部或者底部。

对于个股来说，也是这样。我曾经到华尔街和外资机构交流，这些国外投资者投资A股的资金量不是很大，配备的人数也不多，一般就是五六个人，所以他们很难跟踪A股大盘或者跟踪所有的股票。他们往往就盯住3~5只股票进行深入地挖掘和研究。他们研究的深度可能比国内的券商研究员还要深，他们不关心大盘的涨跌，他们只关心这些股票的价格。

在这些股票的价格被严重低估的时候，他们就会买入，因为他们没有看大盘的走势，所以恐惧心理就会比较轻。然后，等到价格涨上去并且已经被高估，他们会选择卖掉。他们盯住个股的这种做法恰恰实现了逃顶和抄底，这个也值得散户朋友们借鉴。盯住几只股票来做的这种方法适用于广大的散户朋友们，因为很多投资者的账户资金量不大，只盯住10只以内的股票就够了，盯住1~3只特别熟的股票反复来做，这样可以了解它的股性，从而，可以很从容地进行逃顶和抄底。

如果判断大盘的顶部和底部比较困难，那么判断个股的低点和高点则相对来说比较容易。当然并不是在最低点买入、最高点卖出。巴菲特曾经说过：只有傻子和偏执狂才会去判断顶部和底部。虽然说得有点绝对，但他的意思是说，顶部和底部、高点和低点都是事后看出的，很难能卖在最高点、买在最低点。能够在上涨的过程中，卖在左侧的投资者已经算是高手了，而在下降过程中，能够在右侧抄底的也已经算先知先觉的投资者了。

还是以前海开源基金做例子：

前海开源基金联席董事长王宏远先生在2014年年初（市场还是熊市的时候），就率先喊出特大牛市的观点，旗下基金开始果断分批建仓。等到2015年，市场涨到很疯狂的时候，很多人还在喊8000点、10000点的时候，前海开源基金已经开始逐渐减仓并且发布公告，在5月底把仓位降到10%以下，成功地实现了逃顶。虽然在仓位下调了以后，上证指数仍涨了几百点，但是仍然算是比较成功的逃顶。

能在最高点6月15日逃顶的人，绝对是运气。而在底部建仓时，市场下跌了9个月，前海开源保持接近空仓了9个月，市场还在不断地下探的时候，前海开源还是分批建仓，因为从各个指标来看，市场已经见底了，整个市场一片恐慌，很多人担心会跌到2000点。

当我在2016年春节后喊出"千点大反弹"的时候，就有一个有名的私募基金的经理针锋相对地喊出千点下跌，其实这个时候大盘已经在底部震荡了。在当时，建仓的时机已经算是非常好了。虽然不是最低点而是次低点，但也实现了底部建仓。再到后来，2018年国庆节前，在市场再度陷入极度低迷的时候，前海开源基金再次公开宣布全面加仓，又一次实现了底部建仓。所以，投资者要想真正地实现逃顶和抄底，那就要克服贪婪和恐惧的心理。

有人说：做投资是反人性的，只有克服了人性；在上涨的时候能够克服贪婪，在下跌的时候能够克服恐惧，才能真正地适应这个市场。有的投资者在市场见底的时候，从左侧进行抄底，但是从左侧抄底的特点就是买了之后就要被套，其实在这个时候就是主动买套，因为不可能买在最低点，只要在下降的过程中，分批买入，建仓成本就是底部成本。

这样主动买套，等大盘反弹起来，就能很快地解套、赚钱。有的投资者为什么会死在抄底的路上呢？第一就是过早抄底，大盘还没有跌透就开始抄底；第二是一旦自己看好的股票下跌，就开始担心、恐惧。一次抄底不成功，亏了20%；第二次不成功又亏了20%；第三次不成功又亏了20%，这样基本上就没钱了。对于自己看好的股票，只要自己买的成本不是太高，越下跌其实越是自己买入的一个机会，而不能过度恐惧。

如果一看到这个股票下跌，心里就没底，说明你对这个股票没有研究透，不敢坚定持股。在买股票的时候，执行要快，但前期研究工作要深入，一定要把这个公司吃透，算出来它的价值。这样，才能在跌的时候，坚定信心，坚定持有或者越跌越买。巴菲特说过："如果不能看着自己买入的一只股票跌一半而无动于衷，就不适合做股票投资。"当然，他说的这句话比较极端，看到自己看好的股票跌到一半能无动于衷的人也是很少的，出现浮亏是一个很难受的事情。但是整体来看，要想做到成功地投资，就要对公司的价值吃透。买有把握的公司，做可控的投资，这样才能实现真正的投资。

综上所述，这里首先从仓位管理、控制风险讲起，讲到怎么能够在大起大落的A股中从赚过到赚到，然后给大家讲了怎么选择一些牛股，并且在牛市里怎么取得最大化的收益，如何克服贪婪和恐惧的心理，成功实现逃顶和抄底。掌握了这些技巧，坚持这些理念，就会在A股中立于不败之地。最后，祝各位投资者投资顺利，能够获得好的回报！

第四章 经典报告

如何做好A股策略研究

2006年7月,我从北大光华金融系毕业,正式进入基金行业。因为我有在清华读机械工程系本科的背景,首先是从汽车行业研究员做起,直到2009年开始做策略。相对于行业研究,做策略研究要求更高,因为影响市场波动的因素太多了,从宏观到微观、从市场交易量到市场情绪都是波动因素。市场是瞬息万变的,做好策略研究很难,但能最大程度提高个人能力与投资水平。

策略研究主要是通过对于影响市场走势的一些因素分析来判断大盘趋势,给基金经理提供投资建议。同时,要通过各行业的分析对比,提出行业配置比例的建议,掌握行业轮动的规律。策略研究对于整个基金公司来说非常重要。它相当于对整个公司的投资做一个大方向的判断。那么,策略研做得好坏往往决定了整个基金公司整体的业绩水平。

对A股的策略研究主要包括以下几个方面。

第一个是对宏观经济的把握。有句话叫"股市是经济的晴雨表"。这是说股市的好坏和宏观经济有密切的关系，在经济向好的时候，企业的盈利增长，人们对未来信心增强这样就会产生双重驱动，提升公司的业绩也提高公司的估值，就会产生比较好的一个市场走势。具体到A股来看，宏观经济和股市的走势有时候有正相关关系，但是有时候也会出现背离。

从过去二十几年的经验来看，2006年、2007年的大牛市，可以说是正相关关系最强的。2006年、2007年中国的经济形势较好，股市产生一个特大牛市，可以说当时股市是经济的晴雨表的表现是比较强烈的。2008年熊市也体现了正相关关系。2008年全球发生金融危机，我国的进出口出现大幅下降，我国的经济也受到很大的拖累。2008年伴随经济下滑，A股是一个大熊市。

2009年初我国政府推出4万亿元来拯救经济，4万亿元推出效果非常明显，我国经济指标几乎都是"V"型反转，股市也是"V"型反转，大盘涨了1倍，这也体现了股市与经济的正相关关系。但是股市和经济也不总有正相关关系，在很多时候会发生严重的背离。比较远的一次是2001年到2005年，当时经济还是不错的，经济每年都是8%以上的增长，但是股市从2140点一直跌到了998点，经历了4年的熊市。

再看2010年到2014年上半年，中国的经济也是增长的比较稳定。虽然中间伴随着一些通胀高启等问题，但总体来看经济还是向好的，可是股市走了4年的熊市。

影响股市走势的因素非常多，并不仅仅只有宏观经济。股市和经济的关系，有人打比方说：就好像人和狗的关系，比如人去遛狗，人是沿着直线往前走，狗一会儿跑到前面一会儿又落后在后面。但是狗无论怎么走，最后都是跟着人一起到达目的地。在这个过程中，人走了1公里，狗可能走10公里。

经济的长期走势是这个遛狗的人，股市是这条狗。从长期来看，经济决定了股市的走势，但是短期来看可能有时候完全是负相关。巴菲特的老师格雷厄姆曾说过一句话：股市长期来看是称重机，短期来看是投票机。股价的短期波动的影响因素非常多，就像投票机一样，众多投资者在投票，是看多还是看空，股价波动特别大。

但从长期来看，股价绝对是经济的称重机，股市的长期走势怎么样还是取决于经济。在过去100多年，美国的股市经历过1929年的大萧条，经历过1987年的"黑色星期一"，但是道琼斯指数从100点到18000点，上涨了180倍。我在北大读书的时候，老师曾经给我们讲过一个数字，就是讲股市的波动非常大。道琼斯指数在过去100年的时间涨了180倍。股价短期的波动影响因素特别多，波动非常大。它更多地反映了人的情绪，而长远来看，最终还是和经济相关。

那么，我们研究宏观经济主要关注哪些指标呢？在这里，我可以提醒大家重点关注的几个指标。

一类是反映经济增长的指标，最受关注的就是GDP，其次是工业增加值、发电量这些指标。从这些增长的指标可以看到经济增长速度，看经济增长的话，也不能简单地进行这个数字上的类比。比如我们的GDP增速这两年都达到了6.5%以上，前些年更是达到了8%以上，但是美国的GDP增长可能只有1%、2%左右。

虽然GDP增速好像是我们比美国增长得好，但是我们企业的盈利状况和美国的相差很远，这是为什么呢？因为GDP是一个收入的概念而不是利润的概念。你建一座桥修一条路，GDP就增长了，但是并不一定产生效益。我国GDP可以说大部分是钢筋、水泥推起来的，是投资拉动的一种增长模式。在出口方面，我们主要做代工，利润率是非常低的。美国的企业生产基本都放在海外，销售也大部分在海外。他们只做设计，所以他们的GDP虽然只增长一两个点，但利润非常丰厚，美国经济增长的效益比我们高很多倍。

举个简单例子，比如iPhone手机生产组装都是在中国，比如富士康。一部手机的成本大概900元，我国企业组装好以后，以1000元的价格卖给了美国苹果公司，相当于赚了100多元的加工费。美国反过来卖给我国消费者就是6000多元。所以生产一部苹果手机看似我们这个GDP非常大，但是利润非常少，只是赚了一点辛苦费，而苹果公司赚了大部分利润。这是一个简单的例子，其他一些出口产品也类似。这就是为什么我们GDP比美国高，但经济效益比美国差的主要原因。

我国的经济结构还是以重工业为主，所以我们GDP利润率比较低。我们的GDP从8%以上降到了6.5%左右，虽然好像下降不多，但是很多企业都已经感受到这种巨大的压力，已经出现大量的行业亏损，甚至有一些企业已经破产。这就是因为我们的利润率很低，一旦出现一两个点的下降，可能把整个利润吃掉，现在企业经济状况比较差也是这个原因。所以，我们必须转型，实现产业结构的调整，提高企业的产品利润率。这样才能可持续发展。

工业增加值数据是每个月都有的。统计局会公布，发电量也是每个月的数据。发电量相对于工业增加值是一个更加客观的指标，因为工业增加值是人为统计的，可能存在水分，发电量是客观的数据没有办法更改，所以发电量能更好地反映工业企业的生产情况，其他的客观数据，比如铁路运输量也是观察宏观经济的重要指标。

还有一个大家比较关注的指标是能够提前反映经济变化的指标——PMI（采购经理人指数），各个企业负责采购的经理会对未来的经营生产状况进行预测，同时根据订单情况进行原材料的采购，所以他们对未来的预期和采购量就能够反应未来3个月左右经济增长情况，PMI是一个提前的指标，可以让我们预知未来2~3个月的经济情况。

另外，PMI是一个环比数据，是和上个月相比。如果PMI高于50，表示相较于上个月采购量有所提高，经济处于扩张期。反过来，PMI低于50的时候表示，这个月比上个月减少了采购量，经济处于收缩期。3月我国的PMI重新回到了50以上，说明未来2~3个月经济有回暖的迹象，但回暖的力度是有限的。现在公布的PMI数据有两个：一个是中采PMI，这个数据采用的大企业的样本比较多，所以反映大企业的经营状况；另一个是汇丰PMI，这个数据采用的中小企业的样本比较多，所以汇丰PMI的变化更多地反映中小企业的经营状况。

第二类数据是货币的数据，最常用是M1、M2、新增贷款、全社会融资余额等。这些数据反映经济中货币的发行量以及贷款量。M0是指经济中现金量，M1现金加活期存款，M2在M1的基础上增加了定期存款。M2是应用最广泛的指标，那么M2是多少是合理的？这里也有个参考指标，就是M2和GDP的比值，M2代表央行发行的货币量，GDP代表经济需要的货币量。比值为1表明经济需要的货币量刚好满足，这是比较正常的货币发行量。

如果比值小于1可能会导致通货紧缩，大于1可能说明货币有超发的嫌疑。美国等发达国家M2与GDP的比值基本控制为1左右。我国的M2现在大概是180多万亿元，GDP大概是90万亿元，即M2与GDP的比值超过了2倍。我国的GDP不到美国的一半，但我国的M2超过了美国的M2，这说明我国的货币存在超发的问题。货币超发，可能引起通胀，物价上涨。

过去10年，我国的楼价大幅上升，上海、北京、深圳这些一线城市楼价上涨了10倍，尽管楼价上涨有多种因素，但货币超发是重要原因。当然，我们也不能简单拿我国的M2与美国的M2相比，毕竟两国的经济结构不同、货币构成不同。

美国人的大量资产都是在股票和基金上，我国居民财富大部分是存款。而且美国衍生品市场比较发达，而我国货币流通速度比较低。而M1的走势与股市走势更加相关，从过去这些年看，M1上升股市是上涨的行情，M1下降股市往往是下跌的，说明股市的趋势与资金链有很大的关系。

第三类数据是进出口数据，进出口增长的快慢反映我国产品的竞争力以及海外经济的复苏情况。我国加入WTO之后，我国的出口的增长突飞猛进，一度出口增速达到40%以上，出口对GDP的贡献也达到了40%。但近几年由于我国低端产品出口达到饱和，全球经济出现增速下降，我国出口出现严重下滑，甚至出现负增长。现在进出口对经济的贡献在下降。所以，需要转向内需，消费在去年对GDP的贡献达到了50%。

除了看宏观经济之外，在A股做策略还要看政策。很多人说，我国的股市还是"政策市"，政策对于股市影响还是很大的，所以要密切关注国家政策的变化。这几年政策对股市的影响十分明显，特别是2015年这一轮特大牛市，可以说，国家从政策上的支持和金融创新特别是两融业务的放开，以及加杠杆工具的推动，对去年的牛市起到了推波助澜的作用。可以说，政策支持是市场走牛重要的因素。

到2015年5月之后，股市出现了疯狂的情况。很多人都加杠杆来炒股，泡沫越来越大。在2015年5月，前海开源基金发布公告，限制前海基金买创业板，明确指出创业板泡沫太大。前海开源投决会强制要求旗下基金仓位控制在10%以内来规避市场泡沫破灭的风险。国家明显意识到泡沫过大一旦破灭会有很大的杀伤力，对社会财富有很大的影响，所以从5月之后，政策面对股市就开始降温。

比如查两融、查配资，多次提示风险，可以说股市的见顶、泡沫破灭和政策方面密切相关。在2016年春节之后，前海开源基金全面空翻多，空置了9个月的仓位一次加满，一个很重要的理由就是我们发现政策对股市的支持越来越大。春节之后，政策利好不断。比如，引导外部资金入市，明确表示推迟注册制实施，在"十三五"规划又删除了战略新兴板，市场上最担心的股市扩容问题得到了解决。

从5月1日开始，我国社保基金条例正式开始实施，下半年将会有上千亿的养老金入市，有人测算可能会有2000亿元到3000亿元的养老金入市，这对股市的支持作用还是十分大的。周行长在国际会议上表示，我国政府有强烈的意愿发展比较繁荣的股权市场，对股市也明确的支持，可以说政策的支持是股市上重要的契机，所以要密切关注政策的变化，要根据政策变化来预测市场演变的走势。

第三方面就是研究市场的资金链和投资者情绪，这些没有现成的模式，市场见底和见顶往往有比较明确的特征，我把这些特征总结为3个指标。第一个是基金的成交量和首发规模，第二个是市场的成交量，第三个是沪深

300估值水平。最典型的是在春节前后A股的底部特征已经非常明显，当时基金发售非常困难，基金销售接近冰点；第二市场成交量降到了4000以下，接近了低量，第三是沪深300的估值达到了历史的底部。

所以，当时我们判断，春节前2638点可能是中长期的底部，市场见底的希望非常明显，反过来在市场顶部时候这3个特征也非常明显，比如2015年5月市场进入一种疯狂的状态，基金销量一天动辄就有上百亿甚至有的基金一天就发行了300亿元。第二个特征成交量持续放大，2015年5月每天成交量动辄2万亿元，最高达到2.2万多亿元，相当于市场换手率达到了5%左右，这是非常可怕的换手率。三是市场的估值非常高，泡沫严重，无论是创业板还是主板估值都很高。我们判断市场底部和顶部，从这3个指标看比较明确。

值得注意的是，投资者自己感觉的风险与市场的情况往往是相反的，比如市场火爆的时候，投资者觉得投资股票风险小，周围炒股的人都在赚钱，其实随着市场上涨风险越来越大。当市场低迷的时候，比如在春节前后，很多投资认为炒股风险太大，周围人都在亏钱，其实这个时候市场已经见底了，真实风险较小。所以，我认为，市场的真实风险与投资者的感受往往相反。

2016年4月28日

巴菲特强调：管理层正直是其最看重的

在2016年伯克希尔股东大会上，股神巴菲特即席回答了一个与基金巨头红杉及红杉大额投资于瓦伦特医药（Valeant）的问题。巴菲特表示，如果管理层不正直，他们的聪明和勤奋就是祸害。他的老搭档芒格更是明确指出，瓦伦特这样的公司就是臭水沟和下水道。巴菲特指出，瓦伦特存在的问题凸显了他一位朋友说的无比正确的话："如果你要找一家公司的经理人，要找聪明、奋进而且正直的。如果他不具备最后一点，那么你必须确保他也不具备前两点。"

诚信是美国人最看重的品质，利润操纵、粉饰报表等财务造假和欺诈行为一旦被发现，该上市公司将被很多投资者抛弃，相关负责人也将受到法律的严惩。中概股刚在美国上市的时候，很受美国投资者欢迎，被他们视为分享我国经济成长的通道。但是后来逐渐暴露出一些中概股财务造假丑闻，导致很多美国投资者用脚投票、纷纷抛售相关公司，连一些真正优秀的中概股也受到牵连，估值再也难以回升。最后很多中概股不得不退市，寻求出路。

先贤孔子曰："人而无信，不知其可也。"上市公司更应该如此。上市后，企业就变为公众公司，一举一动都受到公众监督，讲诚信的公司才能赢得投资者青睐，获得估值提升，而造假的公司将被投资者抛弃，永远打入冷宫。

在美国，财务造假的公司受到的处罚是非常严重的，管理层甚至会锒铛入狱。最典型的案例就是安然丑闻。安然事件，是指2001年发生在美国的安然（Enron）公司破产案以及相关丑闻。安然公司曾经是世界上最大的能源、商品和服务公司之一，名列《财富》杂志"美国500强"的第七名，自称全球领先企业。

但是，安然管理层为了让手中的安然股票和期权能升值，开始进行利润操纵，通过将本该在当期利润表中费用化的巨额投资进行资本化，进而达到虚增利润的目的。安然股价由此连续上涨，成为明星股。但是很快就有一些投资者开始质疑公司的财报，公司管理层不断进行辩解，而大多数华尔街卖方分析师此时继续推荐安然股票。但是纸包不住火，2001年12月2日，安然公司突然向纽约破产法院申请破产保护，该案成为美国历史上企业第二大破产案，严重挫伤了美国经济重创了投资者和社会公众的信心，引起美国政府和国会的高度重视。

安然假账问题也让其审计公司安达信面临着被诉讼的危险。位列世界第一的会计师事务所安达信，作为安然公司财务报告的审计者，既没审计出安然虚报利润，也没发现其巨额债务。安然公司的直接负责人也由此受到法律制裁，锒铛入狱。

相对而言，A股财务造假的公司数量多于美股，但是由于法律法规不健全等原因，大多数造假公司并没有受到应有的处罚，导致很多上市公司铤而走险。诚信缺失已经伤害了很多投资者，导致A股的投资环境恶化，投机盛行。健全法律法规，严格执行退市制度，严惩造假分子，才能让投资者重拾信心，逐步形成价值投资理念。

2016年5月2日

华尔街和五大投行的兴衰启示

华尔街（Wall Street）位于纽约市曼哈顿区的南部，原来是沿百老汇大街的一堵土墙，从东河（the East River）一直筑到哈德逊河（the Hudson River）。后沿墙形成了一条街，华尔街也就因而得名。以后围墙拆除了，但"华尔街"的名字却保留了下来。这条小街长不超过1英里，宽仅11米。这条狭窄的街道在两边高楼大厦的遮盖下显得越发阴暗。然而，它却以"美国的金融中心"闻名于世，是美国财富的象征，是世界金融市场的晴雨表。

美国和世界的财团大亨把这里看作了圣地，聚集在这里，做着暴富的美梦。无论在世界的什么地方提到华尔街，无人不知，无人不晓。但是，当你站在街中央，向四周看去，你会发现表面上它并不繁华。街上冷冷清清，偶尔有人进出于交易大楼。它没有都市的喧嚣，没有纽约的雄伟，和新建的世贸中心和巍然屹立的帝国大厦比起来，简直就是一条陋街小巷。事实上，大家熟知的五大投行都不在华尔街。

原来举世闻名的五大投行是高盛（Goldman Sachs）、摩根斯坦利（Morgan Stanley）、美林（Merrill Lynch）、雷曼兄弟（Lehman Brothers）、贝尔斯登（Bear Stearns），但2008年金融风暴将华尔街几乎摧毁。雷曼兄弟宣告破产，美林被收购，加上之前垮下的贝尔斯登，华尔街排名前五的投资银行只剩下高盛和摩根士丹利两家。如今，硕果仅存的这两大投行也将被迫转型。美国联邦储备委员会宣布，已批准了高盛和摩根士丹利提出的转为银行控股公司的请求。而高盛和大摩的转型意味着"长久以来世人熟知的华尔街的终结"。

五大投行的具体情况是：

高盛：排在第一位。高盛公司是1869年成立的，是世界上历史最悠久、规模最大的投资银行机构之一。在以合伙人制度经营了130年之后，高盛于1999年5月在纽约证券交易所挂牌上市，至2004年年初，其股市价值达500亿美元。高盛公司总部设在纽约，在全球20多个国家设有分部，并以香港、伦敦、法兰克福及东京等地作为地区总部。

摩根士丹利：排在第二位。摩根士丹利原是JP摩根中的投资部门，1933年美国会通过《格拉斯—斯蒂格尔法》（Glass-Steagall Act），禁止公司同时提供商业银行与投资银行服务。摩根士丹利作为投资银行于1935年9月5日在纽约成立。JP摩根则转为纯商业银行。2008年9月21日，高盛和摩根士丹利宣布，将由当前的投资银行改制为银行控股公司。

美林证券：排在第三位。美林证券成立于1885年，资本额高达235亿美元，在《财富》杂志全球500家大公司排名中，位列证券业第一。美国银行于2008年9月14日与美林证券达成协议，以约440亿美元收购有着94年历史的美林证券。

雷曼兄弟：排在第四位。雷曼兄弟于1850年创立，是为全球公司、机构、政府和投资者的金融需求提供服务的一家全方位、多元化投资银行。在全球48座城市设有办事处，组成了一个紧密连接的网络，这一网络由设于纽约的世界总部和设于伦敦、东京和香港的地区总部统筹管理。2008年9月15日，雷曼兄弟宣告申请破产保护。

贝尔斯登：排在第五位。贝尔斯登成立于1923年，全球最大的投资银行与证券交易公司之一，全球500强企业之一，是一家全球领先的金融服务公司，为全世界的政府、企业、机构和个人提供服务。2008年3月16日，美国摩根大通公司宣布，将以每股2美元的出价收购对手贝尔斯登公司，总价大约2.36亿美元。

2008年全球金融风暴几乎摧毁了曾经不可一世的华尔街，这给我们留下深刻的教训。过度衍生品化导致金融产品越来越复杂，专业的投行人士和投资者的"信息不对称"越来越大，就像2008年引起金融危机的次贷，就是过度金融化的恶果。今年伯克希尔股东大会上有投资人问巴菲特如何评估金融衍生品带来的商业银行的风险敞口。巴菲特一贯反对金融衍生品，他说："衍生品非常危险，以后也是。监管人员未必会有办法有效监管，要非常小心。我也认为衍生品价值很难评估。别人在任何时候都不能通过衍生品欠我的钱。"

在"次贷"投资疯狂的时候，很多人都趋之若鹜，也有人劝巴菲特买"次贷"。巴菲特说："你们买'次贷'的人，就像开着一辆轮胎上插满匕首的破车，小心翼翼地走在崎岖的路上，只要碰到一个大石头，就会翻车的。"果然，2008年美国"次贷"危机爆发，雷曼兄弟倒闭，华尔街遭受重大冲击，而巴菲特再次躲过这次危机。

2016年5月3日

成功投资并不需要太聪明

巴菲特的成功投资几乎征服了全世界所有投资者。每年的《巴菲特致股东的信》更成为很多人的投资圣经。很多人将巴菲特的成果归功于他的聪明和睿智，归功于异于常人的洞察力，而巴菲特却告诉我们：成功投资并不需要太聪明，投资并不是高智商的游戏。只要遵循一定的投资法则，克服人性贪婪和恐惧，坚持价值投资，每个人都可能实现成功投资。

"我和以前的导师学到很多，从芒格身上我也学到很多。我一生都在观察哪些东西可以进行商业运作。你要了解哪些事情是自己可以做到，哪些是无力做到的。这并不复杂，你不需要有很高的智商来进行投资，但必须有情感的控制。很聪明的人有时候会做一些很愚蠢的事情，避免'自我摧毁'就好了。"巴菲特这段话让我们重燃希望之火，即使凡人如我辈者，都有可能在投资上取得成功。

而巴菲特聪明的老伙伴芒格也说过："情绪和机会有时候相辅相成，所以是可以从错误中学习的。我现在已经是祖父了，我经常讲的就是，不要羡慕别人的成功，只要中规中矩地做事。如果伯克希尔真的很聪明，可能还不会像今天这样成功。"

巴菲特和芒格，八九十岁的耄耋老人，用一生的投资领悟告诉我们，投资不需要太多的聪明，不是高智商的游戏。在他们的眼中看到，聪明反而会带来麻烦。相反，必须能控制情绪，中规中矩，必须关注人的品质，才能到达成功的彼岸。

在国内，很多投资者喜欢追涨杀跌，到处打探消息，每天受行情波动的折磨，完全找不到投资的乐趣。巴菲特做投资则简单得多，他办公室只有一堆上市公司年报和《华尔街日报》，还有一部电话，连一台看行情的电脑都没有，更不会看华尔街众多分析师的研究报告。他是真正用作企业的眼光来挑选公司和管理层，丝毫不在意短期股价的波动。

巴菲特一直反对"博短线"的投机方法，甚至极端地表示：一只股票如果你不打算持有10年的话，就压根10分钟都不要持有。对于我们的失败，巴菲特含蓄的指出：并不是不够聪明，常常是太过聪明，结果聪明反被聪明误。其实，能把正确的事情坚持重复下去，成功便是水到渠成的事。

重要的事情说3遍，成功的投资并不需要太聪明，需要的只是耐心和坚持，还有一颗热爱投资的心。

2016年5月3日

A股同样适用价值投资

过去20多年，A股市场从无到有、从小到大。经过严格的和长期的市场检验，投资大师巴菲特倡导的价值投资被证明是获取长期超额收益的最好方法。当前，经过三轮股灾式大跌后，很多绩优蓝筹股和成长股已经跌出明显的投资价值，适合中长线布局。现在再谈价值投资，具有非常重要的现实意义。

众所周知，股价瞬息万变，短期波动很大，令人难以把握，很多因素都能引起股价的波动，但是拉长来看，股价几乎只和公司业绩增长有关。格雷厄姆说："市场短期看是投票器，长期看是称重机。"你会发现，巴菲特研究的是称重机，它去称每一个公司的重量，把握低估的买入机会。我们统计了自2001年以来A股涨幅最大的20家公司，发现其业绩增长和股价呈现显著正相关。也就是说，时间是价值投资者最好的朋友。

投资大师巴菲特曾说："价值投资并不能充分保证我们投资盈利，因为我们不仅要在合理的价格上买入，而且我们买入的公司的未来业绩还要与我们的估计相符。但是价值投资给我们提供了走向真正成功的唯一机会。"那么，如何做到价值投资呢？我总结了价值投资的3个原则：内在价值、安全边际和市场波动。

价值投资的原则一：内在价值

定价是金融市场工作的核心内容。一个资产的内在价值只有上帝知道，但最接近的就是赢家。资产的内在价值是估计值，而不是精确值。所谓宁要模糊的正确，不要精确的错误。在确定市场估值合理水平的时候，我们不必精确计算，只需要做简单的比较，就可以得到市场的估值是否已经到了底部。

价值投资的原则二：安全边际

巴菲特的老师、华尔街教父格雷厄姆曾说："我大胆地将成功投资的秘诀精炼成四个字的座右铭——安全边际。"安全边际不保证能避免损失，但能保证获利的机会比损失的机会更多。安全边际在理念上与传统的"富贵险中求"投资观念截然相反。在证券市场，"剩"者生存。如果想在长跑中取胜，一定不要冒险。在每次做投资决策或投资活动中，我们一定希望风险最小，同时希望收益最大化。

价值投资的原则三：市场波动

格雷厄姆在去世前几个月的时候说："如果说我在华尔街60多年的经验中发现过什么的话，那就是从来没有人能够成功地预测股市波动。"市场波动是难以捉摸的，但价值投资者恰恰可以利用市场波动获得低价买入筹码的机会。

2018年5月13日

价值投资在我国也适用

应该从海外市场来看A股,因为A股投资者大部分都是散户,甚至所谓的机构,比如基金,他的持有人也大部分都是散户,所以A股市场表现往往都是滞后的,当发生拐点的时候它的反映会比海外市场要慢一拍,有的时候甚至慢好几年。但是慢没有关系,最终会纠正过来。举个典型的例子,比如从2009年到2014年这5年的时间,美联储进了三轮的量化宽松,美股走了5年的牛市,道琼斯指数从最低的6500点涨到了18000多点,涨了2.5倍,A股却经历了5年的熊市,就是说A股反映是非常滞后的。但是2014年7月,借助沪港通开通以及当时的房价开始出现下跌的时候,A股开启了一轮牛市。这轮牛市仅仅用了11个月的时间就从2000点涨到了5000点,涨了多少呢?刚好也是2.5倍。也就是说,A股反映是滞后的,但是不会缺席。

现在,我们处于什么阶段呢?A股就处于跌过头的阶段。和海外市场比,A股又滞后了,我们看到美股的两大估值都创了历史新高,标普500、道琼斯指数不断创新高,昨晚标普500又继续创新高,香港恒生指数最近也走出了"V"型反弹,A股的走势确实非常疲弱,有一些风吹草动和政策利空就出现大跌。这样的话,其实A股只是在底部盘整的时间会比较长,但是不会缺席。最近在新浪上发表的一篇文章中,我就提出了一个新的概念,叫"LV"组合,什么叫"LV"组合呢?就是我们知道经济增速在未来几年都是平稳的增长,也就是L型的增长,很多人对L型的增长解读得很负面,导致市场下跌。但是,我们认为,经济"L"型在目前这个情况下并不是坏事,它有两层含义:第一,就是央行还会采取相对宽松的货币政策,保证流动性比较充裕,防止经济出现大幅度下滑;第二,说明经济还有增长的潜力,经济增速会保持在6.5以上,而不会出现失速。这其实是有利于股市反弹的。

在经济"L"型的时候,股市有可能走出"V"型反弹。我们看美股就很典型,美国过去30年经济都是"L"型的,GDP每年2%的增长,但是美股走了30年大的牛市。现在,国内的经济是"L"型的,股市也会出现"V"型的反弹,这个组合我叫"LV"组合,这个组合的底点就是春节前看到的2638点,现在再出利空市场再振荡调整,底部也抬高,再次回到2600点的可能性基本上已经排除了,市场的重心在不断地抬高。所以,这个时候其实我们是应该坚定信心的时候,一方面我们要确认3000点之下就是一个中长期的底部,在3000点之下要坚持"只买不卖"的策略。

另外,要把握正确的方向,就是一定要抛弃一些讲故事的股票、抛弃一些题材股,而去拥抱一些蓝筹股,特别是一些传统的白马股。打个比方,在过去这3年,可以说大家喜欢炒一些"性感的股票",炒一些小众的股票,只要有一部分投资者喜欢就行,但是现在从监管层的这些政策来看,都是引导大家去做价值投资的。这时候我们选什么股票呢?一定要选大众的股票。就是全国人民都能接受的好股票才有好的表现,而不要喜欢小众的股票,这样下半年大家才能获得比较好的收益。

其实,价值投资在我国也是适用的。在"五一"的时候我和新浪财经的很多领导一起参加美国巴菲特年会,全世界有5万名投资者像朝圣一样到奥马哈这个小城市聆听巴菲特的观点。其实,他的观点之前都已经讲了,也没有讲新的东西。为什么大家都愿意过来听呢?其实就是想感受这种氛围,就是要知道通过价值投资大家才能够真正实现净值的增长。可能你做短线,曾经会赚过钱,但是最终你是很难落袋为安的,而通过价值投资你可以真正分享企业的成长。世界上的投资大师很多,巴菲特是一个,索罗斯也是,但是为什么有那么多人把巴菲特奉为"股神",全世界无论你是哪个民族、哪个性别、哪种投资方法都很崇拜巴菲特,而崇拜索罗斯的就比较少;就是因为巴菲特赚的钱并不是割韭菜赚的钱,是真正选了好的公司,通过和企业一起成长赚的钱,所以他赚的钱不是别人亏的钱。像一些国际的对冲基金,他赚的钱就是别人亏的钱或者说是不断地剪羊毛、割韭菜赚的钱,这样的人就不值得人尊重。所以,我们在A股要真正能够学到价值投资。

很多人对价值投资可能有一些误解,以为所谓的价值投资就是买了股票不动。其实,这是误解价值投资。价值投资是指在一个资产被严重低估的时候去买入,而在这个资产严重被高估的时候要卖出,这才是价值投资。要看中企业的价值,而不是炒短期的概念。比方说去年大盘涨到5000点的时候,大家都知道股票已经很贵了,特别是创业板的股票都炒到100多倍市盈率了,这个时候如果还是死守不动,还去梦想着大盘涨到8000点、10000点,这个时候其实就不是价值投资了,这个时候卖掉是价值投资了,因为这些股票被严重高估了。当大盘跌到2600多点,大家已经没信心的时候,这时候去买是价值投资,因为这时候很多股票已经低到它的真实的价值之下,这才是真正的价值投资。

很多人都讲,在国内,如果在A股上做价值投资,可能到最后都亏光了。其实,我认为,在A股做价值投资亏光的人并不是真正地做价值投资,只是标榜价值投资。其实,在A股里面不乏有一些牛散,通过长期持有一些好的公司,产后赚到上千倍的,我身边就有很多这样的例子,其实我们这些很多白马股曾经都是从小企业成长起来的,比方说万科、茅台、张裕这些股票,如果你从上市之后任何时间买,拿到现在赚的倍数都是几百倍、上千倍的;如果说你在中间做一些波段,肯定赚不到钱,甚至可能是亏钱的,大家应该是有体会的。所以,在目前这个时候,我认为大家应该克服这种恐慌性的心理,能够真正沉下心来选择一些好的行业、好的个股进行配置,通过时间来换空间,等待大家的信心慢慢恢复。在3000点之下进去的人,如果你选的方向是好股票,你就是获得比较低的成本,等大家信息恢复又进来一批人,就是帮你抬轿的,再往下涨。A股每轮的走势、每轮的估值都是一样的,关键是要认清楚现在所在的位置,能够坚定信心来选择一些好的公司来持有,这样在下半年市场反弹的时候就会获得一个好的收益。所以,我认为在A股的这种投资逻辑其实也是非常清楚的,关键就是你看到了之后能不能做到。

从"看到"到"做到"有很远的距离,就像2015年5000点的时候,很多人都知道股市贵了,由于天天在涨,你能不能痛下决心把仓位降下来、把股票清掉,这是需要毅力的。你可能卖了之后大盘还在天天涨,你会承受很大的压力,很多人认为踏空比套牢更难受。

华尔街曾经有一个著名的投资人说过这样一句话:说踏空比套牢要好,为什么呢?不信你看一下你的账户,你踏空之后钱没有少,但是你套牢了资产就缩水了。所以,大家一定不要有这种思想——怕踏空,你只有发现一些好的公司、一个比较好的价格,这时候才要坚定持有,如果是一些讲故事的股票,明知道没有价值就不要被骗进去,不要去抢这个反弹。

在这方面,大家应该是有很多经验教训的,要树立一个正确的投资理念,在A股才能真正赚到钱,我们知道A股投资确实是很难的。A股投资者赚钱也是很难的,大家只能去寻找好的公司,能够把握大的方向,这样的话才能真正实现长期赚钱。

投资是一个一生的事业,对于每个人来说,无论资金量的大小,投资都是希望能够赚钱的,但是千万不要把投资当作赌博的工具,也不要把投资当作一夜暴富的工具。很多人为什么在2015年上半年不顾市场的风险拼命地加杠杆,因为很多人在想我趁市场疯狂的时候加一把杠杆,然后赚10倍。这样的话,我以后再也不用看老板脸色了,赶紧写辞职信。但是往往你有这种想法的时候,你至少还要多看老板10年的脸色,因为这种想法往往让你的投资行为变形,开始不顾风险去放大投资量,这是非常危险的。当然,是在市场疯狂的时候;现在是反过来的,现在是市场低迷的时候,大家都没有投资信心的时候。这个时候你就要去找一些价格已经跌到真实价值以下的好的公司来投资,现在就是要克服恐惧的心理去布局一些好的股票,等待市场底部逐渐的回升。我认为,下半年A股的反弹会比上半年要强劲,甚至下半年A股的绝对回报可能会超过美股,因为美股现在已经创历史新高了,每上涨一点就会有很多获利和压力,A股基本上还是在底部慢慢往上爬升,上涨的时候可能有一些套牢盘，但是没有多少获利盘。所以，从绝对涨幅来看，下半年A股的表现有可能会超过美股。

2016年7月29日

杨德龙分享今日头条最受瞩目基金经理第一名感悟

2016年9月1日,今日头条发布《基金阅读大数据报告》,报告显示:今年1月至7月,根据头条大数据及网友关注热度和展示曝光量,杨德龙获得《今日头条》最受瞩目的基金经理第一名,他所在的前海开源基金同时获得基金公司热度榜第一名。

下面是前海开源之声小记者杨佳煜的专访。

[问] 《基金阅读大数据报告》中,您获得最受瞩目的基金经理第一名,能分享下您得此消息之后的感受吗?

[答] 《今日头条》是个新媒体,它有大数据智能统计的功能给客户也会进行智能的推送,会根据客户不同的习惯推送不同的报告,看我报告的主要是一些对投资感兴趣的读者。而我也坚持在这个平台发表了半年的报告,基本每周2~3篇,内容都是对市场最新的观点和分析。今年,我的观点比较明确,在上半年业界普遍悲观的时候,前海开源基金明确的看多做多,我提出"千点大反弹"这个观点引起了市场广泛关注,阅读量和曝光度都非常高。根据数据统计,前海开源是曝光率最高的基金公司,我是曝光率最高的基金经理,这样的结果在预期之内也是预料之外,令我感到非常惊喜,这也说明了投资者对我们观点的认可。大家感兴趣,认为我们的观点有道理,才会持续地阅读。《今日头条》是个非常好的平台,我也是签约专栏作者,以后会定期发表文章,每个月至少10篇以上,这样的话热度会继续保持下去,不仅是今年上半年排第一,我争取以后每年都排第一。

[问] 经过您的用心经营,您的微信公众平台、《今日头条》专栏——"杨德龙宏观策略研究"等自媒体热度非常高,获得了稳固的粉丝群,请您

分享一下作为基金界热度最高"网红"基金经理，您是如何提升自己在策略研究等方面的专业能力。

[答] 我入行已经超过10年，做策略研究超过6年。在策略研究方面，我比较注重对于我国股市深入的研究，包括宏观经济、政策研究、市场资金量、市场情绪等方面的分析，通过这些专业的研究来得出自己的结论。一方面是坚持不懈，另一方面是要一直在市场的最前线。在之前的工作中，我亲自管理了多只公募基金，对市场的理解比较深刻，这10年来也经历了两轮完整的牛熊转换，对市场的分析和理解都具有一定的前瞻性，对市场未来走势的预测准确率也比较高，所以吸引了广泛的市场关注。并且我的观点是非常鲜明的，在市场该看多的时候明确看多，看空的时候明确看空，从来不会含糊其辞，这样对投资者才有参考意义，模棱两可的策略是没有太大参考价值的。投资者不可能听一个人的观点就下单，他是把每个策略分析师的观点都当"小白鼠"一样做一个样本，反映了各个分析师对市场的看法，这样才会给投资者带来投资参考。

很多跟着我策略的投资者会发现我对市场大趋势的判断，尤其是在拐点的时候，就是有独到见解的。这样坚持6年下来，我积累了很多固定的"铁粉"，他们愿意去看我的报告。我一直勇于把自己的观点通过各种渠道发表出去，通过"海陆空"全方位的传播途径，比如电视、纸媒、网络、手机移动端，让各种媒体把我的观点发表出去。这点我是第一个"吃螃蟹"的人。其实，基金行业比较少有人能通过各种媒体把自己观点及时发表出去，这是需要勇气和胆量的。因为对市场判断谁都不可能保证每次都正确，既要勇于去表达也要勇于去面对错误，判断错误的时候要及时地进行纠正和分析。这样长期坚持下来，市场的知名度和曝光度就能领先，这次是《今日头条》排名第一，而从2012年开始我在全景网的"中国基金人物曝光度百强榜"一直排名第一，我一直是坚持在最前线做策略，发布观点也非常及时。有很多用户愿意去阅读，我觉得这是个有价值的工作，以后也会坚持去做。

[问] 刚才您有提到，您入行已经超过10年了，这10年的基金从业经

历，您有什么感悟？

[答] 我国的基金行业是一个朝阳行业，和美国等成熟国家相比，我国的基金业仍处于起步阶段，这个市场的机会是非常多的，比如美国的GDP大概18万亿美元，公募基金规模应该有16万亿美元，达到GDP的90%，而国内的公募基金只有8万亿人民币，GDP则有60多万亿元人民币。所以，无论是从绝对值的规模还是和GDP的比例来看，我国基金行业的规模都是非常小的，未来有巨大的发展空间。在基金行业这样的朝阳行业，每个人的成长会比较快，是能够做出成绩的。有志于做投资做研究的毕业生都可以在基金行业中找到自己的位置。要想在基金行业中成功，第一要有对市场的敏感性，因为这个行业的信息量非常大，需要大量的时间去消化并且成为自己的判断。第二要持之以恒，有比较好的心态和抗压能力，在受到压力和挫折的时候挺过去，这样才能真正地在这个行业立足。基金行业属于一个很好的上升行业，欢迎各届优秀毕业生加入这个行业。

[问]《今日头条》提到，由于您超高的人气和曝光率，直接提升了前海开源在头条用户中的认知度和曝光率，因此公司的热度非常高，以绝对优势获得基金公司热度榜第一名，您能分享一下作为公司的员工如何为公司树立正面积极的公众形象吗？

前海开源基金虽然才成立3年多，但以灵活的机制和良好的业绩逐渐被市场认可。从机制来看，前海开源对员工实行股权激励机制、事业部制吸引了大量优秀的人才加盟，所以公司在投研方面的实力是比较强的。这两年中，尤其给市场深刻印象的，一是在2014年初提出"特大牛市"，二是在2015年5月开始减仓控制风险，还有在2016年春节后开始全面加仓，可以说是在大机构中唯一实现逃顶和抄底的基金公司，业绩排名也是非常靠前，今年上半年全市场排名第一的开放式基金就是前海开源金银珠宝混合基金，在市场前15的混合型基金中前海开源占了6名。公司既有业绩又有好的机制，所以公司也蒸蒸日上。作为公司的一员，我希望能够把公司比较好的策略观点及时与市场分享，同时通过个人策略的发布，提高公司的知名度和市场美誉度，促进公司更好发展，让更多投资者认可公司的投研实力和公司文化，也促进公司的管理规模进一步的增长，为投资者创造更多的回报，同时也为公司发展、壮大贡献一份力量。

前海开源是每个员工的家，只有公司发展壮大了，公司的知名度高了，每个员工的职业自豪感就提高了，如果公司没有社会地位和知名度的话，员工可能就没有自豪感。以前很多人出去交换名片，别人都不知道公司是做什么的，但是在公司的品牌知名度提升之后，每个员工都可以很骄傲地说"我是前海开源人"，职业自豪感是非常强烈的，也会赢得同行和社会各界的尊重，每位员工都是以前海开源为骄傲的。我在清华的时候有句话叫"今天我为清华而骄傲，明天清华因我而自豪"，现在我们也可以这么说"今天我以前海开源而骄傲，明天前海开源因我而自豪"，每位员工都为公司贡献力量，每位员工都积极的去宣传公司的文化、品牌，这样的话公司自然会发展壮大，在业界赢得更好的名誉度。

2016年9月10日

杨德龙：为何A股会有"黄金十年"

过去10年可以说是中国楼市的"黄金十年"，只要你投资房产，无论什么位置、什么时间，都能获得巨大的回报，而过去10年股市的回报则相对比较低。未来10年，我认为这种情况会发生根本性的变化，A股将迎来"黄金十年"。

理由一：未来10年从经济面来看，我国经济从高速增长期进入到中速高质量增长期，经济的转型和升级会成为未来10年主要的特点。根据海外市场的经验，一般在经济高速增长的时候，资本市场不一定有特别好的表现，而在经济进入到中速高质量增长阶段，各个行业的格局形成寡头垄断的格局，前三名的公司往往具有占据整个行业70%的利润，这样利润会向行业龙头集中，这些行业龙头公司会成为盈利不断增长的公司，可能会成为股市的长牛股。过去10年美国经济增速整体只有2%的增长，但是美国的科技股利润不断上升，带动了整个美股10年长牛，这是经济的大环境。

理由二：从A股市场的发展规律来看，过去这28年可以说是经历了4个7年，几乎每7年一个周期，现在处于下一个7年的起点。A股市场在过去3年大幅下挫，沪深两市股指均跌到历史大底的位置，甚至整体估值比历史上著名的大底998点、1664点还要低。也就是说，现在处于这轮长牛、慢牛的起点，所以我们这时候明确看A股市场的"黄金十年"。

理由三：需要说明的是"黄金十年"不代表所有的股票都会涨，而是一些能够代表经济转型方向、业绩能够不断释放的一些好的公司会走出"黄金十年"，而一些垃圾股、题材股将和这轮牛市无关。经过28年的发展，现在A股市场的投资理念也逐步地从之前炒题材、炒消息转向价值投资。真正业绩能兑现的公司能走出长久行情，并且这些白马股的估值这样越来越贵，因为会有越来越多的资金去买这些好公司，而垃圾股、题材股将无人问津甚至直接退市。所以未来10年的"黄金十年"是属于优质公司的"黄金十年"并不是所有的股票都会有表现，这是值得注意的一点。

春节之后，市场整体上呈现出强势上攻的态势，猪年开门红沪指走出了"六连阳"，上证指数深证成指均站上半年线说明开局良好，市场的信心也得到了有效地提振。虽然上周五大盘出现了一定的回调，但是上涨的趋势已经形成，可以说已经开启了今年反攻的行情。

在2019年1月2日我提出"2019年十大预言"，包括今年在货币政策方面会宽松、会降准以及释放流动性。从最近的数据来看，已经验证了上周五公布的我国1月社会融资总量的增速远超预期，甚至放出3万亿元的天量，这说明货币政策方面确实是在支持实体经济。

在财政政策，今年也会更加积极，通过大幅地减税降费以及加大对于民营企业的信贷支持来支持经济的发展，而基建投资在今年也会大放量，可以说从开年以来各种政策利好密集出台，并且是让人眼花缭乱，这充分说明政府对于提振经济增速是不遗余力的，这无疑会对今年的行情会形成很大的支持。所以在十大预言里面我就提到今年上证指数将重回3000点之上运行，而近期这一波上攻已经站上了2700点，预计后市还会继续向上拓展空间。

对于后市，我认为今年属于百花齐放的行情，不像过去3年几乎就是蓝筹股主导的行情，成长股几乎没有机会。我认为，2019年价值股和成长股均会有表现的机会，一方面是传统的消费股，消费代表了中国经济未来的转型方向，消费品、品牌消费品都会有比较好的利润增长，所以像白酒、医药、食品饮料、旅游酒店等这种传统的消费股在今年还会有所表现；另一方面就是一些被错杀的科技股将会在今年大放异彩。我在之前也一直提示要配置一些科技龙头股，包括像5G、人工智能、新材料新能源等，这些代表着经济转型方向的科技公司，特别是行业龙头，具有比较大的配置价值。

从2018年10月大盘见底以来，我们看到很多强势板块已经率先走出了慢牛的走势，像5G、券商、黄金等多个板块已经从底部起来大概40%的左右的涨幅了，甚至有的强势股已经翻番，虽然2019年1月4日大盘二次探底，但是我们看到很多个股实际上并没有二次探底，而是走出了一个独立的行情，包括芯片在内的一些科技股在近期也都出现了比较好的表现。这说明市场的热点在扩散，2019年市场的赚钱效应将会明显好于2018年。这将吸引大量的资金入场，包括外资在近期加速流入，外资一开年到现在流入A股接近1000亿元，可以说用疯狂抄底来形容，这给国内投资者应该是带来很大的启示。

外资大量流入A股其实有两个原因：

第一，A股确实便宜，经过3年的大跌之后，现在A股整体的估值大概11倍左右，估值和美股道琼斯指数相比，只有相当于美股的一半不到。估值低可以说是吸引外资流入的最大的一个理由。像巴菲特和搭档芒格在最近接受采访时说，中国有很多好的公司放在全球来看都是值得买的，都是很便宜的。

第二，A股经过了过去两年的改革，很多制度方面也与国际接轨，比如说停复牌制度、分红制度以及沪港通、深港开通完全打通了外资流入流出的通道，这直接推动了A股先后纳入MSCI新兴市场指数、富时罗素国际指数以及标普道琼斯指数三大国际指数体系。而这些指数把A股纳入的比例在不断地提高，MSCI新兴市场指数2018年纳入A股5%，2019年将提到20%，2020年、2021年进一步提到50%、100%，很多外资业绩基准其实就是这些指数，这些指数把A股纳入的比例越高，这些外资就要按比例来配置，他们对A股的配置需求大幅增加，所以2019年预计外资还会加速流入。外资2018年流入A股接近3000亿元，2019年有望突破6000亿元。

受到过去3年市场的影响，国内的很多机构有点畏首畏尾不敢加仓。但是如果大家看报道，应该知道我所在的前海开源基金在去年10月大盘大跌的时候率先提出"棋局明朗，全面加仓"的口号，我们直接把仓位大幅上调到接近满仓，并且加仓基本上都是以蓝筹股为主。到目前，抄底之后的基金收益都超过了10%~20%，可以说实现了左侧建仓。现在大盘逐步地完成了探底，进入右侧建仓的阶段，估计很多机构开始加仓了。我们看最近的统计，一些公募基金在猪年一开年就开始加仓，并且明显地开始往上加，如果大盘再往上涨个200点，这样加仓的行为会更加突出。所以我觉得国内的投资者，包括散户和机构，很多还是受到过去行情的影响，缺乏信心，等到市场一旦走出上行的趋势，大家加仓就会更有底气。

从2018年10月市场到2449点的时候，一些走出强势走势的板块在后期还可以继续看好，因为他们能够率先走出底部，说明他们确实有被资金看好的地方，比方说券商股，券商是行情的风向标，一旦行情反转，在一个牛市里面券商的涨幅肯定是最大的，所以我们在抄底的时候明确大比例地配置券商；科技股受益于经济转型以及国家加大对于5G投资建设等这些方面的利好走出了第一波，后市还会有继续上行的空间；而消费股在2018年是被错杀的，属于补跌，现在行情一稳定，大家就会把一些被错杀的消费龙头股买回来，所以我认为这三个方面强势板块在后市还会有机会，大家可以继续关注。

2019年2月18日

杨德龙：2019年宏观经济形势下楼市和股市的投资机会

2019年，我国宏观经济仍存在一定下行压力，但陷入通缩可能性不大。2018年12月我国CPI和PPI的数据双双下滑，CPI回到了2%以下，PPI也出现了下降，这说明通胀的压力很小，现在出现了通缩的担忧。在整体经济出现下行压力的时候，市场的需求在萎缩，就有可能造成物价的下降。这时候就需要出台更多的政策来扭转这种趋势，近期财政部、国家发展改革委、央行、国税总局等多个部门纷纷表态，要采取有效措施来扭转经济下滑的局面，如果这些措施包括减税降费，包括放大信贷支持，以及降准等措施逐步落地，有可能会改变陷入通货紧缩的局面。

我认为2019年通货膨胀的压力肯定是很小的，通缩的担忧存在，但是应该不会陷入通货紧缩，因为我国政府对经济的这种控制力和影响力，仍然是比较大的，有很多政策工具可以使用。

当然，看宏观经济，除了物价数据，CPI、PPI之外，我们还要关注一些客观的数据，比如说发电量、铁路运输量、快递物流量等这些反映经济活力的指标。这些指标可能更容易反映经济实际活跃的状况。其他的一些传统指标，比如说PMI、进出口贸易额、贸易顺差，这些指标也要关注一下。

2019年财政部实施大幅减税降费，让利于民，必然会减少财政收入，而刺激消费，包括刺激家电、汽车的销售增长，增加补贴等，这些会影响到财政支出，所以财政赤字增加应该是必然的。但是我国的赤字率整体上只有不到2%，离3%还有一定的空间，很多专家都认为突破3%的赤字率是可以容忍的。而事实上，像日本、美国等发达国家，财政赤字率往往是在6%到7%左右，我国的赤字率和发达国家相比，还有比较大的空间，当然这也和中国的财政结构有关。

我国很多基建投资是由地方政府来主导的，中央财政负担较少，所以如果加上地方政府的债务，中国整体的债务率仍然是比较高的，如果只看中央的赤字率，现在水平并不高。我认为中央赤字率可以提高容忍度，突破3%的限制。毕竟对于经济的逆周期调节必然会增加支出，减少财政收入。但是从经济中长期的发展来看，这样做其实是有利的。

2019年基建投资总量上肯定是增加的，因为要想拉动经济增长，除了刺激消费之外，最有效的手段就是搞基建。2018年财政部已经批准了1.3万亿元的地方专项债券发行，最近又强调要尽快发行，让地方政府有更多的资金可以做基建投资，发行专项债券是搞基建一个重要的资金来源。

另外，通过信贷的支持，督促银行多放信贷，也是一定程度上可以提高基建增速的。2019年的基建增速和2018年相比，无论是规模还是增速来看都会有所提高的，这也给基建板块带来一定的投资机会，特别是像水泥、建材等这些基建板块，可能会有一定的投资机会，大家可以关注一下。

在房地产方面，有人说中国的房地产已经绑架了中国经济，所以每次经济增速下行的时候，都要依靠房地产来拉动，应该说这个说法有一定的道理，但是也不完全是。因为现在我们经济通过十几年的转型之后，对房地产的依赖度在下降，实际上中国现在经济增长很大程度上靠消费，靠新兴产业拉动。当然房地产投资增速也是一个重要的拉动力，因为房地产产业链比较长。

我在2019年"十大预言"中讲到，为了对冲经济下行的压力，一些地方政府可能会悄悄地放松，我们房地产调控政策实施的是因城施策，有一些地方财政压力比较大，土地流拍比较严重的地方，可能会放松房地产调控，防止财政收入大幅下降，防止房地产市场出现大幅下跌，但是中央的政策仍然是让住房回归居住的本源，"房住不炒"，还是一个总的调控基调。

2019年，我认为房地产市场会出现在中央调控不变的情况之下，一些城市因城施策悄悄地放松。而房地产的成交量和2018年相比会有所回升，但是价格会出现严重分化，一些核心区域的楼盘，因为稀缺性，因为有刚需，可能还会出现比较坚挺的走势。但是一些非核心区域的住房，一些投机客比较多的住房，可能价格会出现大幅下挫，建议投资者要注意其中的风险。

股市方面，A股市场经过3年的下跌之后，已经探明底部。在2018年10月整个市场最悲观的时候，前海开源基金率先提出"棋局明朗、全面加仓"。前海开源联席董事长王宏远先生认为，未来3年将是中国资产进攻，全球其他资产防守的阶段，A股市场将迎来比较好的上涨机会。在全面加仓之后，前海开源多只基金将仓位大幅提升，有6只基金仓位直接从0提到90%以上，体现出对后市的看好。

未来10年将是中国经济从高速增长转入高质量增长的阶段，加上通过减少贫富差距实现共同富裕的前提，A股有望迎来长牛慢牛行情，我把它称为A股的"黄金十年"。现在A股的"黄金十年"已经启动3个月，即从2018年10月19日开始，A股已经正式启动"黄金十年"。虽然后来上证指数再次创新低到2440点，但是像券商、5G、黄金等板块已经走出底部，实现40%以上的涨幅。

A股市场在未来10年将会出现震荡上行的态势，"黄金十年"也是广大投资者能够真实获益的10年。建议投资者在当前历史大底的位置，积极布局能代表中国经济未来的优质白马股以及科技龙头股，分享中国经济高速高质量增长所带来的回报。

过去3年，A股市场是蓝筹股主导的行情，蓝筹板块相对于中小创有巨大的超额收益，包括前海开源基金，都是坚定的价值投资者，也是崇尚基本面研究的，所以我们在选股上是以传统的白马股、蓝筹股为主。中小创经过了连续3年的大跌之后，应该说整体估值上的泡沫，应该是基本挤掉了，估值上也具备了一定的投资吸引力。

2019年我认为蓝筹股和中小创，都会产生一定的机会。无论是价值投资者，还是一些趋势投资者，实际上在2019年都有发挥的空间，但是对于成长股的投资一定要落实到基本面上，落实到业绩上，投资一些真正有成长性的股票，而不是一些讲故事的股票。

现在A股市场的投资理念已经完全回到价值投资上，价值投资不仅包括投资一些传统的白马股算价值投资、投资一些真正的成长股，也是价值投资。大家一定要回归到个股的研究上，基本面的研究上，抓住真正的基本面好，并且能够持续的这些公司。无论是主板，还是中小创都有机会可以挖掘，这是今年市场结构性行情的特点。

2019年2月8日

杨德龙：利空因素边际明显改善 2019年"十大预言"有望实现

受到中美贸易摩擦以及国内金融去杠杆双重的影响，2018年A股市场大幅下挫，上证指数跌回3000点之下，并且在2018年年底创了熔断来的新低，所以说跌破了熔断底，创了近几年的新低。

2019年随着一些利空消息的边际改善，A股市场将会迎来恢复性上涨的机会。我们可以逐条的去分析，2018年影响A股的一些利空因素，虽然没有在2019年能够完全消除，但是至少会出现边际的改善。春节期间，海外市场"涨声一片"，A股市场实现"开门红"可期。

在2019年一开年1月2日交易日，我就提出了2019年"十大预言"，有待于年底的验证，详细分析如下，供大家作投资参考。

第一个预言：我认为，2019年中美贸易摩擦将会有比较好的结果，有望通过谈判达成框架性协议。2018年中美贸易摩擦，可以说是冲击市场重要的外部因素，也是A股市场大幅下跌的诱因。2019年我认为中美贸易谈判将取得比较好的进展，因为中美贸易整体上来看，还是互补性强，竞争主要是集中在高科技领域，在大多数领域都是存在互补性的。

从2018年的3月22日，美国启动了301调查之后，中美的贸易额还在继续增长，贸易顺差创了新高，这从一定程度上也说明，通过关税的手段，并不是解决美国贸易逆差有效的方法。中美双方和则两利，斗则两害，从2018年12月初两国元首在G20峰会上的会面，已经达成了初步的共识，暂停互相加征关税，并且重启新的谈判。而现在新年一开年，新一轮谈判已经启动，并且取得了一定的共识，预计在未来的两个月之内，有望达成框架性协议，一旦达成协议，可能是A股市场回升的一个重要的契机。

第二个预言是关于中国经济的。我认为2019年中国经济将在年底之前完成触底，而不会大幅下挫。我认为，这轮经济的增速回落是经济转型和产业升级带来的必然结果。改革开放40年来，中国依靠重工业化，依靠出口的带动，以及房地产投资、基建投资等等的拉动，经济实现了40年的高速增长。推动GDP最重要的几个引擎，正在逐步地开始减弱，甚至有的引擎开始熄火。经济从重工业转向轻工业、服务业，必然会带来增速的下降，GDP是一个收入的概念，传统工业的产值比较大，所以容易形成比较大的GDP，而现在经济逐步地转向服务业、转向消费，经济增速必然会出现一定的下降。

但是经济增速下降的同时，经济增长质量却在提高，我们不仅要看经济增速，关键是要看经济增长的质量，2018年消费对GDP的贡献已经达到了60%，超过了投资和出口，而第三产业服务业的贡献也超过了60%，超过了第一产业农业和第二产业工业，这也标志着我国经济转型，已经取得了一定的成效。2019年在各种利好实体经济的政策陆续出台的背景之下，我国经济将有望企稳，全年的GDP应该是在6.3%左右。

第三个预言：在房地产调控方面，由于2019年经济有下行的压力，预计房地产调控可能会有所放松。过去3年中央对房地产调控执行了严格的政策，房地产调控的成果也有一定的体现，房价结束了过快上涨的走势，开始出现成交量大幅萎缩，而房价出现了一定的回落，特别是一些非核心区域，房价回落的幅度还比较大。

2019年，由于经济面出现了一定的下行的压力，预计地方政府可能会悄悄地放宽松，这会给投资可能会带来一定的增长，而房价也会出现分化，一些核心区域有刚需的住房价格有可能会继续涨，走势比较坚挺，甚至可能会再涨。而一些非核心区域的住房价格可能会出现下跌，投资于房地产，躺着也能赚钱的时代已经结束了。做房地产投资，也要认真地进行基本面的研究。

第四个预言：在引入外资方面，2019年外资将继续加速流入A股市场，流入的资金量可能会突破4000亿元，甚至有可能达到6000亿元。2018年虽然A股市场大幅下挫20%以上，但是外资却在加速流入A股市场，外资流入A股达到2942亿元，2019年规模可能会翻番。近期证监会副主席方星海也表示，今年外资流入A股的量，可能会达到6000亿元，和我的预计是一致的。

A股现在已经成为国际三大指数体系的一员，包括MSCI新兴市场指数、富时罗素国际指数，以及标普道琼斯指数。国际资本对A股的配置需求大幅增加，又加上现在A股整体的估值处于历史的底部，也处于全球主要资本市场最低的位置，因此在2019年，外资还将加速流入A股市场，这样给A股带来一定的投资机会。

第五个预测是关于货币政策的。我认为，为了刺激经济，2019年货币政策方面会保持宽松的状态。昨天在新闻发布会上，央行负责人表示，稳健的货币政策并不是一成不变的，而是会根据经济的实际状况来进行调节。很显然现在的经济状况不乐观，经济增速下行压力很大，PMI已经回到了50的分水岭以下，而其他的经济指标，总体上也是出现下行的压力，2019年可能会有2到3次的降准，甚至不排除降息的可能。

在1月2日我发布了"十大预言"之后，仅仅过了三四天，央行即宣布2019年实施第一次全面降准一个百分点，释放了1.5万亿元的资金。昨天是第一批降准0.5个百分点实施的第一天，市场的流动性将保持合理充裕。2019年还有1~2次的降息空间，大家可以拭目以待。而美联储在2019年，一旦结束加息周期，中国央行的货币政策，宽松的基础进一步的提升，可能会采取降息的手段。

第六个预测是在财政政策方面。我认为，在财政政策方面，2019年将会采取更加积极的财政政策。大家还记得2018年央行的研究局局长指责财政政策不积极。2019年，我认为会真的积极起来，其实从年初我们就可以看到，将会实施大规模的减税降费政策。根据财政部负责人的讲话，2018年我国实施了1.3万亿元的减税降费的政策，由于减税降费有一定的时滞性，可能在短期之内，企业还没有感受到税负太大的下降。从中期来看，这个感受会越来越明显。

2019年会实施更大规模的减税降费。我预计这个规模可能会远超1.3万亿元，乐观估计甚至有可能达到2万亿元减税的规模，并且会通过直接下调增值税的方式，来减轻企业的负担，这对于企业来说是一个好消息。

而基建投资在2019年，会出现更大规模的投入，财政部已经督促要尽快落实2018年批准的1.3万亿元地方专项债券，为地方政府提供更多的资金来进行基建投资。我国的基建投资是以地方政府为主导的模式，中央政府出14%左右的引导资金，其他大部分资金是由地方政府，通过地方融资平台来融资，主要的资金来源仍然是来自于银行以及地方政府的发债，现在批准了尽快落实1.3万亿元的地方专项债券的发行，这无疑会给地方政府提供更多的资金来进行基建投资。

第七个预言：我预计2019年上交所将正式设立科创板并试点注册制。1月30日晚，上交所正式发布科创板征求意见，标志着我国设立科创板已经提上日程，更近一步。科创板是建设多层次资本市场重要的一环，主要是为了补短板。我国现在的资本市场，就是主板、中小板和创业板，对于一些初创的、科技创新型的企业支持力度还不够，可能通过设立科创板来弥补。

据了解，现在各地特别是一些中小企业比较集中的，科技企业比较集中的省份，已经提交了很多公司的需求，希望能够上科创板。当然有一部分人担心，科创板设立以及设立试点注册制可能会分流二级市场的资金，特别是创业板的资金，导致现在的二级市场出现较大的下跌。

科创板的设立并试点注册制，一定会考虑二级市场的承受能力，控制首批上市的规模和融资额，同时注意严格把关，一定是让真正有科学技术含量、科技创新型企业在科创板上市。对于一些只有商业模式创新，并没有科技含量的公司，是不允许在科创板上市的，严格把关是非常重要的一点，设立科创板一定要吸取新三板的教训，不能在短期内让大量的公司挂牌，造成良莠不齐。

从投资者的适当性原则来看，科创板由于投资的是一些初创型的企业，所以对投资者要设一定的门槛,这个门槛和新三板500万元的门槛相比,大幅下降到50万元,中小投资者也有机会通过买入公募基金参与。

一般地,一个新的板设立,会产生很大的投资机会,例如当初设立创业板,也产生了一批超级牛股,设立之后的5年,产生了两波大的行情,大家记忆犹新。当然5年之后,就可能会产生分化了,一些真正的好公司会走出来,而一些其他公司,题材股可能就尘归尘、土归土,甚至退市。

所以可以参照创业板的发展历程,来投资于科创板,去挖掘其中投资机会。而在科创板试点注册制,而不是在原有的板上试点注册制,是一个不错的主意。因为这是资本市场增量改革,通过试点来让投资者适应注册制。其实注册制是让新股发行更加市场化,把定价权交给市场。但是由于很多投资者担心注册制的实施,会导致市场大幅扩容,因此一说试点注册制市场就大跌,现在在新设的科创板要设立注册制,刚好是一种试水、是一种试错,这样付出的成本也是最低的。

第八个预言,我是讲美股。2019年,美股将出现向下的调整,美股已经走了10年的慢牛,长牛。可以说是过去10年全球表现最好的资本市场,但是没有只涨不跌的市场,也没有只跌不涨的市场。2018年10月美股就开始出现了见顶回落,开启了暴涨暴跌模式,美股的牛市有可能会就此终结。在前段时间美股三大股指均跌入熊市区间,从高点算起,跌幅超过20%,但是最近由于贸易谈判进展顺利,以及美联储释放出可能减缓加息步伐的利好,美股三大股指又开始强劲回升,出现了一定的反弹。但是整体来看,我认为2019年美股的波动会增加,美股可能会出现向下的调整。

第九个预言:新兴市场在2019年将出现恢复性上涨的机会,美联储从2015年开始,启动了加息和缩表的货币政策,全面退出量化宽松。从2015年加息到现在,美联储已经进行了9次加息,2018年12月这一次加息的时候,美联储主席鲍威尔表示,2019年可能还会有两次的加息,但是最近美联储官员的表态,口吻已经开始放松。美联储前主席耶伦最近表示,如果美国的经济数据出现下滑,我们可能已经看到美联储最后一次加息,也就是说2019年美联储可能就不再加息了。当然如果说美国的经济数据还不错，经济有上行的压力，美联储可能会在2019年还有1~2次加息。但是无论如何，在2019年美联储结束本轮加息周期是一个确定的事实。

根据以往的经验，一般美联储在明确了结束加息周期的时候，往往新兴市场会迎来比较好的上升的机会。2018年新兴市场大幅下挫，特别是新兴市场的货币在美元走强的背景之下，出现大幅贬值，像阿根廷的比索、土耳其的里拉均出现大幅贬值。人民币2018年也出现了一定的压力，但是2019年美联储一旦结束加息周期，美元将持续走弱，新兴市场国家的货币将会走强。

最近我们就看到，人民币相对于美元已经开始走强，上周仅仅一周人民币相对美元，反弹了1000多点，创了2005年汇改以来的最大单周涨幅。今年新兴市场国家货币将会走强，可以说可见一斑。从资本市场的角度来看，美股结束牛市，将会促使一部分国际资本，从美股获利了结，进入新兴市场，包括A股。

第十个预测就是关于A股的。我预计，A股在2019年将会出现恢复性上涨，上证指数有望重回3000点之上运行。

整体来看，就像某位投资者说的，"狗年亏成狗，猪年肥成猪"。A股市场真正的"黄金十年"已经开启3个月。2018年10月整个市场最悲观的时候，前海开源基金率先提出"棋局明朗、全面加仓"。前海开源联席董事长王宏远先生认为，未来3年将是中国资产进攻，全球其他资产防守的阶段，A股市场将迎来比较好的上涨机会。在全面加仓之后，前海开源多只基金将仓位大幅提升，有6只基金仓位直接从0提到90%以上，体现出对后市的看好。

未来10年将是中国经济从高速增长转入高质量增长的阶段，加上通过减少贫富差距实现共同富裕的前提，A股有望迎来长牛慢牛行情，我把它称为A股的"黄金十年"。现在A股的"黄金十年"已经启动3个月，即从2018年10月19日开始，A股已经正式启动"黄金十年"。虽然后来上证指数再次创新低到2440点，但是像券商、5G、黄金等板块已经走出底部，实现40%以上的涨幅。

A股市场在未来10年将会出现震荡上行的态势，"黄金十年"也是广大投资者能够真实获益的10年。建议投资者在当前历史大底的位置，积极布局能代表中国经济未来的优质白马股以及科技龙头股，分享中国经济高速高质量增长所带来的回报。

2019年2月7日

杨德龙：新春佳节即到，积极拥抱A股"黄金十年"

新春佳节即到，狗年行情收官，感谢过去一年各位对我的支持和鼓励。此刻，我和大家的心情一样，期待猪年诸事顺利，让我们一起积极拥抱A股"黄金十年"！

A股市场经过3年的下跌之后，已经探明底部。在2018年10月整个市场最悲观的时候，前海开源基金率先提出"棋局明朗、全面加仓"。前海开源联席董事长王宏远先生认为，未来3年将是中国资产进攻，全球其他资产防守的阶段，A股市场将迎来比较好的上涨机会。在全面加仓之后，前海开源多只基金将仓位大幅提升，有6只基金仓位直接从0提到90%以上，体现出对后市的看好。

未来十年将是中国经济从高速增长转入高质量增长的阶段，加上通过减少贫富差距实现共同富裕的前提，A股有望迎来长牛慢牛行情，我把它称为A股的"黄金十年"。现在A股的"黄金十年"已经启动3个月，即从2018年10月19日开始，A股已经正式启动"黄金十年"。虽然后来上证指数再次创新低到2440点，但是像券商、5G、黄金等板块已经走出底部，实现40%以上的涨幅。A股市场在未来10年将会出现震荡上行的态势，"黄金十年"也是广大投资者能够真实获益的10年。建议投资者在当前历史大底的位置，积极布局能代表中国经济未来的优质白马股以及科技龙头股，分享中国经济高速高质量增长所带来的回报。

近日，证监会采取多项措施，鼓励引导资金入市，易主席上任之后多箭齐发，刺激股市回暖，提振投资者的信心。"新官上任三把火"，采取多个措施引导长期资金入市以及鼓励短期交易，都有利于提振市场信心。这些方面包括：（1）实施逆周期调节，放宽证券公司投资成分股、ETF等权益类证券风险资本准备计算比例，减少资本占用。进一步支持证券公司遵循价值投资理念，加大对权益类资产的长期配置力度。（2）指导交易所完善融资融券交易机制，取消平仓线不得低于130%的统一限制，扩大担保物范围，进一步提高客户补充担保的灵活性。（3）扩大QFII、RQFII投资范围，进一步吸引长线资金入市，吸引外资入市。

之前银保监会负责人表态，将进一步提高险资配置权益类资金的比例，鼓励长久期的险资入市。现在保险行业整体上持有A股市场资金占可投资资金的比例只有11%左右，和上限30%相比，仍有较大提升空间，一旦险资能够入市配置优质股票，将无疑成为A股市场上行的重要推动力。险资作为长期资金，它的入市对于稳定市场预期、提高蓝筹股的估值会起到比较大的作用，也会有力提升机构投资者的占比。

央行相关负责人回应了市场关注的八大热点，透露2019年货币政策与资管新规监管思路。2018年央行通过多轮定向降准、MLF等操作，共释放资金近6万亿元。虽然这些资金基本都传导到实体经济，但从银行体系的反馈看，针对小微企业、民营企业等重点环节薄弱领域，银行依旧存在不敢贷不愿贷的现象。因此进一步疏通货币政策传导机制，让资金从银行体系能够更顺畅地传导到实体经济，成为央行今年货币政策操作的主要目标，即贯彻落实李克强总理提出的打通资金到企业的最后1公里。央行相关负责人表示，资管新规的出台主要是为了治理各种不规范的影子银行业务和产品。通过治理不合理的产品，治理金融乱象，实现金融长期稳定，化解金融风险。

2019年央行货币政策方面将保持宽松的整体基调。一开年，央行即启动全面降准，降了一个百分点，降准力度超过以往，加上逆回购的资金，1月央行向市场释放的流动性超过1.5万亿元，有力支持了经济的发展，保持流动性合理充裕。今年在疏通货币政策传导机制方面将采取有效的措施，要建立健全信用货币体系，使资金真正能够支持企业的发展，帮助企业渡过难关，特别是解决中小企业融资难和融资贵的问题。

2018年社融数据显示，存量同比增长9.8%，达到历史低位，全年社融增量同比少增3.14万亿元。社融规模反映实体经济从金融体系所获得的资金，社融增速的回落，主要有实体经济和金融体系两方面的原因。一方面在金融去杠杆的背景之下，一些高杠杆的国企和民企在去杠杆；另一方面政府城投融资平台减少了融资的规模。实体经济方面，投资增速明显放缓，特别是基建投资增速较低，减少了融资量。在金融方面，社融的下降主要由于表外融资下降明显，尤其是委托贷款和信托贷款，2019年社融增速可能会有所回升。

近日多家公司业绩暴雷，引发市场广泛热议，交易所在第一时间向相关公司发问询函或关注函来核查这些公司是否存在违规现象。只有加强监管、增强市场规范性以及防范风险，才能够防止出现损害投资者利益的行为。例如天神娱乐、东方精工、锦富技术等在内的28家公司2018年业绩预亏，特别是天神娱乐1月30日晚间公告向下修正，业绩亏损高达73亿元到78亿元，远超市值总额，引起市场一片哗然。大幅的减值主要源于公司的经营以及商誉减值，让投资者措手不及。通过商誉减值进行业绩大洗澡，似乎能够减轻未来业绩的负担，但是也会造成股价连续暴跌，损害投资者的利益。

现在产生的一些巨大的商誉减值问题，其根源是在当年收购的时候对被收购方过高的估值，其中是否存在一些利益输送或者违规的行为，值得监管层重点关注。一旦发现有损害中小投资者利益的行为，一定要坚决制止，进行严厉处罚，防止相关问题在将来重演。

在消息面上，这两日中美贸易谈判取得一定的共识。为期两天的新一轮中美经贸高级别磋商会晤于1月31日结束，白宫发表了关于中国贸易对话的声明。声明指出，在过去两天里，美国和中国高级官员就两国的经济关系进行了紧张而富有成效的谈判。此次会谈涉及广泛的问题，双方表示出就所有重大问题进行接触的意愿，谈判就如何解决分歧进行了富有成效的技术讨论，双方同意任何决议都将是完全执行的。虽然会谈取得了成果和进展，但仍有许多工作要做。

美国总统特朗普重申美方期待同中方在3月1日前达成令人满意的结果，未来将就重要议题进一步展开谈话。特朗普在白宫会晤我国副总理刘鹤，特朗普对与我国达成贸易协议表示乐观。在会晤中，特朗普念了一封来自习主席的信件，刘鹤正式代表习主席提议让中美元首会晤，特朗普在推特上表示愿与习主席再次会面，这样将有希望达成一项非常全面的交易。

中美贸易摩擦从2018年3月22日美国启动"301"调查开始至今已经接近1年的时间。经过多轮磋商，中美双方基本上已经认识到达成贸易一致的协定将有利于两国经济的发展，也有利于全球经济恢复。现在双方都有意愿通过谈判达成一致，无疑是对中美股市最大的利好。一旦在2月底习特会上达成一致，A股市场将迎来大幅上行的机会。

在市场方面，整体上已经逐步探明底部进入筑底回升阶段，我们认为事实上上证指数在2018年10月29日探到2449的底部后已经开启一波慢牛行情，未来10年将是A股市场的"黄金十年"。虽然后来上证指数二次探底到2440点，但是像券商、白酒、黄金、5G等板块已经走出底部，震荡回升，特别是近期以金融、食品饮料、家电为代表的优质白马股异军崛起，带动整个市场回升。一些白马龙头股的股价离高点仅有10%~20%的距离，说明市场风格继续有利于白马股。

2019年虽然A股市场大幅下挫，但是外资却大量流入A股市场。据统计，整个1月外资流入A股资金量高达610亿元，创下月度新高。1月31日一天，外资流入A股的资金量创下单日新高，外资流入比例最高的公司都是在消费类的行业和金融类的行业，包括家电、食品饮料、银行，电气设备和机械设备。外资的大举流入，说明当前A股已经具备较好的配置价值。加上险资入市、养老金入市，机构资金在A股的占比势必会不断增加，这将改变过去炒消息炒题材的投资风格，逐步转向价值投资，一些真正代表行业发展前景的龙头公司将有长期表现。

再次强调，未来的牛市也只属于优质白马股，一些垃圾股和题材股将无缘牛市，甚至可能会继续被边缘化。所以建议投资者一定要转变投资理念，坚持价值投资，回到基本面研究，真正做好公司的股东，从而分享中国股市未来的"黄金十年"的机会。

2019年2月1日

杨德龙：A股"黄金十年"牛市已启动3个月

A股市场经过3年的下跌之后，已经探明底部。在2018年10月，整个市场最悲观的时候，前海开源基金率先提出"棋局明朗、全面加仓"。前海开源联席董事长王宏远先生认为，未来3年将是中国资产进攻，全球其他资产防守的阶段，A股市场将迎来比较好的上涨机会。在全面加仓之后，前海开源多只基金将仓位大幅提升，有6只基金仓位直接从0提到90%以上，体现出对后市的看好。

现在公募基金四季报已经披露完毕，根据季报披露情况，2018年10月高举加仓大旗的前海开源基金，旗下有4只混合型基金在季报分析中都提到，基于对未来A股的乐观判断，这几只基金在2020年公布2019年四季报之前，维持该策略不变，继续按照不低于90%的仓位运作，意味着这4只混合型基金在2019年全年将维持90%以上的仓位，显示出对A股市场强烈持续看好。而前海开源基金旗下部分产品也计划由混合型基金改为股票型基金，即将最低仓位控制在80%以上。

当前A股市场无论从估值还是其他的政策信号来看，见底特征已经非常明显。根据海外市场的经验，一般来说在经济高速增长期，市场不一定有最好的表现，而当经济由高速增长进入到高质量增长的阶段，资本市场反而有最好的表现时刻。过去13年，中国的GDP翻了4倍，而上证指数基本维持在2006年的水平，股市表现已严重落后于经济基本面。现在虽然上证指数是2600多点，但是大多数股票股价已经在2000点之下。

未来10年将是中国经济从高速增长转入高质量增长的阶段，加上通过减少贫富差距实现共同富裕的前提，A股有望迎来长牛、慢牛行情，我把它称为A股的"黄金十年"。现在A股的"黄金十年"已经启动3个月，即从2018年10月19日开始，A股已经正式启动"黄金十年"。虽然后来上证指数再次创新低到2440点，但是像券商、5G、黄金等板块已经走出底部，实现40%以上的涨幅。A股市场在未来10年将会出现震荡上行的态势，"黄金十年"也是广大投资者能够真实获益的10年。建议投资者在当前历史大底的位置，积极布局能代表中国经济未来的优质白马股以及科技龙头股，分享中国经济高速高质量增长所带来的回报。

2018年10月18日上证指数创年内新低，跌至2500点之下。而在10月前后大幅加仓的前海开源基金，从2018年10月19日至2019年1月25日，多只基金业绩全面开花。根据银河证券数据，基金经理邱杰管理的前海开源再融资主题精选基金排名标准股票型基金第2名，区间收益率16.53%，前海开源股息率一百强股票基金排名标准股票型基金第35名，区间收益率8.56%。再次证明，在历史大底的位置进行布局，只会输时间，不会输钱！

前海开源基金一直倡导价值投资理念，公司成立以来的6年中，虽然A股市场大幅波动，但是前海开源基金实现了穿越牛熊市的业绩表现，主要原因是坚持价值投资。一个是在2014年初市场在2000点的时候，前海开源基金联席董事长王宏远先生提出特大牛市进行增持权益资产，抓住了2014年7月到2015年的这轮大牛市。而在2015年上半年整个市场疯狂的时候，前海开源基金率先进行仓位控制，2015年5月21日发布公告，明确看空创业板，将混合型基金的仓位降到10%以下，规避了随后的三轮下跌。

在2016年初经过熔断之后，A股市场信心全无，沪深300的市盈率跌破10倍，前海开源基金却再次逆势加仓。我当时提出A股结束下跌，将展开千点大反弹。当前市场再次回到一个比较疲弱的位置，市场信心极度低迷，前海开源基金再次扛起全面加仓的大旗，率先提出"黄金十年"的观点。在市场的拐点往往只有少数人正确，因为市场的拐点往往也是大家最有分歧的阶段，而这个时候能够看明形势，才能够做出比较正确的选择。

现在2018年的经济数据已经公布完毕，2018年经济呈现出逐季回落的态势，这也使得2019年多个部门将联合出台一系列政策利好来支持实体经济的发展。包括发改委、财政部、银保监会、央行、国税总局等多个部门先后出台一系列政策，为企业减税降费，加大信贷投放支持实体经济发展，特别是民营企业发展，货币政策方面也会保持适度宽松的状态。这一系列的举措将逐步实施，效果也会逐步体现。

从海外市场来看，2018年美联储持续加息，美股上涨，美元走强，新兴市场经济回落，股市大跌，新兴市场货币也出现了大幅下挫。进入2019年，我认为美联储加息的步伐将放缓，并在2019年结束本轮加息周期，从而有望带来新兴市场股市恢复性上涨的机会。由于美国经济增速明显放缓，美联储加息节奏放缓，美元可能会走势疲弱，为新兴市场货币走强以及经济回升带来机会。欧洲经济在2019年可能会有所回升，欧元相对美元会有所走强。但是英国脱欧对于欧洲经济的影响仍然存在较大的不确定性，现在对于英国脱欧并没有明确的说法。

整体来看，2019年可能会呈现出美股向下调整，而A股向上回升的态势，这无疑为A股投资者带来极佳布局机会。

2019年1月28日

杨德龙：外资为啥被大家称为"聪明的钱"

今天大盘再次出现一定的冲高回落，特别是中小创出现较大的调整。A股市场在完成探底之后，进入到筑底阶段。筑底的过程一波三折，市场的走势也出现比较大的波动。在连续下跌3年之后，投资者的信心严重不足，冰冻三尺非一日之寒，要想真正的起来，可能需要更多的时间以及更多的利好。

其实这段时间市场的利好政策是集中出台的，但是市场的反应却比较平淡，一个是大家在观察政策的落实情况，能否完全兑现这些利好。另外一个就是到年前很多投资者可能也无心恋战，所以出现成交量萎缩的情况，整体来看目前市场的走势依然比较疲弱。

美股在前段时间也出现大跌，特别是在2018年年底大幅下挫，但是由于贸易谈判已经有了一定的进展，加上美联储释放出可能放缓加息的信号，又加上美国上市公司盈利大幅增长，像高盛的业绩大涨，这些都带来比较好的反弹契机。美股在最近已经出现强劲回升，离高点也只有10%的空间，而在之前三大股指均已跌入20%幅度，基本上属于跌入熊市区间，但是现在美股又化险为夷。

A股市场的走势相对比较疲弱，A股在见底之后维持震荡反弹的走势，但是依然没有脱离底部，还是在底部盘整。A股市场走势的疲弱可以说是多方面的：一方面源于大家对于经济增速下滑的担忧，另一方面源于对年报业绩的担忧。虽然有些行业可能年报业绩还不错，比如白酒、食品饮料、消费、电子等这些消费类的行业年报业绩增速不错，但是很多中小创公司的盈利这两年出现比较大的下滑，年报业绩压力比较大，所以最近中小创的股票陆续出现调整。

总之，现在市场虽然完成探底，但是还没有进入大幅反弹的阶段，市场的走势依然相对比较疲弱，这些都影响到投资者的交易热情。最近市场的成交量出现比较大的萎缩，就是这样一个原因。在市场的底部要有一定的信心，也要有一定的耐心，这是我一直给大家强调的。如果说大家在市场底部没有信心，割肉离场，也就没有机会等到下一轮市场回升。但是如果在底部没有耐心，也等不到市场好转。可以说，在当前这个时候，信心和耐心是非常重要的。

我一直给大家讲，要学习巴菲特价值投资理念，就是要落到实处，也就是说真正在整个市场低迷，估值上已经具备优势的时候，要多一点信心和耐心，通过中长线的布局来抓住机会，而不要过度关注短期市场的走势，市场的短期走势可以说是非常低迷的，看不到明显的赚钱效应，很多资金还不愿意入场。这种低迷持续一段时间之后就有可能迎来转机。

代表行情风向标的券商股其实已经率先启动，从2018年10月券商股见底到现在整个券商指数涨了40%，很多小的券商股甚至股价已经翻番。券商股的启动实际上也是市场可能迎来转机的一个重要体现，但是过程可能还是存在一定的不确定性，影响到大家投资的积极性，所以建议大家在底部的时候一定不要丧失信心。

现在无论是从估值，还是从其他的一些指标来看，市场无疑处于历史大底的位置，向下的空间其实已经非常小。

从中长期的角度来看，现在其实是一个布局的时机。外资在不断地流入到A股市场，2018年流入3000亿元，这段时间还在加速流入，几乎形成外资疯狂抄底，而国内投资者在割肉离场的局面，形成鲜明对比。

我们把外资叫作"聪明的钱"是有道理的，因为从这些外资在海外的业绩以及过去在A股的收益来看，普遍是偏高的。他们能够在市场波动的时候获得好的回报，为什么？因为这些外资他们的投资方法值得学习。一个是坚持长期投资，外资在换手率上是比较低的，往往着眼于两年以上的持有期限，这样的话相对好把握。短期的波动事实上是没有人能够判断，但是长期的走势实际上有一定规律可循。坚持长期投资，就能够熨平短期的市场波动，而不被市场短期波动割韭菜。

第二就是外资坚持价值投资，根据我对一些外资的了解，他们很多崇尚价值投资，坚持基本面研究，一般是选择基本面比较好有长期增长潜力的公司来进行配置，这样的话这些外资在投资上就是做了好公司的股东才能够长期取得一个好的回报。如果不坚持基本面投资，就可能会买入垃圾股，最终遭受比较大的亏损。

第三就是外资在选股上采取集中精力研究透几只或者是几十只股票，而不是广撒网的做法。一般一个外资投资的团队就几个研究员，他们没有精力去研究3000多家股票和公司，而是会研究透十几只他们比较熟悉的公司，然后进行深入调查研究，对公司的基本面有比较充分的了解，对于他们的估值波动区间也有比较清醒的认识，这些都是外资投资成功的重要因素，值得我们学习。

2018年，A股市场可以说跌了一整年，已经充分释放各种风险，甚至过度释放风险。很多投资者在投资的时候损失比较大，这一点我感同身受。2018年几乎所有的股票型基金都是负收益，甚至一些传奇的私募基金也亏损较大，所以2018年的市场确实是一个很难做的市场。

市场的大跌倒逼利好政策的出台，随着一些影响市场的利空因素边际改善，市场可能会迎来修复性上涨的机会，虽然说上涨力度可能不是很大，但是在恢复性上涨。现在就是在等待一个时间的问题，这些政策利好要等待一个发力的时间能够真正体现出来，现在无疑还是相对比较疲弱的。

2019年1月17日

重磅！杨德龙的2019年"十大预言"

站在新年的起点，我试着为大家预测2019年市场可能会出现的10个转机和机会，给大家一些投资的参考。

第一，在2018年影响市场较大的中美贸易摩擦可能会在2019年出现积极的结果。2018年12月1日，阿根廷G20峰会上，两国元首就双边贸易关系贸易问题已经达成了重要共识，停止互相增加新的关税，启动新一轮的贸易谈判。预计在未来的90天，中美双方有望达成框架性的一致，从而有利于中美两国在经贸合作上进一步深化。中美贸易具有互补性强的特点，贸易竞争主要存在于一些高科技领域，而在多数领域都处于合作的状态。事实上，从2018年3月22日发生贸易摩擦到现在，中美的贸易额进一步走高。这说明中美贸易可以谈判的空间很大。一旦双方达成贸易上框架性的一致，即使未来仍会存在一些局部摩擦，但是对市场的影响将会大大减弱。

第二，在经济增长上，2019年我国经济将会完成触底、小幅回升。乐观地估计，在2019年的上半年经济有望触底，悲观的预期到年底也有望出现触底。GDP全年可能会保持在6.2%到6.5%左右。通货膨胀将维持在一个比较低的水平。一般我们把低于3%的通货膨胀叫作良性通胀，2019年CPI将会维持在3%以内。继我国经济已经从高速增长阶段进入高质量增长阶段，2019年会继续推进经济转型和产业升级，消费对于GDP的贡献将继续超过投资和出口。而个税的改革以及产业的升级可能为消费升级提供一定的条件，消费仍然是2019年一个重要的投资方向。

第三，房地产调控有望出现一定的宽松迹象。中央对于房地产调控的基调不会改变，但是会实施因城施策，各个地方可能会根据当地的情况来实施差别化的房地产调控政策。这样会为房地产投资增速的提升提供了一定的契机。我国房地产市场经过3年的调整调控之后，已经出现了房价停止快速上涨，房地产成交量大幅下跌。在一些地方政府放松调控之后，2019年房地产投资增速有望出现一定的回升。

第四，外资将继续加速流入A股市场。在A股先后加入MSCI、富时罗素国际指数以及标普道琼斯指数之后，外资流入A股的速度会加快。预计2019年外资流入A股的资金量将会超过4000亿元。外资大量流入A股将会给A股的市场带来比较好的表现机会，特别是外资偏爱的蓝筹股可能会出现估值上的回升。

第五，在货币政策方面，2019年将采取偏宽松的货币政策。为了应对外部冲击以及经济下行的压力，货币政策将在2019年保持宽松的状态，保持流动性的合理充裕，预计央行可能会采取2到3次降准，甚至可能会采取降息的方式来向市场释放流动性，降低企业融资的成本。而在货币政策方面，将从宽货币向宽信用转变。银保监在之前已经提出"125"目标，在新增贷款中增加对于民营企业的支持力度。2019年将继续大幅增加对于民营企业的贷款金额，从而解决民营企业融资难和融资贵的问题。这将会为上市公司盈利的回升提供一个良好的契机。

第六，在财政政策方面，2019年财政政策会更加积极，一个突出的亮点就是将大幅的减税降费。根据根据中央经济工作会议的部署，2019年我国将推动更大规模的减税、更明显的降费，有效缓解企业融资难融资贵的问题。在2018年我国减税的额度超过了1.2万亿元，预计2019年将会有更大规模的减税，也就是会超过1.2万亿元，也就是超过了GDP的1%。2019年减税将直接减企业的增值税，在个税方面也会有一些减税的举措，这无疑会为企业的盈利增长以及个人收入增长提供了一定的契机。

第七，在2019年的上半年，上交所可能会正式设立科创板，并实行注册制。科创板设立的初衷主要是为了补齐资本市场服务科技创新企业的短板，而试点注册制是在资本市场上做的增量改革。科创板的设立是一个循序渐进的过程，而不是一蹴而就。目前设立的科创板并试点注册制的方案、草案已经完成，相关的准备工作也已经准备妥当。各地特别是一些高新技术企业比较集中的地方，非常积极踊跃地报项目，但是考虑到科创板设立的初期，对资本市场可能会有一定的资金分流作用。预计科创板设立的初期，在数量上以及融资规模上会有一定的限制，尽量减少对于二级市场的分流作用。一般一个新的市场开启将会产生比较大、比较多的投资机会，建议投资者可以积极地去挖掘一些优秀的公司。

第八，海外市场方面预计美股在2019年会出现向下调整。经过长达10年的牛市之后，美股在2018年10月开始出现见顶回落，进入暴涨暴跌的模式，这也预示着美股可能在2019年会出现较大幅度的调整，一方面是由于美国经济在2019年增速可能出现放缓，另一方面美联储在2019年可能还有两次加息，这必然会进一步抬高美债的收益率，从而不利于美股的表现，预计美股可能会出现比较大的调整。2019年将会出现"美股向下、A股向上"的组合。

第九，新兴市场包括A股将会出现恢复性上涨。2019年美联储再加1到2次息之后，将结束本轮加息周期。根据以往经验，一般是在美联储结束加息周期之前，以及之后新兴市场都将有比较好的表现。

第十，A股市场有望重新回升到3000点之上。2019年随着各种利空的因素边际改善，A股市场将出现恢复性上涨，结构性行情进一步增多。消费白马股和科技龙头股仍然是两个主要的投资方向，这将为投资者提供了一定的投资机会。

整体来看，2019年A股市场投资机会将明显多于2018年。我们现在要告别2018年，积极拥抱2019年。

2019年1月2日

杨德龙：告别2018年的阴霾迎接2019年的曙光

今天是2018年最后一个交易日，2018年全年A股市场大幅下挫，除了1月出现一波大涨之外，其他月份基本上都是下跌的。今天最后一天交易日市场呈现出探底回升的态势，艰难的2018年即将过去，我们将迎来2019年。

回顾2018年，全年市场的下跌主要是受到内外部各种利空因素的冲击，并且很多都是年初大家没有预料到的，特别是中美贸易摩擦从3月22日发生到现在，对于市场的影响是比较大的，因为资本市场最害怕的就是不确定性，不确定性的风险会导致市场估值下降。

贸易谈判现在已经重启，并且根据中美双方的表态，从2019年1月1日起的90天内，中美双方达成一致协议的可能性很大，这将会给中美股市都带来反弹的契机，特别是对于A股的提振作用较大。

影响市场的第二点就是2018年的金融去杠杆，市场的流动性收紧，导致很多企业出现了融资困难、资金链紧张，一些民营企业不得不通过大量的高比例的股权质押来融资。而在股市大幅下跌的时候，一些股权质押盘可能会被强制平仓，这造成进一步的局部踩踏。

2018年10月，我当时写到有效化解股权质押风险是当务之急。随后不久，多个部门联合出台了各项支持化解股权质押风险的措施，包括险资、地方政府、券商、基金等出资几千亿元来化解股权质押风险。至少目前来看，股权质押风险集中爆发的可能性已经很小，只有个别的公司可能会存在被强平的问题。

第三点是2018年上市公司的盈利出现下滑，经济增速有比较大的下行压力，这也是今年市场下跌的原因。我国经济在过去40年改革开放中取得了巨大的成就，今年也是改革开放40周年，而我们在回顾成就的同时也要看到问题。

现在处于经济的转型期，能否转型成功，能否从过去依赖劳动力、资本推动的经济增长形势转变到依靠技术创新、依靠生产效率来推动经济增长的模式，可以说非常关键，这决定了我们能否跨越中等收入陷阱，真正步入发达国家的行业。

2018年我国人均GDP将超过9000美元，属于中等收入国家水平，要想从9000美元上升到12000美元以上，甚至2万美元以上，进入发达国家的行列，可能需要更多的努力。日本的人均GDP已经超过了3万美元，我们和日本相比差距还比较大，和美国相比差距也很大，这也激励着我们在未来的40年要继续努力。

2018年股市的下跌已经充分地反映了各类风险，甚至是过度反映了各类风险。前段时间国务院金融稳定发展委员会定调，今年市场已经充分地释放了风险，A股市场具备了长期投资价值，这无疑是从中央的高度为资本市场定调，可以说有力地提振了市场的信心。

2018年全球资本市场也出现了大幅波动，美股已经走完了将近10年的牛市，现在进入见顶回落阶段。虽然最近两个交易日美股出现大幅反弹，但是美股见顶回落的迹象还是非常明显，纳斯达克指数、标普500指数先后进入熊市区间，欧洲多国股市也进入熊市区间。

欧美等发达市场结束牛市步入下跌过程中，对于全球资本市场都会造成一定的冲击。值得关注的是，A股和发达国家市场的相关性很低，在过去3年甚至是负相关的关系。过去3年欧美股市大幅上涨，特别是美股牛气冲天，而A股整体上是大幅下跌的。

美联储在过去3年加息周期中9次加息，这对于新兴市场国家的货币资本以及股市都造成了重大的冲击。值得庆幸的是，美联储主席鲍威尔已经讲到，2019年还有两次加息。我预计2019年最多两次加息之后会停止这轮加息周期，至少是暂时停止，这会给新兴市场带来机遇。根据历史经验，一般美联储有明确的预期结束加息周期之后，特别是在降息周期，新兴市场都有不错的表现。

2018年以来虽然大盘大幅下跌，但是长线投资者却在趁机入市。最引人注目的是外资，外资在今年流入达到3000亿元，明年将会超过4000亿元，而过去2年每年大概1000亿元，很明显外资在跑步入场。

外资入场除了因为A股的估值便宜，具备投资价值之外，很重要的一点是2018年A股成功纳入MSCI新兴市场指数和富时罗素国际指数这两个重要的国际指数，A股成为国际指数大家庭的一员，并且是全球仅次于美股的第二大资本市场，这提高了外资对于A股的配置需求，因为外资配置A股已经成为必需的配置，而不是可配可不配的，这在未来的5~10年会体现得更加明显。现在外资在A股流通股的占比大概只有6%，我相信经过5年的时间应该会超过10%，甚至有可能达到20%的流通股的占比。

外资的大量流入给我们带来了大量的增量资金，更重要的是带来了价值投资理念。过去3年，我3次到美国参加巴菲特股东大会，和美国的一些外资机构投资者进行了深入的交流。他们的投资理念多数是坚持价值投资的。很多外资非常注重基本面研究，它们通过选股来获取超长期的投资回报。所以短期来看，2018年流入A股的外资悉数"被套"，但是从长远来看，三五年后会发现这次历史大底又被外资抄到了。

在2018年的10月A股市场大幅下跌，前海开源基金联席董事长王宏远先生旗帜鲜明地提出，棋局明朗，全面加仓。和外资一样，我们着眼于A股市场中长期的投资机会，敢于在市场恐慌和市场信心严重不足的时候果断加仓，引起了市场广泛的反响。虽然在10月加仓短期之内可能会出现"被套"的现象，但是一旦市场信心回暖，大盘开始往上走，那么在左侧抄底的投资者将获得可观的回报。

展望2019年，影响A股市场的这些利空因素实际上在边际改善，当然，它们并没有完全消除，但是边际上的改善会给市场带来恢复性上涨的机会，上证指数有望重新站上3000点，而是否有更好的表现还取决于这些不确定性因素能不能消除以及多大程度上消除。

从国家的政策来看，2019年国家对于股市的支持力度会进一步加大。现在银保监会已经提出"125目标"，在未来新增贷款中要有一半以上支持民营企业，切实解决民营企业融资难和融资贵的问题，帮助民营企业渡过难关。而国税总局局长王军在近期主持召开了国税总局的内部会议，明确落实中央提出的更大规模地减税降费措施，预计明年减税降费额度可能会超过1.2万亿元，这无疑对经济的复苏和上市公司盈利增长是非常有利的。

市场的机会都是跌出来的，风险都是涨上去的。正是因为2018年市场的大幅下跌，才带来了一些投资机会。2019年可以重点从两个方向来挖掘投资机会，一个是从一些被错杀的优质白马股里面来寻找被低估的机会。优质白马股是我国经济中的一些龙头的企业，或者是有核心竞争力的企业，由于2018年市场的大幅下跌，估值上已经跌到了历史的谷底，具备抄底价值。随着市场信心的提升和回暖，这些板块和个股将会有比较好的回升机会。

第二是关注经济转型带来的新兴产业的投资机会，特别是科技行业的机会。科技龙头股代表了经济转型的方向，例如5G、人工智能、新能源、大数据等，这些属于未来经济转型的方向，将会在2019年有比较不错的表现。

2019年上交所将推出科创板，吸收一些符合条件的科技创新企业上市，打造中国版的纳斯达克。在科创板上试点注册制，将采取更加市场化的手段，支持一些科技创新企业上市。一般新的市场开辟都会带来新的投资机会，大家可以重点关注。科创板的设立将给A股投资者提供更多好的投资标的。当然也会有人担心可能会分流现有二级市场的资金，特别是创业板的资金，我认为不用过于担忧。

虽然科创板的设立会试点注册制，但是并不会让大量的公司都上市科创板，而是会设定一定的门槛，只有符合条件的科技创新企业才能在科创板上市。现在已经明确表示，对于一些只有商业模式创新，而没有技术创新的企业不能上市科创板。

什么是商业模式创新？比如说美团、拼多多这些企业主要是商业模式创新，当然也包括共享单车，现在已经属于模式创新失败的一个案例。大量的共享单车企业已经出现退不了押金的情况，特别是小黄车OFO，最近深陷无法退还客户押金的泥淖之中。只有真正的有技术含量的创新企业才能够在科创板上市。

展望2019年，我相信A股市场将迎来更多的投资机会。最后，在今年最后一个交易日，也祝愿大家在2019年取得好的投资回报，身体健康！

2018年12月28日

杨德龙：我国经济从高速增长转向高质量增长 资本市场迎来恢复性上涨机会

2018年，面对内外部多重压力，我国经济保持了年初定的增长目标，达到6.5%以上，展望2019年，我国经济增长可能会有增速下降的压力，对于2019年经济增长的目标也有可能下调，预计经济增速在6%到6.5%之间，而经济结构还会继续调整。增速目标的下调实际上是为调结构预留了空间，虽然经济增速出现了一定的回落，但是我国经济结构的调整将更加的健康，经济可持续发展的动力更强。

虽然受到中美贸易摩擦以及国际地缘政治风险的影响，我国政策面正在积极地进行调整来支持经济的转型以及中长期的发展，但2019年中国的经济还会保持一个中速的增长，并且是高质量的增长，经济增速在下半年将会触底回升，最晚到2019年年底见底。

从最近公布的11月PMI回落到50来看，未来几个月经济增速可能还有一定下行压力，这也倒逼了政策面出台更多的利好政策来支持经济的增长，包括采取大幅的减税降费等政策来支持消费的增长，支持企业的生产，促进我国企业盈利的改善。通过大幅的减税降费提高企业和居民的收入，我国的消费增长在2019年可能会继续推动经济的回升。

从投资方面来看，我国对于基建投资的投入会进一步增加，从而弥补房地产投资增速的下降，这对稳定经济预期是有利的。从固定资产投入来看，2019年全国固定资产投资增速有望达到5.4%左右，可能还难以出现大幅的上升，去产能、调结构仍然是一个主要的政策的方向。

在进出口方面，明年进出口增速可能会受到外部冲击的影响进一步回落，贸易顺差也可能出现收窄，预计2019年全年的贸易顺差会维持在4000多亿美元，依靠内需的增长来促进经济的回升是2019年政策的主旋律。

从股市的角度来看，2018年股市的调整已经充分反映了经济下行的预期。2019年金融经济去杠杆的方向不变，但是节奏会大大放缓，市场流动性也会进一步改善，投资者的信心也会随着利空因素的边际改善逐渐地提振，所以2019年将出现恢复性上涨的行情，A股市场有望重回3000点之上。

建议投资者要积极地把握市场回升的机会，收复失地，抓住一些业绩持续改善的消费股和科技龙头股。对于估值较低的金融板块，特别是券商、保险和银行等头部的企业，可以重点进行配置。在2019年市场的机会会明显的增多，这对于投资者来说无疑是一个利好。

从外资流入来看，2018年外资流入额达到了3000亿美元左右，预计2019年外资流入的速度还会进一步增加，流入A股的量会超过3000亿美元，这必然会提高外资在A股的流通股的占比，从而提高A股蓝筹股的表现。

外资在投资理念上对于A股市场也会有一定的影响，特别是对于价值投资理念的推广是有利的。建议投资者要及时地转变投资理念，坚持价值投资，坚持基本面选股，配置一些业绩优良的白马股，从而抓住这一轮恢复性上涨的机会。

现在A股市场已经完成了探底，但是投资者的信心恢复需要时间。在市场的底部需要耐心等待大盘回升的机会，建议投资者积极地关注消息面的一些变化，抓住一些优质个股进行布局，迎接2019年的行情。

2018年的行情行将收官，整体来看，2018年A股市场出现了大幅下跌，市场的走势对于各种利空因素已经得到了充分的反应，甚至是过度反应，预计未来随着一些利空因素的边际改善，A股市场有望形成反弹的机会。

年底之前还剩10个交易日左右，预计一些中长线的资金可能会趁机来布局2019年的行情，特别是一些优质的白马股，可能会迎来布局的时机，这无疑会给年底的行情提供一些反弹的契机。而对于一些希望在年末排名较好的基金来说，其也有动机加仓重仓股，从而提高净值表现，因此基金重仓股也是可以重点关注的一个投资的方向。

  预计在年底会有一定的反弹,投资者关注的跨年度行情有可能会产生,也就是说,市场等到消息明朗之后,这次反弹将会延续到2019年的一季度,出现春季攻势,这无疑对A股投资者来说是一个利好的消息。在目前阶段,要克服恐慌心理,抓住优质个股,耐心等待市场回升。

  我认为,2019年是一轮慢牛长期行情的起点。未来的3年,A股市场有望跑赢全球主要资本市场50%以上,这也是前海开源基金联席董事长王宏远先生的观点。投资者现在要战胜恐慌心理,耐心地等待市场回升,关注市场消息面的一些变化,市场的估值已经跌到了历史的底部,市场的底部特征也非常明显,这时需要耐心等待市场出现反弹。

2018年12月17日

杨德龙：流泪播种者必然欢呼收割

今天A股市场出现了震荡调整的走势，市场的成交量继续保持较低的水平，呈现出缩量调整的态势，投资者信心仍然比较低迷。在经过了连续2个月调整之后，市场的估值已经跌到了历史的底部，而投资者的信心也跌到了谷底。在中美重启新的谈判以及暂停互相加征关税的利好消息出来之后，市场的走势有所企稳，但是市场的信心恢复还需要逐步地提升，大盘的走势也受到消息面的一些冲击。

2018年以来欧美股市出现了冲高回落的态势，我们看到道琼斯指数截至12月7日已经回吐了2018年全部的涨幅，下跌了1.34%，标普500指数下跌了1.52%，纳斯达克指数只有0.95%的涨幅。英国富时100指数下跌了11.83%，法国CAC40指数下跌了9.4%，德国DAX指数下跌了16.49%。

全球股市在2018年集体出现冲高回落并且出现了较大幅度的调整，究其原因，应该说对全球经济增速的担忧起到了主要的作用。美国推行的贸易保护主义政策让投资者担心全球经济增速可能在2019年出现回调，这对风险资产也造成了一定的打压。

根据亚特兰大联储的预测，预计2018年四季度美国GDP的年化增长率会达到2.7%，略低于之前预期的3%。当然也有一部分经济学家警告，2019年随着减税政策边际效果的递减，美国经济可能进入到经济增长的末期出现回调。

美联储在近期加息已经是板上钉钉，但是市场对于明年加息的路径还有比较大的分歧。之前美联储主席鲍威尔的讲话释放出加息节奏可能放缓的信号，2019年美联储加息的空间已经不大，最多25个基点左右。这样美联储这轮的加息周期从2015年开始，可能会到2019年结束，这有利于提振市场的信心，防止美股出现大幅下跌。

美股的走势和10年期国债收益率的走势有很大的负相关关系，美债收益率倒挂让投资者担忧美国经济增长的前景。从1950年以来，美债收益率倒挂已经发生过7次，美联储加息的节奏和美国经济增幅都有一定的关联。

美股市场明显进入到见顶回落的阶段，并且波动率在大幅提升。美股在近期出现大幅的波动，一天的波幅超过3%，一改之前稳步上扬的态势，这也给全球资本市场带来了一定的冲击。之前我讲到，美股的大跌对于A股的影响是短期的，从中长期来看美股的下跌对A股并不是坏事。

从上周的资本流动来看，资金在大量的流出美股、欧股等发达市场，加速流入新兴市场，特别是流入A股的资金量占到了一大部分的份额。这说明A股经过3年的调整已经具备了投资的吸引力，吸引了外资入场抄底。近期外资流入A股的速度在明显加快，也验证了我之前的看法，美股的见顶回落客观上促进了一部分国际资本从美股获利了结，流入到A股等估值较低的市场。

昨天（2018年12月9日）统计局公布了11月的CPI和PPI数据，CPI和PPI涨幅双双回落，通胀不及预期。11月全国CPI同比上涨2.2%，和上个月相比涨幅有所回落。PPI方面11月同比上涨2.7%，环比下降0.2%。

从这次公布的数据来看，和10月CPI同比增长2.5%，PPI同比增长3.3%相比，都出现了一定的回落，并且PPI增速创下了年内的新低。物价水平的明显回落，反映出市场需求有所减弱。物价走势温和回落，当前经济通胀的风险大大地减轻，这也为央行货币政策保持适度的宽松提供了空间。原油价格的下跌以及市场需求的回落对PPI的涨幅形成了双向的打压，所以PPI的涨幅回落的幅度是非常明显的。

在政策方面，深交所、上交所和港交所联合发布通知，为了进一步优化互联互通机制，推动内地与香港资本市场协同发展，3家交易所已就不同投票权架构公司纳入港股通股票具体方案达成共识，预计可能会在2019年年底生效实施。这意味着像小米、美团等同股不同权的公司可能会在2019年成为港股通标的，国内投资者可以通过港股通来购买这类公司股票。

在2018年4月港股放开了对于同股不同权公司上市的规定，吸引了一部分同股不同权的公司上市，而小米成为第一家在香港上市的同股不同权公司。之前港股通不允许纳入同股不同权公司，现在3家交易所已经达成了一致，将这类公司纳入到港股通的标的，这给内地投资者提供了一个新的投资机会，同时会有利于这类公司股价的上涨。

沪深港通是我国资本市场对外开放的重要一部分，运行几年来吸引了大量的外资流入到A股市场，直接推动了A股成功纳入MSCI新型市场指数和富时罗素国际指数，这对于推动A股市场的国际化、吸引外资起到了重要的作用。

当前A股市场已经完成了探底的阶段进入筑底反弹的阶段，虽然反弹的过程一波三折，但是反弹的趋势不会改变。2019年随着市场各个消息出现边际的改善，包括股权质押的风险得到有效化解，经济增速在2009年上半年触底下半年反弹，中美贸易摩擦的边际改善，A股市场将迎来难得的上升的机会。

2019年可能会呈现出美股向下、A股向上的走势。在当前A股市场仍然处于信心不足的阶段，我想起一句非常励志的话——"流泪播种者必然欢呼收割"，在市场的底部投资者的信心严重低迷，可以说很多投资者是在非常痛苦的煎熬中买入一些心仪的股票，而这时候进行配置的投资者在下轮市场的牛市中必然会获得更好的回报。因此当前就是要战胜恐慌心理，挖掘优质个股，等待市场回升的机会。

2018年12月10日

前海开源基金全面加仓杨德龙坦陈价值投资须克服贪婪与恐惧[①]

杨德龙妙语

■ 在市场低迷的时候,更要坚持价值投资,抓住优质个股,等待市场回升。

■ 价值投资的核心要素就两点:第一点,就是所投资的公司要有价值。第二点,就是买入的价格要低。投资者应做优质公司的股东,避免为了短期的利益而去参与炒作。

■ 未来几年,具备长期增长潜力的公司,主要集中在一些能够代表我国人口需求的新兴消费品领域,以及代表经济转型方向的科技龙头股。

■ 不同的时代背景之下,要投资不同的标的,始终把握时代的脉搏,分享时代成长最好的公司成果。

■ 价值投资标的公司要处在一个景气度上升的行业,公司的治理和管理层都比较优秀,可以为投资者创造长期稳定的利润回报。

■ 应从多个财务指标研究公司未来发展潜力。第一,要看代表公司盈利能力的指标,包括净资产收益率ROE、资产回报率ROA、净利润率、毛利率等指标,这些指标数据越高越好。第二,成长类指标数据也很重要,比如收入增长率、净利润增长率等代表公司未来增长速度的指标。第三,资产负债率指

[①] 前海开源基金全面加仓杨德龙坦陈价值投资须克服贪婪与恐惧:http://www.zqrb.cn/fund/jijinfangtan/2018-11-28/A1543334876398.html

标。第四，价格指标，主要是市盈率（PE）、市净率（PB）和市销率（PS）。

■"业绩为王"是价值投资的基石。未来投资将主要以业绩增长目标为主，无论上市公司有什么样的题材故事，最终都要落实到业绩。

■价值投资是一种修行，特别是在市场极度绝望的时候，你敢不敢坚守你选的股票、你敢不敢去抄底一些被错杀的股票，这时候就是对人性的恐慌的考验。

"比你聪明，比你用功，比你灵活，比你专注"，有业内人士这样评论前海开源基金公司首席经济学家杨德龙的开挂人生。

的确，生于1981年的杨德龙（见图4-1），先后在清华大学和北京大学深造，2006年金融硕士毕业后，先后任职南方基金首席策略分析师和前海开源基金公司首席经济学家，一直致力于资本市场的基础研究，对股票投资组合的战略管理和风险控制有长期实践，擅长把握上市公司内在价值进行投资，目前是我国资本市场投资圈中最年轻的首席经济学家，也被称为"投资圈超级IP"。就在11月初，证监会主席刘士余出席证券基金行业首席经济学家座谈会，杨德龙作为机构首席经济学家代表之一，参加了这次座谈。

图4-1 前海开源基金公司首席经济学家杨德龙

日前，《证券日报》记者紧紧围绕"价值发现"话题，在北京丽都皇冠假日酒店独家专访了来京出差的杨德龙（见图4-2）。

图4-2 前海开源基金公司首席经济学家杨德龙(右)接受本报记者独家专访

"超级IP"的价值发现秘诀

《证券日报》记者:我们知道,你从事证券研究和投资已有12年,去年还被一家网站评为"最牛人气理财师"后登上纳斯达克大屏。对于"经济学家"和"理财师"的标签,你更喜欢哪一个?

杨德龙:人生总是充满戏剧性。我从清华机械工程系到北大光华金融硕士,从研究员到首席策略分析师,从央视评论员到前海开源基金首席经济学家,在投资界已从业12年。12年间,基金业获得大规模发展,我一直坚守在市场最前线:一边做策略研究,坚持写深度策略报告,定期在各大财经媒体及时发布市场观点;一边管理基金产品,逐步形成了独特的投资理念。通过12年的积累,我对价值投资理解得更加深刻,逐步形成了较为完整的投研和风控体系。

这些年来,投资方面获得过一些殊荣,2017年是因获评"新浪财经最牛人气理财师",登上美国纽约时代广场纳斯达克大屏(见图4-3)。不过,对于

"经济学家"和"理财师"的标签,我更喜欢"经济学家"。

图4-3　2017年杨德龙荣登美国纽约时代广场纳斯达克大屏

《证券日报》记者:今年2月以来,A股市场持续调整,绝大多数个股都深幅回调。对于眼下市场,你怎么看?

杨德龙:10月以来,管理层密集出台一系列举措,包括短期措施和长期措施。之前市场最担心股权质押风险集中爆发,现在通过险资、券商、基金、地方政府等各方面的努力,基本上已经有效化解股权质押风险。因此,最大的担忧消除,市场已具备反转机会。而大幅减税降费、鼓励上市公司回购、完善退市制度、减少对于交易不必要的干涉等,这些都是长效机制,有利于A股市场的长期走强。

对于目前经济基本面和市场面,我是偏乐观的。前海开源基金在市场最低迷的时候,尤其是国庆节前后提出全面加仓的观点。近期,前海开源基金联席董事长王宏远先生也提出,未来3年A股将跑赢主要资本市场50%以上。我们确实是看多做多,全面进行了加仓。我们看好国内经济的发展前景,也看好A股市场的未来发展,因此,不断给市场释放正能量,给投资者加油打气,特别是在市场低迷的时候,更要坚持价值投资,抓住优质个股,等待市场回升。

《证券日报》记者：你曾参加过巴菲特股东大会，可以说是巴菲特的忠实粉丝之一。那你认为价值投资的核心是什么？

杨德龙：我曾三次参加巴菲特股东大会，也写过很多关于价值投资的文章，有媒体还称我是中国"小巴菲特"，这可不敢当。

2018年A股市场调整的时间和幅度都远超市场预期，贸易摩擦、金融去杠杆等复杂形势对市场构成较大影响。在此背景下，小盘股、大盘股、绩差股、绩优股等各板块均出现轮跌现象。然而，这并不能否定价值投资理念。

在我看来，价值投资的核心要素就两点：

第一点，就是所投资的公司要有价值。从长期来看，好公司的股价肯定是跑赢差公司的。因此，投资者应做优质公司的股东，避免为了短期的利益而去参与炒作。有一句著名的广告语，是姚明讲的一句公益广告，"没有买卖就没有杀害"，当然这句话是为了保护野生动物，但用在股市上也是非常的恰当。确实，大量的炒作、大量的频繁交易，只能造成投机者的亏损。

第二点，就是买入的价格要低。当然，对于价值投资者来说，第一点更加重要。而在市场大幅下跌后，绝大部分优质公司股票的价格很便宜，市场给投资者提供了比较好的安全边际，此时坚持价值投资，买入一些被错杀的好股票，可以获得比较好的投资回报。

价值投资要始终把握时代脉搏

《证券日报》记者：具体应该如何把握价值投资机会？价值投资与时代背景的关系有多大？

杨德龙：在A股市场的不同阶段，价值投资的标的是有所差异的。

比如说，在2001年到2005年这4年，A股市场大幅下跌，但是以"五朵金花"为代表的相关股票涨幅却很好，因为当时正是这"五朵金花"业绩快速增长的时期。而2006年至2007年的大牛市，表现最好的则是券商、地产以及钢铁等板块，体现了我国当时工业化进程以及房地产拉动经济增长的特点。2013年到2015年这期间，则是一些新兴产业，特别是代表经济转型的新兴产业板块表现更佳。

我认为，未来几年，具备长期增长潜力的公司，主要集中在一些能够代表我国人口需求的新兴消费品领域，以及代表经济转型方向的科技龙头股。现在A股市场大幅下跌之后，为投资者提供了一个比较低的价格买入潜力个股的机会。很多潜力个股的价格已经跌到了历史的底部，具备中长期配置价值。因此，现在价值投资就要选择未来业绩能够持续增长的行业和公司。

再拿美股市场来说，不同的阶段，价值投资所代表的公司也有所不同。

比如说，在2000年之前，即科网泡沫破裂之前，那时候去投资一些科技股，就不是价值投资。但是，在最近10年，互联网大发展，是科技股大发展的10年，以FANNG为代表的这些科技龙头股则具有了比较持久的生命力。投资这些科技股，则是价值投资。

因此，对于价值投资，我们在不同的时代背景之下，要投资不同的标的，始终把握时代的脉搏，分享时代成长最好的公司成果。

这十几年，我一直致力于价值投资，感触颇深。一般来说，价值投资标的公司要处在一个景气度上升的行业，公司的治理和管理层都比较优秀，可以为投资者创造长期稳定的利润回报。我国资本市场20多年的时间涌现出很多长期牛股，是价值投资非常好的标的。不过，值得注意的是，并不是说所有的公司在每个阶段都具备比较大的投资价值。

在A股市场，很多人觉得价值投资不适用，这是对价值投资的一种误解。很多人觉得价值投资就是买了不卖，这也是片面的。我认为，价值投资是在一个好的资产跌得便宜的时候买，当资产价格高了之后要卖。

《证券日报》记者：你眼中的优质上市公司是什么样的？最看重哪些财务指标？

杨德龙：看好一家公司，应从多个财务指标研究公司未来发展潜力。

第一，要看代表公司盈利能力的指标，包括净资产收益率ROE、资产回报率ROA、净利润率、毛利率等指标，这些指标数据越高越好。

第二，成长类指标数据也很重要，比如收入增长率、净利润增长率等代表公司未来增长速度的指标。

第三，资产负债率指标。要看企业负债的高低。在整体金融去杠杆的时候，负债率高的企业面临着现金流的压力，这类企业经营风险相对较大，财务风险也很大。还有利息的覆盖倍数，反映公司负债状况的指标。

第四，价格指标，主要是市盈率（PE）、市净率（PB）和市销率（PS）。对不同的企业，需看重不同的指标。比如说，对业绩稳定增长的白马股，可能更多的是用市盈率，看公司股票价格是不是高了。对于周期性行业，它可能盈利波动比较大，这时候看市盈率就不太合适，那就要看市净率。对于新兴产业领域，因为它们此时没有什么利润，那就看公司市销率。

中国资本市场已从初期的炒消息阶段，逐步转向重视公司基本面研究阶段。投资者必须重视财务数据，如果公司财务指标符合价值投资的条件，而股价又被低估，此时就要转向公司基本面的更深入研究。

"业绩为王"是价值投资的基石。未来投资将主要以业绩增长目标为主，无论上市公司有什么样的题材故事，最终都要落实到业绩。影响股价的因素很多，但从长期来看，决定股价的因素只有一个，那就是公司的业绩。巴菲特的老师格雷厄姆说过，"股价短期是投票机，长期是称重机"，说的就是这个道理。

价值投资须克服贪婪与恐惧

《证券日报》记者：作为最成功的价值投资者，巴菲特一直坚持买入优质公司。他曾经说过："我宁愿以一个普通的价格买入一个伟大的公司，也不愿意以一个伟大的价格买入一个普通的公司。"这可谓知易行难。对此，

你有何具体建议？

杨德龙：我对价值投资者的建议有两个：

一是要有比较好的眼光，能够选出好企业。如果你选的是差企业，就谈不上价值投资。

二是要克服人性的弱点。因为价值投资是反人性的，它要求你战胜贪婪、战胜恐惧，但人的本性就是贪婪和恐惧的，所以，投资者要战胜人性本身就是对自己一个很高的要求。要真正贯彻价值投资理念，不仅要在理论上学习，而且要在实践中不断克服人性的弱点。

因此，可以说，价值投资是一种修行，特别是在市场极度绝望的时候，你敢不敢坚守你选的股票、你敢不敢去抄底一些被错杀的股票，这时候就是对人性的恐慌的考验。

前海开源基金在过去5年多的时间里，能够把规模从零做到1000亿元，正是我们不断践行价值投资理念的结果。我们在过去几个拐点都成功地克服了"贪婪"和"恐惧"。最近的一次，前面已提及，今年国庆节前后，A股市场又到了一个最悲观的时候，而我们认为市场的悲观已经把很多优质股票错杀了，所以，我们决定全面加仓。

当然，这还有待时间验证。但我相信，只有克服人性的"贪婪"和"恐惧"，你才能战胜大多数人，才能获得长期比较好的回报。

2018年11月28日

杨德龙：建议大幅减税降费鼓励企业加大研发投入

本周五A股再次出现较大幅度的调整，市场在2600点附近做一个筑底的震荡，一方面是受到美股出现大跌的拖累，美股的下跌对全球资本市场都造成一定的冲击，对A股的短期当然也有影响。

之前我讲过，从中线来看，其实美股的下跌对于A股并不一定是坏事，甚至可能是把A股推到了世界舞台的中心。之前全球的资本都流向美国炒美股，现在美股见顶之后这些资本可能就会获利回吐来流入A股市场，而近期流入A股的资金量大大地增加就是这个原因。

另一方面，市场的调整也和投资者的信心恢复需要时间有关。由于市场已经下跌了1年多的时间，可以说投资者的信心是严重不足的，大家对于未来的前景也充满着迷茫。这时候市场的筑底过程就会比较复杂，不会一蹴而就，大家的信心恢复需要时间。

本周五市场出现调整，前期一些题材股出现了一定的回调，券商板块跌幅不大但是也出现了几天的回调。这也是市场见底的一个特征，即券商股反弹急促但是回调起来也比较快。我认为，券商股作为行情的风向标，当真正行情到来的时候，券商股是有机会赚钱的，券商股的表现也是市场行情出现反转的一个重要的风向标。

现在可以确认的是政策底已经出现，并且政策底和市场底已经重合。因为这一次政策底的出台时点是市场跌到2500点之下，最低到2449点，这倒逼政府出台各项利好的政策，一方面救经济，另一方面救市。这一次出的政策利好，不仅是救市，更重要的是化解经济的问题，比如说民营企业经营困难的问题、民营企业融资难和融资贵的问题，这是这次政策出台的重点。

对于民营企业股权质押的风险，当前各个部门也正在联合起来进行化解，市场其实最大的担忧已经解除，再创新低的可能性已经不大，政策底出现已经确认了市场的趋势是筑底择机反弹的走势。这一轮的政策出台的力度可以说是空前的，之前大家都没有想过政策会如此支持股市的发展，可以说政策的力度非常的强劲。

政策的出台同时也会提振大家对于未来经济发展的信心。我认为，2019年上半年我国经济增速会触底，下半年会出现回升，而股市一般是提前半年来反映经济的变化，所以现在市场其实就是在历史大底的位置。

现在参与化解股权质押风险的各路资金，它们以比较低的价格去买入一些民营企业的股权，将来一旦经济周期向上，这些民营企业的盈利会迅速地回升，而民营企业整体的运营效率较高，所以这些参与化解股权质押风险的资金将来是有希望盈利的。

当然，不能打着保护民营企业的旗号去保护落后、未来也没有改善空间的民企。在救助的时候，相关的资金提供方会进行标的的筛选，保护一些好的民营企业，这样等到民营企业效益提高之后必然会有比较好的资本回报。

2018年以来，A股市场几乎跌了将近一年的时间，已经把各种风险释放地比较充分了，并且是A股市场的下跌也倒逼政府出台了一些利好的政策，如果说后期还继续下跌，可能会有更多的利好政策出台。

在经济政策方面，很多人都在呼吁的大幅减税降费的政策，通过减税降费来提高企业的盈利能力，让利于民，这样才会大幅提高经济的增速。实际上，在过去这30年时间，我国通过改革开放、通过转向制造大国、通过人口的红利获得了比较好的经济增长。

但是未来需要企业加大研发投入，需要科技创新才能进一步的增长，这时就要求通过减税增加企业的收入，减少企业的负担，从而让企业有更多的资金来进行研发。这相当于学习美国的增长模式，美国企业的研发投入远远超过我国的企业，这也是美国经济能够保持长期增长的一个重要推动力。像美国的这些科技巨头，每年投入的研发金额是非常大的。

在我国，华为是研发投入最多的一个公司，一年研发投入超过了800亿元，远远大于第二名和第三名，而第二名每年的研发投入只有100多亿元。华为正是依靠大量的研发投入来保持它的竞争力，获得了比较好的可持续发展的动力。我国如果有几十个像华为这样的公司，那么我国经济增长的潜力就会大大地释放出来，因此需要通过大幅地减税降费来支持企业进行研发投入。

2018年对个人所得税方面也进行了一定的减税，但是减税的力度仍然不大。要想激发居民的消费潜力，促进经济的转型升级，就需要对个税方面在进行减税，在提高个税起征点以及增加了一些抵扣抵税项目之后，再降低个税的边际税率，这会大大地提高居民的收入，从而提高消费的增速。

消费是未来推动经济增长的重要推动力，只有提高消费的增速，才能够真正地提高经济的增长，我们再依靠投资拉动、出口带动的这种模式已经难以为继了，消费的贡献会在未来体现得更加明显，建议投资者要积极地看到这一点变化。

像拼多多在美国上市之后，虽然有一些做空机构指出其有些数据可能是有注水的嫌疑，但是并没有影响拼多多的价格上涨，这是因为拼多多真正地抓住了中国消费大增长的机会。其他的，像阿里这些电商也是抓住了消费的潜力，可以说未来的很多机会都是扎根于消费，包括我国的独角兽很多都是"互联网+消费"模式。

想方设法提高居民收入、提高企业的收入，是摆脱经济增速下滑困境，促进股债出现双牛格局的一个重要的举措。当前，市场还在筑底的过程之中，市场的调整也会倒逼利好政策的出台，所以在当前时点保持一定的信心，抓住优质的股票，才能够度过最艰难的时刻，迎接市场的反弹，相信2019年市场的行情有望超出预期。

2018年11月23日

杨德龙：防范商誉减值风险坚持价值投资理念

市场最近比较担心创业板部分上市公司商誉减值的风险，因为商誉减值可能会在年报上影响到一些上市公司的业绩。商誉的问题主要是在并购重组的时候会发生，如果并购的企业经营出现了下降，那么可能会出现商誉减值。

为了鼓励上市公司通过并购重组来做大做强，提升并购重组市场化水平，监管层将IPO被否企业筹划重组上市的间隔期从3年缩短为6个月，并且支持上市公司在并购重组中定向发行可转债作为支付工具。11月16日，证监会发布了针对商誉减值的会计监管风险提示第八号文件，从商誉减值的会计处理及信息披露、商誉减值事项的审计和商誉减值事项相关的评估3个方面，进行了详细说明，体现了监管层对上市公司并购重组宽严并济的原则。

商誉是发生在非同一控制下的企业合并之时，并购方支付的价格超过被合并企业净资产公允价值的差额，它反映了未来较长一段时间的持续经营获取超额收益的能力，可以说每一个并购之后都会产生商誉。

据统计，截至2018年第三季度末，A股上市公司商誉达到1.45万亿元，同比增长15.18%，环比增长4.05%，首度突破1.4万亿元。2015年和2016年是上市公司商誉大幅上升的阶段，因为这两年是A股上市公司并购潮发生的时间段。

当商誉占比越来越高的时候，就可能会面临商誉的减值。一旦被收购的公司业绩出现下滑，就可能造成收购方要在当年年报中体现商誉减值，那么就有可能大幅降低公司的盈利，甚至可能导致亏损，这可能会给市场带来一定的风险。

商誉减值一般是在中报和年报中计提，所以对于2018年年报的商誉减值问题值得投资者关注。这次新规已经明确，对企业合并产生的商誉，公司应当至少在每年年度终了进行减值测试，这就意味着上市公司已经进入了减值测试季，可能会影响到2018年的年报业绩。

商誉减值的风险主要是由于被收购方的业绩低于预期，或者是出现业绩下滑可能会影响到商誉的价值，从而需要进行减值。新规的下发对上市公司防范商誉减值风险起到一定的提前预警的作用，也会引起更多投资者的关注。

从板块来看，创业板无疑是商誉减持的高发领域。从商誉占净资产比例来看，创业板占比最高，2018年三季度末占了18.6%，并且商誉减值的风险已经在2017年创业板公司中集中爆发。

2017年四季度企业的创业板盈利受到商誉减值影响最大，商誉减值占净利润的比为13.3%。2014年到2015年，并购重组是创业板很多公司做的一种外延式的扩张，对当时企业的盈利增长起到了比较大的提升作用，现在却产生了商誉减值的风险。

从行业分布来看，按申万一级行业分类，传媒、生物医药和计算机等3个行业的商誉值均在1000亿元以上，这3个行业也是过去几年并购重组大量发生的3个行业，发生并购重组潮就会产生比较高的商誉价值。很明显，传媒、生物医药和计算机等3个行业多是一些中小创的企业，所以发生的并购重组也比较多。

对于商誉减值的风险，投资者要认真地去甄别，特别是对一些可能会发生大幅商誉减值的中小创公司，还是要保持一定的警惕。值得注意的是，商誉减值的风险，一方面已经反映在过去两年创业板大跌的价格之中，所以它的影响应该说已经得到了一定的反映。另一方面一些公司2017年已经计提了大量的减值准备，所以往后看的话，商誉减值对于创业板股价的边际影响在减小。

从价值投资的角度来看，现在A股市场已经跌出了价值，很多个股的估值已经跌到了历史最低的位置，在投资上具备了长期投资的吸引力。当然个股的估值分化也比较严重，一些绩优股估值上已经具备了吸引力，但是也有一些绩差股、题材股的估值仍然高高在上，这影响到了市场整体的表现。

现在要重新提倡价值投资，抓住价值投资的机会，对于一些绩差股和题材股还是要继续远离。虽然最近减少了对于交易中不必要的干预，一些低价股、题材股重新地活跃，但是我认为蓝筹股的机会即将来临。四季度后半段，通过做多蓝筹股来提升净值是很多机构的选择。现在市场的下跌充分地释放了风险，甚至已经过度反映了风险，而很多机构的仓位已经减得比较低，在这个时候加仓空间是比较大的。

2018年11月22日

公募网红经济学家杨德龙：
冬天已经来了，春天还会远吗[①]

在行情越走越低的现在，前海开源基金吸引了业内不少关注：联席董事长王宏远号召公司的基金经理全面加仓，并监督实行；首席经济学家杨德龙也多次在自媒体上表态认可"冬天已经来了，春天还会远吗"的观点。

这一期，我们就一起认识一下这位公募基金的第一"网红"经济学家——杨德龙。跟我们往期分析的在任的基金经理不同，杨德龙在2016年辞任了基金经理，而后进入前海开源担任首席经济学家。但我相信很多基民应该对他都比较熟悉，他在2016年获得今日头条最受瞩目的基金经理，在2017年被评为新浪财经最牛人气理财师，并登上了美国纽约时代广场纳斯达克大屏。所以，说他是"公募基金第一网红"并不为过（见图4-4、图4-5）。

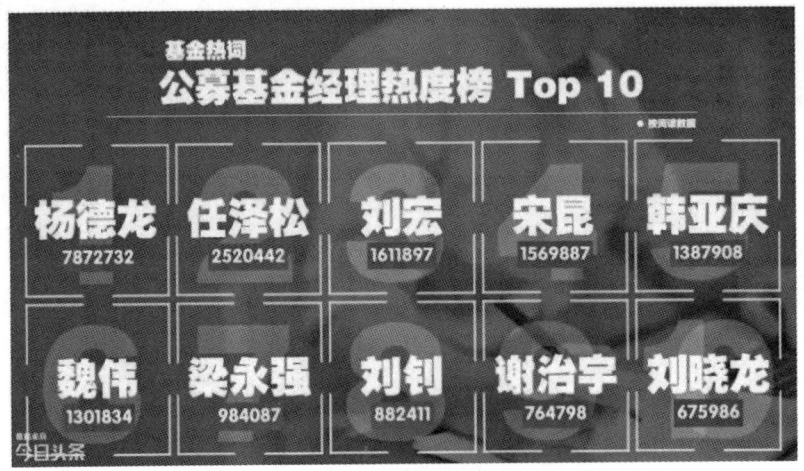

图4-4 "公募基金经理热度榜"

图片来源：今日头条，2016

---

① 公募网红经济学家杨德龙：冬天已经来了，春天还会远吗？https://mp.weixin.qq.com/s/ug4mrEY3MgOIUYolIWQxLA。

图 4-5 新浪金牌理财师——杨德龙

图片来源：21 世纪经济报

公募基金的声音

如果要给杨德龙贴上一个标签，我觉得最合适的不是"前海开源首席经济学家"，也不是"公募基金第一网红"，而应该是"公募基金的声音"。

杨德龙的履历很简单，2006年毕业后进入南方基金，先后担任行业研究员和首席策略分析师，2010年开始担任基金经理，2016年离开南方并进入前海开源基金担任首席经济学家、联席投资总监等职务。

之所以说他是"公募基金的声音"，是因为他从2009年开始成为央视特别评论员。当时市面上主要是证券公司在发声，而基金公司对于市场的看法几乎没有。因此，发现这一现象的杨德龙开始在央视发出公募基金的声音，后来在其他财经媒体，包括现在比较主流的公众号、头条号、微博等自媒体，也慢慢出现了他的声音。一做就是10年，这是非常难得的。详见图4-6。

图 4-6 杨德龙在新浪微博发表文章

图片来源：新浪微博

除了上文的今日头条曝光度，在其他的一些数据统计里，杨德龙在媒体影响力也经常高居榜首（图4-7）。

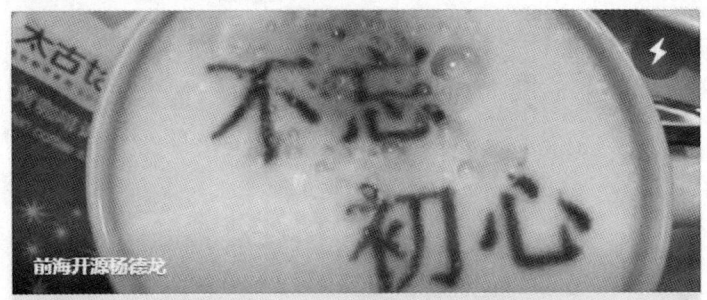

图 4-7 杨德龙在全景网数据统计中的信息出现

图片来源：全景网《基金品牌媒体曝光度监测数据报》

"股市春天"要来了？

观察杨德龙在自媒体上发出的声音，你会发现他很看好未来3年的市场。

比如在他的个人公众号上，有很多文章表态看多，也有一些文章在转述王宏远的观点（见图4-8）。

香港有线专访杨德龙：我国经济出现滞胀可能性不大

2018年10月17日

第1财经专访杨德龙：美股回升投资者情绪回暖

2018年10月17日

杨德龙：昔日重现 大盘再回历史大底位置

2018年10月17日

【资本谭】大量破净股出现是市场重要的底部特征

2018年10月17日

图4-8 杨德龙在其微信公众号中发表文章
图片来源："杨德龙宏观策略研究"微信公众号

其实，早在8月，杨德龙就表示过市场正处于底部的尾声，后续可能会迎来回暖行情。在杨德龙看来，"股市春天"要来的原因如下：

资本市场最怕的是不确定性，利空恐慌现在已经充分反映出来，市场拐点即将出现。也因此，在2000亿美元纳税方案落地之后，前海开源基金投决会决定全面加仓。

杨德龙认为，下半年国家会施行活跃的财政方针和适度宽松的货币方针。事实上，现在也已经有了部分利好政策逐步落地，比如国庆假期前的降准。

虽然今年以来市场有比较大的下跌，但外资却在逆势加仓。未来外资流入的速度可能还会添加，这是外资对我国经济的信心，以及对A股，特别是蓝筹股的看好。

近期的市场观点

要是大家感兴趣，在他的公众号、微博、头条号等平台，几乎每天都可以看到杨德龙的市场观点。这里就整理几个他最近的观点分享给大家。

关注白龙马股的机会

在杨德龙看来，市场经过大幅下跌之后，很多优质股的估值跌到了历史的低位，具备了投资吸引力。而从中长期来看，中国经济增长仍然是全球主要经济体里面增长最好的，这也是外资在这个时候流入A股的原因。

因此，杨德龙建议大家关注白马股加龙头股，四季度很可能是白龙马股的机会。随着国内利好的密集发布，行业盈利正在向头部集中，在这个过程之中，行业龙头股的盈利能力肯定是超过行业平均值的。

市场正在震荡筑底

在9月的时候，杨德龙就表示：A股受到外部的不确定性以及国内资金面紧张的双重打压，市场整体的表现比较低迷。大盘经过大幅下跌之后，投资价值正在慢慢体现。

而随着节后的大跌，杨德龙更是认定：市场的风险基本释放完毕，但投资者的信心恢复需要时间。在很多投资者被动割肉的同时，有机构正在逆势加仓。如果投资者的信心逐步恢复，"股市春天"很可能会来，并基本认可王宏远的"A股在未来3年，相对涨跌幅将至少跑赢国际主要资本市场50%以上"的声音。

提升股市信心的四个维度

至于如何提升投资者的信心，杨德龙正好提出来了一些自己的看法：

第一可以成立平准基金。从海外市场的经验来看，一般在市场低迷的时候，通过成立平准基金，可以有效改变投资者的悲观预期。

第二是出台减税政策，真正提高企业的盈利能力，同时提高个人收入。只有企业的盈利改善，个人的收入水平提高，消费才能够真正地出现大幅回升，从而带动我国经济增长。

第三，在信贷方面，要对一些融资难的民营中小企业重点进行支持。加大力度支持中小企业的发展，是解决当前市场信心的一个重要方针。

第四，在市场低迷的情况之下，降低印花税、减少IPO的发行的数量、增加对于资本市场的支持力度，这些措施也能一定程度上提升市场信心。

2018年10月23日

杨德龙：当前中国宏观经济形势分析及投资展望[①]

图4-9 杨德龙在"2018财经圆桌发展论坛"上讲话

2018年10月14日，由《今日财富》杂志社主办、至善基金协办的"2018财经圆桌发展论坛（无锡站）"在历史悠久、人文荟萃，有着"资本第一线"之称的魅力城市——"江阴"举办。本次论坛以"洞见未来、赋能产业"为主题，聚焦如何借助资本市场力量来实现产业的转型升级。为了更深入贯彻落实无锡市产业结构升级转型，推动当地企业上市，助力当地实体经济稳健发展，《今日财富》力邀江苏省政府、无锡市政府、江阴市政府、行业协会、金融机构、学术机构等领导、专家、学者为无锡、江阴未来发展

---

① 杨德龙：当前中国宏观经济形势分析及投资展望.https://xueqiu.com/2504961048/115363575?from=groupmessage&isappinstalled=0.

贡献智力。2018年是中国经济近年来最具挑战的一年，面对当前的中国经济形势运行中"稳中有变"，该如何创新驱动，让企业迸发出新的活力？首席经济学家、清华大学五道口金融学院全球金融博士杨德龙先生对中国宏观形势进行了大势展望。

杨德龙指出，我国今年经济形势遇到了许多新问题，让众多企业家感到难以适应。在中美关系上，面临着40年来第一次较剧烈的竞争关系，对出口企业也造成了较大的影响。在资本市场上，由于过去10年过度加杠杆，导致这两年开始实行金融去杠杆、挤泡沫，造成了资本市场大幅下挫。对于上市公司来说，今年面临的资金链压力也前所未有。一些民营企业股权质押比例较高，在股价大幅下挫后，导致没有资金及时补仓，甚至还出现了很多上市公司大股东的股权被强制平仓等问题。由于大股东无法拿出足够的抵押物或资金，出现了一些国有资本收购民营企业股权的现象。监管层为了防止出现系统性风险，已经进行了窗口指导，不能对一些上市公司大股东的股权进行强制平仓。

谈及在现有金融形势下，该如何应对、如何看待我们所处的金融环境等问题。杨德龙认为，首先关注度最高的中美是2018年资本市场、经济生活的一个重要事件。过去40年，我国改革开放，在2001年加入WTO，经济取得了长足的发展。现在我国的GDP已达到了美国的70%，如按照现在的增长速度，到2025年GDP的总量可能超过美国。按购买力来算，2017年我国GDP的总量已经超过了美国，如按人均GDP，以及上市公司和美国企业的质量来看，我国和美国的差距较大。在一些个别领域，例如中低端制造业、轻工业等方面，我国是超过美国的。美国目前主要担心的问题是我国在出口结构上正在不断挑战美国的优势领域。美国长期以来把我国定位为中低端制造，帮美国的跨国公司打工，做世界工厂。我们不能一直做低端制造，否则在出口上就无法进行增长，从过去10年出口产品结构来看，我国产品产业升级现象比较明显，在一些高科技领域，例如：人工智能、虚拟现实、无人机、新能源等方面，我国的一些企业已走到了世界的前列。美国担心我国在科技领域超越美国的步伐，动摇美国在第四次科技革命中"领头羊"的地位。

第二，特朗普上台后，贸易保护主义有所抬头。美国除了与中国进行贸易摩擦外，对盟友们普遍采取了贸易摩擦的贸易保护主义。在特朗普这个时代，他把前几任总统没有做的事情都集中做了，这一点几乎引起了世界主要的政府以及研究专家的激烈讨论。大多数国家都支持自由贸易，支持全球化，美国贸易保护主义整体来看不得人心。

第三，我国的崛起必然会使国际地位提高，而特朗普上台后，以各种理由退出了很多重要的国际组织，最近特朗普还从联合国撤走了美国代表黑莉，大家会担忧将来他会否退出联合国。联合国是国际上最重要的组织，如果美国威胁退出联合国，可能对国际的政治经济形势都会造成非常重大的影响。

针对中美贸易摩擦的应对问题，杨德龙表示，自2018年3月22日，特朗普签署了发动以来，经过了很多波折。目前先是要放弃幻想，之前很多人都没有认识到的长期性与艰巨性，以为可以通过一两次谈判来解决贸易的纷争。原以为特朗普是为了减少中美的贸易顺差，希望制造业流回美国。现在来看，美国主要目的是遏制我国的大国崛起，贸易摩擦将会伴随未来很长一段时间。

对贸易摩擦要用平常心来看待，一个大国赶超另外一个大国的时候，必然会面临打压。美国对我国出口商品已经实施了两轮征税的措施，第一轮是500亿美元，第二轮是2000亿美元，甚至有可能实施对另外2600多亿美元进行征税。特朗普希望通过征税打击我国产品的竞争力，从而减少美国对我国的贸易逆差。在周五公布的我国的外贸数据中发现，中美贸易摩擦后，中美贸易顺差不仅没有减少，反而增加了，创了历史新高，这让特朗普的理由站不住脚了。由于加征关税，美国商家通过提价，实际上却把征收的税加到了美国消费者身上，提高了美国消费者的成本。我国对美国油气的进口，上两个月的数字是零，完全不买美国的油气，转而去买俄罗斯的油气。在征税之后，中美贸易贸易顺差反而在增加，这一点对特朗普来说会有一定的打击。

特朗普在美国已经面临着很大的压力,未来中美贸易摩擦的走势应该是一边谈一边打。但中美贸易仍然会正常进行,因为只是通过征税等市场手段来打贸易摩擦,实际上是可以通过一些成本分解以及竞争策略最终来消化掉。贸易摩擦可能对一些出口企业短期内造成一定的影响,这一点要提前做好应对,想在短期内结束中美贸易摩擦比较困难,要适应在中美贸易摩擦之下来发展经济,来做好出口贸易。2018年G20峰会,美国请求召开"习特会",有可能通过最高层对话,来达成一致,这对于缓解中美贸易摩擦是有利的。

针对民营企业2018年在实体经济上遇到很大的困难,杨德龙表示,其主要困难并不是经营层面,今年遇到的困难主要是资金链紧张的问题。

由于中央整体政策是金融去杠杆,很多银行开始收紧信贷,一些民营企业的贷款到期之后无法正常续贷,导致民营企业融资难和融资贵的问题。以前民营企业可以通过一些非标准化产品来融资,解决资金问题,但2018年出台了资管新规,很多非标产品没法做。前两年,上市公司使用股权质押融资的方式,在股市大幅下跌后,上市公司的市值大幅缩水,其市值只有高点的一半,甚至只有30%。大量上市公司的股权质押到了平仓线后,又不让券商强制平仓,券商为了保护自己的利益,就会减少股权解压率,从而影响上市公司的融资额。

中央已经认识到问题的严重性,在9月召开的国务院常务会议上已明确表示,未来将要实行更加积极的财政政策和适度宽松的货币政策。在财政方面,大规模的减税降费,企业减税是当前拯救经济增长,拯救民营企业的一个重要的手段。国庆节期间,财政部部长接受新华社采访明确表示,现正在研究出台大幅减税降费的措施,会进一步地降低增值税的税率,给企业减负。在个人税收方面,现在已经实施了个税起征点从3500提到了5000。要刺激消费,就要让百姓有消费能力,未来在个税方面也会进行减税。国务院前段时间出台了7项刺激消费的政策,在经济增长的三驾马车中,只能依靠消费拉动。繁荣的资本市场是实现消费增长和经济转型的重要保障，未来政策上还会出台一系列的支持资本市场发展，支持股市走强的具体的政策。我国整体的居民收入贫富差距非常大，减少贫富差距也是提高消费增长的一个重要手段，进行经济收入改革也是未来政策的重点。对于企业，未来中国经济的增长点就是在消费上，无论是高端消费还是低端消费，都有比较大的增长潜力。想把企业做好，就要去抓住符合人们消费习惯的产品。国内的企业家，未来要抓住消费带来的机会。对于传统工业来说，这两年进行了供给侧结构性改革，像煤炭、钢铁、化工、有色等领域，通过供给侧结构性改革，关掉了很多小厂后，行业龙头公司盈利能力大幅提升。

谈到目前的A股市场，杨德龙表示，现在指数已经跌破了2016年初的低点。A股现有3000多家公司，在过去3年整体表现非常差，与美国不断创新高相反，在不断创新低。下跌过程中，股价仍有很大分化。他曾提出一个概念"白龙马"，在市场下跌的时候，一些行业的龙头股，以及一些业绩增长好的白马股，股价反而在上涨。只有做好公司的股东，敢于买好公司的股票，才能实现盈利。未来想要投资成功，需要抓住好公司的机会，第一，在消费板块，能够解决衣食住行的消费品公司。第二，真正有技术含量的科技类公司。

谈到除股市外，中国老百姓可以投资的另一重要渠道—楼市，杨德龙表示，股市与楼市之间有跷跷板效应。楼市不断上涨导致泡沫产生。

过去10年，央行货币政策一直保持宽松，M2已经超过了GDP的两倍，达到近200万亿元。严重超发的货币没有进入股市，也没有进入实体经济，而是都去了楼市。中央谨防楼市泡沫的破裂，进而造成系统性风险，在政府工作报告中提出了"灰犀牛"概念，一旦发生会对经济造成破坏性的影响。2008年美国次贷危机就是从楼市发生的，美国房地产市场出现大跌，导致美国按揭贷款出现了崩盘式下跌，从而造成全球性的金融危机。中国对于楼市的调控，可以防止房地产泡沫破裂，但楼市在后期走势会出现严重分化。闭眼买房就能赚钱，躺着赚钱的时代已经过去。未来房产的投资价值就是要买一些核心区域且有刚需的住房。一些投机客比较多，没有刚需的楼房，在未来一两年可能会出现大幅下跌。

经济正处于转型期，从高速增长向中速增长阶段转型，企业利润会向头部转移。对于投资，杨德龙给出建议，一定要投资行业龙头股。无论做实业还是做资本市场，都要从这两个方向中寻找机会。巴菲特的价值投资理念深入人心，价值投资的核心意义，一是，你所投资的公司要有价值。二是，你买入的价格要低于其价值。投资中频繁交易会导致账户不断缩水，真正在资本市场能赚大钱的，都是长期投资者，都是与好企业一起成长的。最后杨德龙总结，2018年利空因素都已发生，资本市场提前做出反应，这意味着现在资本市场就是最底部，投资者应该保持良好的心态，去认真挖掘好的公司进行配置。

2018年10月20日

贸易摩擦利空出尽前海开源王宏远建议
公司旗下部分轻仓基金积极做多

2018年以来,受到利空因素的冲击,A股市场大幅下跌,上证指数一度跌到接近2016年初的低点。2018年市场走势疲弱,和贸易摩擦不无关系,但在9月17日特朗普政府宣布,将于9月24日起对出口美国的价值2000亿美元的中国商品加征10%进口关税。特朗普称若中国采取报复行动,他会立即要求对另外2600亿美元中国产品加征关税,大抵涵盖所有中国输美产品。此消息放出之后,相当于美方已经把征税表格都公布出来了,完全亮出了底牌,贸易摩擦的利空实际上已经出尽,A股市场迎来了难得的转机。

在此背景下,前海开源基金联席董事长王宏远(见图4-10)建议公司召开投决会。公司投决会做出全面加仓的决定。虽然针对不同契约、不同风险特征的基金制定了不同的策略,但总体上做多方向非常明确。

图4-10 前海开源联席董事长王宏远

制定好加仓策略后，前海开源基金投决会将督促基金经理执行投决会决议。

对于现在全面加仓的理由，前海开源首席经济学家杨德龙表示，主要基于以下几点：

第一，虽然现在存在贸易摩擦，但是中国经济整体增长稳定。经过结构调整，我国对于出口贸易的依赖度已经从以前最高超过50%，下降到10%。所以贸易摩擦对于我国GDP的真实影响并不大。

第二，货物贸易战利空实际上已经出尽。在9月17日，特朗普政府发表声明，宣布将于9月24日起对约2000亿美元的中国出口商品加征10%的进口关税，并将于2019年1月1日将税率提升到25%。至此美国已经把贸易战的时间表、部署全部公布。

所谓可以预见的利空就不是利空，可以预见的风险就不是风险，资本市场最怕的是不确定性。市场是有效的，投资者是聪明的，现在最差的预期已经在前期下跌中充分反应，实际上市场拐点已经出现。假如将来通过谈判，还能出现好一些的结果，那就是超预期的利好了。正是在2000亿美元征税方案落地之后，前海开源基金投决会决定全面加仓。

第三，近期，习主席考察东北老工业基地时表示，中国是有着近14亿人口、960万平方公里土地的大国，粮食要靠自己、实体经济要靠自己、制造业要靠自己。行百里路者半九十，我们要实现两个100年的目标，没有任何时期比现在更接近，也没有任何时期遇到现在这么多的挑战和困难。国际上先进技术、关键技术越来越难以获得，单边主义、贸易保护主义上升，逼着我们走自力更生的道路，这不是坏事，中国最终还是要靠自己。中国经济体量比较大、有韧劲，回旋余地比较大。

杨德龙认为，为了应对外部冲击，提振经济增长，我国政策方面已经明确转向。根据国务院常务会议的决议，下半年将实施积极的财政政策和适度宽松的货币政策。

近期，国务院出台了7项促进消费的政策，将来还会出台关于增加"中间收入群体"的相关的配套政策。同时，通过减税降费来提高居民的消费能力和消费意愿，减轻企业负担。将加大基础设施建设，提高固定资产投资增速，弥补民间投资不足的问题。

货币政策方面，虽然美联储2018年已经3次加息，但是央行并没有跟进加息，而是采取公开市场操作来进行应对。在人民币汇率方面，2018年再次启用人民币中间价报价的逆周期因子，人民币汇率已经保持正常区间波动。

虽然2018年以来市场出现了较大的下跌，但是外资却在逆势加仓。A股在2017年6月底加入MSCI新兴市场指数之后，本周又加入了第二大国际指数——富时罗素国际指数。2018年以来外资已经流入A股2300亿元，未来外资流入的速度势必会增加，这体现了外资对于中国经济的信心，以及对于A股，特别是蓝筹股的看好。当前A股市场的大幅下跌已经是过度反应，各主要股指的估值已经跌到了历史底部区域，绩优白马股的投资价值凸显。

2018年9月28日

投资圈超级IP，杨德龙是这样炼成的……[1]

在投资圈，杨德龙是鼎鼎大名的超级IP：无论是央视财经频道还是各种论坛峰会，经常会见到他活跃的身影；在主流财经报纸和微信朋友圈中，也会不时地看到他的观点。作为中国人气理财师，杨德龙还亮相美国纽约时代广场的纳斯达克宣传屏，走出国门奔向世界。

出生于1981年的杨德龙，从中部经济欠发达地区的农村走出，通过高考"鲤鱼跳龙门"，先后在清华大学和北京大学深造。2006年研究生毕业后，杨德龙先后任职南方基金首席策略分析师和前海开源基金公司首席经济学家。

十余年不懈奋斗，一举成名天下知。杨德龙是如何做到的？"杨德龙"这个投资圈超级IP是如何炼成的？

近日，杨德龙敞开心扉，向上海证券报记者分享了他一路走来的诸多故事，从中可以一探他的成名之路。同很多泯然众人矣的你相比，杨德龙的"开挂人生"可以总结为：比你聪明，比你用功，比你灵活，比你专注。

比你聪明

有一句广为流传的名言：天才就是99%的汗水+1%的灵感。其实，上面那句话还有后半句：没有这1%的灵感，那99%的汗水也是徒劳的。

不得不承认，有人天生聪明。杨德龙就是这样的人，6岁就熟练掌握100以内的加减法、珠算，甩开同龄人一大截，从小就被大人预言为"清华

---

[1] 投资圈超级IP，杨德龙是这样炼成的……https://mp.weixin.qq.com/s/x7ns9sYk_qzl5rTLeuAsZg。

的苗子"。

上学之后，杨德龙的天赋得到了充分展示。从小学开始直到高中毕业，在整个学校里，杨德龙的学习成绩从来都是第1名，而且超出第2名一大截。18岁生日那天，杨德龙如愿以偿拿到了清华大学的录取通知书。

在大学时，杨德龙的专业是机械工程与自动化。杨德龙说："原本是冲着清华大学牌子去的，对将来做什么并没有太多思考。"同穿着工服去机械厂实习相比，杨德龙更喜欢社会活动。临近毕业时，杨德龙重新思考了人生职业规划，放弃了本专业的保研机会，报考了北大光华管理学院金融学硕士专业。

杨德龙做出改学金融的决定时，距离研究生考试只有6个月时间。北大光华管理学院金融学研究生考试是国内最难考的金融专业，由于没有指定教材，必须学会金融学本科的全部课程。破釜沉舟的他，同十几个志同道合的伙伴一起组成"考研团"，相互激励打气。

在考研备考的6个月中，由于此前从没看过金融相关书籍，连最简单的金融常识都不知道，第一个月杨德龙有时候会向"考研战友"请教。在全力以赴自学5个月之后，9本厚厚的金融学教材内容已经被杨德龙熟练掌握，"考研战友"反而开始向他请教了。

功夫不负有心人。在当年800多名考生中，金融零基础、完全依靠自学的杨德龙，以第12名的成绩考进了光华管理学院的金融学硕士，师从业内泰斗曹凤岐教授。

进入光华管理学院后，可以面对面聆听大师讲课，杨德龙对此倍感珍惜："在光华管理学院学习的3年里，我总是坐在课堂第一排"。

在光华管理学院的3年，杨德龙的金融专业知识突飞猛进，眼界也得到了极大拓展，最终以全年级第3名的成绩毕业。由于毕业成绩在金融系处于前五名，可以保送继续攻读博士学位，但考虑到金融行业发展日新月异，杨德龙决定放弃读博，早日进入金融行业。

比你用功

有一句耳熟能详的话：比你聪明的人不可怕，可怕的是比你聪明的人比你更努力。杨德龙就是这样的人。

3月30日晚上7点左右，正在和光华管理学院的同学聚餐的杨德龙，席间看到《国务院办公厅转发证监会关于开展创新企业境内发行股票或存托凭证试点的若干意见的通知》后，马上放下筷子，在手机上奋键疾书。不到晚上8点，杨德龙就将1300多字的点评稿发到了媒体群，对新政推出的背景、市场的影响、具体的投资机会条分缕析。

在央视财经频道等多个媒体开设专栏的杨德龙，深谙信息传播之道："重大政策发布之后，抢在第一时间发点评，才会有人看。"在他的手机备忘录里面，积累了数百篇写评论的素材，这样写评论时就可信手拈来。

做事迅速是杨德龙多年养成的习惯。担任央视财经频道的市场点评嘉宾已将近10年，杨德龙从来没有迟到过，更没有出现过任何差错。

杨德龙很忙，不是一般的忙：每天看各类研究报告，关注最新的财经资讯，写市场分析报告，管理多只基金，每周定期去央视、第一财经、凤凰卫视做节目，针对市场突发事情还要经常接受连线采访，周末还要到各地参加投资者交流会，给银行的理财经理讲解最新市场情况。

一年52周，杨德龙有40多周是在外地出差奔波，中午和晚上还要应酬，有闲暇时间还要更新微信，参加线下粉丝活动，基本上没有任何个人时间。

杨德龙手机上密密麻麻记录了三四屏的待办事项，每一项任务的完成时间精确到小时。他的助手莫莉跟随杨德龙到北京出差，连续3天就有点扛不住了，但杨德龙早已适应了。

2017年5月，杨德龙去美国参加股神巴菲特的股东大会。在5天的时间里，杨德龙不仅要去奥马哈参加股东大会，而且还要去纽约拜访多家知名金融机构，白天参加各种活动，晚上给媒体写专栏。杨德龙说："每天只睡3个小时，但精力很充沛，完全没有受到倒时差的影响。"

尽管在常人看来杨德龙经常在超负荷工作，但得益于他合理的时间安排以及良好的身体素质，他已经适应了马不停蹄的工作状态。

比你灵活

作为金融皇冠上的明珠，基金行业高手如云，北大、清华毕业的高材生不足为奇，但为什么杨德龙能脱颖而出？

2006年，杨德龙从光华管理学院毕业。南方基金去北京大学招聘，率队招聘的是南方基金时任投资总监王宏远。当时南方基金在国内只招聘两个人，竞争非常激烈。杨德龙介绍了他的面试经历：在面试阶段，王宏远听他讲了自身经历的创业故事后，当场决定录用他。

那是2004年，杨德龙考上了光华管理学院，但读研学费要六七万元，家中无力支援，只能靠他自己想办法解决。当时，励志畅销书《哈佛女孩刘亦婷》风靡大江南北。在清华北大的学生中，有不少人是各个省市的高考状元，杨德龙想到可以组织一批高考状元到高中演讲赚学费。

发现商机之后，杨德龙招聘了两个大学生，买了几本电话黄页，把山东、山西、河北、河南等地的高中都打了一遍电话，询问他们是否需要高考状元传授学习方法。结果需求者众多，在两三个月时间里组织了100场演讲。最后，除去演讲人员的交通及住宿等费用，杨德龙净赚了10万元。杨德龙告诉记者："在支付了六七万元学费之后，剩下的两三万元刚好够研究生阶段的生活费。"

听完杨德龙的赚钱故事之后，王宏远被感染了，说："不仅是学霸，而且脑子灵活、思路开阔。"王宏远当场决定录用杨德龙。

在大学学习过机械专业的杨德龙，到了南方基金后，被安排做汽车行业的研究员。不久，王宏远建议他做策略研究，不局限于某一个行业，更多地做宏观研究。这成为杨德龙事业的转折点，让他从内部研究走到了外部前台，杨德龙也逐步成为知名的投资圈超级IP。

担任策略分析师后，杨德龙发现行业内主要是证券公司在对外发声，作为最大的机构投资者的基金公司却几乎从不对外发表自己的观点。于是杨德龙打破陈规，成为对外讲基金公司市场策略的第一人。由于判断准确性高、有研究功底、口才好、讲话有逻辑、反应快，又非常接地气，于是杨德龙逐渐声名鹊起。

比你专注

在纪录片《成为沃伦·巴菲特》中，讲述了这样一个故事：巴菲特和比尔·盖茨认识后不久，盖茨的父亲让他们两人在纸上写下对他们影响最大的一个单词，巴菲特和盖茨不约而同地写了focus（专注）。巴菲特说，专注是他人格中最为强大的一部分。

对于杨德龙来说同样如此，专注、心无旁骛也是他走到今天的重要原因。

杨德龙说了这样一个故事：他上小学时穿着家里做的衣服，由于衣服裁剪不大合适，裤子有点长，但他竟然从来没有关注过，以至于全校都知道——"杨德龙，就是那个裤子很长，经常踩在鞋子下面的那个人。"

杨德龙回忆道，在备战考研的6个月里，他每天从早上7点到晚上11点在教室里学习一整天，每月只洗一次澡，很长时间不理发。直到考研结束了，杨德龙一下子放松了许多，才突然感觉该去理发、该去洗澡了。

对于杨德龙来说，工作就是生活，生活就是工作，两者已经密不可分。工作之外，杨德龙几乎没有任何娱乐活动，从来不打游戏，没有玩过王者荣耀，即使风靡金融圈的德州扑克也与他无缘，唱歌打牌在他看来纯粹是在浪费时间消磨人生。

"很多市场点评文章都是在飞机上写就的。对我来说，同朋友吃饭就算是休息了。"杨德龙笑着说，"在世界经济一体化的今天，全球市场联动成为常态。如果半夜起来上厕所，我都会习惯性地看一下美股走势。"

38岁的杨德龙，前19年在老家求学，后19年从进入清华大学开启，随之而来的是开挂的人生。聪明、勤奋、灵活、专注，这就是投资圈超级IP杨德龙的炼成之道。

2018年4月15日

学习再学习，做最好的自己[①]

从中部经济欠发达地区的农村走出，从考上清华大学开始，依靠自身努力，经过19年的奋斗，成为投资圈尽人皆知的"网红""大咖"。杨德龙完美诠释了"只要不懈努力，便能获得更好的生活"含义。

杨德龙的成功逆袭，归根于他的聪明、勤奋、灵活及专注。聪明难以量化，大多数人的"不够聪明"，或许是没有找准自身的比较优势。在被称为"金融王国的皇冠"的基金圈里，"清北复交"等名校的高材生云集。但从公募基金的业绩纪录看，真正优秀的基金经理寥若晨星，不少基金经理的业绩远远跑输市场。显然，仅仅聪明并不意味着必然能获得好的业绩。

从某种程度上看，大多数人无法复制杨德龙式成功。在他密密麻麻的行程背后，不仅需要知识的厚积薄发，更需要超强的身体素质作支撑，而这同样不是人人都能做到的。

在我看来，学习杨德龙，重点要学习他的勤奋、灵活、专注，因为这些方面能给我们更大的借鉴意义。

从勤奋程度看，大多数人离开学校后就很少看书了，仅仅是为了应付工作去学习，最终，"年与时驰，意与日去，遂成枯落"。只有持续、专注，日积月累，追随梦想，不忘初心，方能至千里。

需要指出的是，成功并没有统一的标准，重要的是做最好的自己，实现自己的梦想。每个人理想不同，甲之蜜糖，或为乙之砒霜。一年到头忙碌工作，杨德龙乐此不疲，但很多人或许避之不及。

一个人的成功，不仅要靠个人奋斗，而且也离不开历史行程的大背景。

[①] 学习再学习做最好的自己：http://news.cnstock.com/paper,2018-04-16,978680.htm。

2018年是我国改革开放40周年，也是公募基金20年。改革开放带来国富民强，公募基金行业有了源头活水，行业由此蓬勃发展。杨德龙超级IP的养成，聪明、勤奋、灵活、专注等方面非常重要，但同样离不开时代的赋能。站在新的历史方位，公募基金行业将迎来更大发展，相信会有更多优秀的公募基金人像杨德龙那样逐浪新时代。

2018年4月29日

创业的关键是"靠谱"

2016年10月12日,第二届全国大众创业万众创新活动周拉开帷幕,众多企业大咖和创客亮相主会场深圳,李克强总理亲自视察指导。2015年3月,大众创业、万众创新被写入《政府工作报告》;2015年6月,国务院颁布了《关于大力推进大众创业万众创新若干政策措施的意见》。新的创业浪潮来了,你准备好了吗?

深圳是一个创业者的天堂,是以年轻人为主的城市。最早的一代人也就是30多年前来到深圳,所以深圳的创新一直是走在全国最前面的。我们看到这几年,深圳的发展速度也是位列全国主要大城市之首,比其他城市发展得好,原因就是深圳创造了创新创业的环境,很多年轻人从大学中走出来愿意去尝试创业,不去打工,而是自己当老板。拿破仑说过:"不想当元帅的士兵不是好士兵",深圳就提供了一个让打工者成为老板的环境。

1. 创业成功关键是要"靠谱"

对于创业时机的把握,我觉得创业还是要有一定的基础,要有一定的经验,而不是盲目创业。我们知道比尔·盖茨大学没有读完,创建了微软,成为世界首富,但是大多数这样做的人还是失败的。不能因为个例成功就去推广经验。根据调查,26~35岁的人群最适合创业,这个年龄段的人已经工作了一段时间,有了一定的财富积累,这个时候也知道自己的长处在哪,有哪些优势,可以去创业。关于创业领域,其实我们看到,不光是像在"双创周"上的高科技领域,像金融行业、传统领域、农业都可以去创业。其实,创业是不分年龄和行业的，关键是创业项目和创业者要"靠谱"。

2. 北京、深圳适合创业

像北京、深圳这两座城市都有比较好的工业基础，各个产业链环节都是比较齐全的，在这个基础上创业创新，可能比较容易找到资金的支持，更容易找到好的项目。从政府层面来说，对一些创客也有比较大的补贴。有些地方推出"1+1"补贴，你出了1000万元，政府会给你1000万元的引导资金，这样就有了更多的创新。对于很多天使投资来说，并不一定覆盖到所有的创客，更多的是少数的项目才能吸引到这些市场化的资金。这时候就需要政府去支持，现在很多资金就是由政府在提供，比如低价提供场地厂房，做一些资金上的补贴，在政府引导上去帮助这些创业项目发展。

3. 伟大的创业者靠的是产品吸引力

对于很多草根创客来说，很难和政府对接，这时候就要市场化的手段，更多靠他们去拉一些资金。其实，我们看一些伟大的成功者，比如比尔盖茨、乔布斯，可能在创业初期就是很草根的，就是靠自己的一些技术，靠自己对市场的把握取得成功的。所以，靠扶持只能是帮你一把，决定作用的还是要看项目有没有吸引力，到底这个产品有没有销路，能否得到广泛响应，可能更是产品成功关键。

2016年10月14日

考研加油！这有一个励志小故事

为大家放送一个小故事，关于杨德龙的考研经历，希望能给大家带去一点鼓励和信心。

1. 独到眼光选择很重要

人生总是充满戏剧性。1999年7月，杨德龙在犹豫是报考清华还是北大。因为，那时候他的理想是作科学家，就选择了清华机械系；2003年7月，当拿到清华工科毕业证的时候，他却放弃继续攻读机械系研究生，毅然决定自学半年考北大光华金融系研究生。

当年报考清华的时候，杨德龙并没有认真考虑专业的问题，因为那时候他对各种专业也不是很了解，误打误撞选择了机械。但是到大学后，杨德龙发现自己对工科并没有太大的兴趣。

本科快毕业时，面临着研究生学什么的问题，如果继续读机械，将来就要从事工科的工作，但是在实习时，他发现自己对工程类研究兴趣不大，对金融行业却兴趣盎然。于是，杨德龙打算通过考研来改专业。

当时他想，我国经过20多年发展，基本完成工业化，工程类人才接近饱和，未来金融行业更有前景，金融往往是金字塔的塔尖。略懂金融行业的同学告诉他，国内最好的金融学院就是北大光华管理学院，但是也最难考。他说："我相信市场的选择，既然最难考应该就是最好的。"

2. 制定目标坚持是纽带

自此,杨德龙决定自学半年,从零开始恶补全部金融本科课程。那时候正是大四,课程仍旧繁多。他和15个志同道合的伙伴一起组成"考研团",都是各个学校的尖子生,一起在清华六教上自习。天天起早贪黑,从早上7点到晚上11点,坚持了半年,"啃"下9本专业书。

杨德龙认为,合理、有效地分配时间非常重要。在短短半年的自学时间里,他将所有的专业书看了三遍,还做了大量的习题。当时,面临的竞争也十分激烈,那年有大约800人报考,仅录取50人,其中最难的是专业课,大概只有30人能够上90分及格线。最后,杨德龙以总分第12名的成绩考进了(北大光华管理学院)的金融硕士。

回忆起这段转专业考研的经历,他不禁感慨其中付出的艰辛旁人难以想象,"不过好在方向对了,努力都有了回报。"因为坚信学到的知识决定了未来的发展,考入(北大光华管理学院)后,杨德龙非常珍惜上课的机会,没有让考托福、实习耽误自己学习的时间。毕业时,他的学习成绩排到第三,还被评上了北大优秀毕业生。这也为杨德龙之后的职业发展打下了坚实的基础。

最后,考研加油!祝大家考研成功!

2016年12月24日

从巴菲特致股东的信中读出投资智慧

2016年巴菲特致股东信刚刚发布，引起全球各类投资者的广泛关注。根据伯克希尔·哈撒韦2016年度的年报，在过去的52年中的，伯克希尔·哈撒韦的每股账面价值从19美元涨到172108美元，年均复合增长率达到19%。这就是说，其实伯克希尔·哈撒韦公司的每年净资产增长率并不是像很多人想的那么高，但是因为他坚持了52年持续增长，而复利增长是非常迅速的。在坚持了52年的19%的复利增长之后，每股净资产的增长就达到了将近1万倍，而股价的涨幅更是超过了1万倍，在2016年最高的时候，伯克希尔·哈撒韦的股价突破25万美元一股。而在2016年度，受益于美股的牛市，伯克希尔·哈撒韦的净财富增加275亿美元，账面价值增长10.7%。

这对国内投资者也是一个启示，国内很多投资者炒股都追求一夜暴富，都希望一年能赚翻倍甚至3倍、4倍。而在牛市的时候，比如2015年甚至通过场外配资或者两融来加杠杆。这种急功近利的做法往往带来灾难性的后果，在2015年股灾的时候，很多加杠杆的投资者损失巨大。从巴菲特的投资经历来看，投资要获得长期稳定的增值。华尔街有句话叫"剩者为王"，也就是说，不要看你曾经赚过多少，而是经过很多年的投资之后剩多少。投资要追求资产的稳定保值增值，而不是一夜暴富。如果能保持一个长期稳定的投资回报，最后就是长跑的冠军，因为投资就是一场长跑。

回到A股，我从2016年8月开始就提出A股已经见到历史大底，从反弹逐渐走向了"慢牛"行情。而在未来两三年的时间，A股可能走出"慢牛"的走势，就是市场的上涨速度不快，但是市场在震荡中不断的抬高。在"慢牛"的行情之下，投资者更加要认真选择一些优质的蓝筹股来持有，通过时间换空间，获得资产的稳定保值增值，而不应该频繁地做交易。交易越频繁，亏钱的概率越大，保持一个良好的心态，进行价值投资，才能真正分享到这轮"慢牛"行情的成果，有好的收益。

从我2018年8月提出"慢牛"行情之后，现在越来越多的投资者和分析师开始接受"慢牛"行情这个说法。近期摩根士丹利同样提出，未来10年我国经济仍是全球经济体中最高的，A股有可能走出缓慢上扬的走势，也就是"慢牛"行情，这和我的观点是一致的。所以，现在大家要积极地选择优质蓝筹股来配置，积极拥抱本轮"慢牛"行情。

在长达29页的致股东的信中，只有一小部分是谈及政治内容的。巴菲特并没有直接提到特朗普政府，也没有直接点名特朗普的移民政策，但是他指出即使不是经济学家也应该理解，使美国伟大的关键因素之一是移民，美国经济增长一直都是不可思议的，其中一个主要原因就是有大量的人才和雄心勃勃的移民来到美国。巴菲特指出："从240年前开始，在不到我年龄3倍长的时间里，美国已经集合了人类的聪明才智市场体系，一群智慧而有理想的移民依据法律法规来一同实现我们先辈理想中的富足。"在这段话中巴菲特重点强调，是美国的移民让美国有了大量的优秀人才。而美国的移民吸引了全世界优秀的人才，这为美国保持长期经济增长做出了巨大的贡献。

另外，为美国经济谋利最大的是市场体系，这种引导资本、人才、劳动力的市场体系创造了美国的富足，而这个系统也是分配财富的主要系统，通过联邦和地方税收的引导，可以进行大部分的分配。结合近期特朗普上台之后在移民政策上的一些重大的限制和改变，显然，巴菲特是支持移民政策更宽松的，而不是特朗普这么严格的限制。其实，美国本身就是一个移民国家，很多优秀的科学家、商人、政治家都是移民。这些移民为美国的强大做出了巨大的贡献，特朗普的新移民政策在推出的初期就受到社会各方的反对。

巴菲特近几年的投资打破了他以前的一些传统的观点，这说明了巴菲特是根据市场的变化以及行业的变化来调整投资策略的。比如，巴菲特曾明确表示他不会买科技股，他认为科技公司很难长期保持领先地位，往往都是"各领风骚五六年"，但是在2016年他却意外地买入了大量的苹果公司的股票，并且获利颇丰。而在以前巴菲特认为铁路是很糟糕的行业，所以他认为在80年的时间里面铁路都是一个可怕的业务。但是经过过去80年的竞争，美国现在只剩下四大铁路公司，业务形式也有所好转。2010年，伯克希尔·哈撒韦公司斥资超过260亿美元收购了伯灵顿北方圣太菲公司77.5%的股份，成功地将该公司收入囊中，而这家公司后来为伯克希尔·哈撒韦贡献了很大一部分利润，这从侧面也证明了巴菲特的眼光是非常毒辣的。

而在2016年下半年，伯克希尔·哈撒韦大举买入航空公司股票。而曾经巴菲特对于航空业一直持怀疑态度，他曾经说过："你如果想成为百万富翁，有一个办法就是你先成为千万富翁，然后再买入航空股"。可见，他对于航空股是一直不看好的。那现在为什么又大举买入，其实和他2010年收购伯灵顿北方圣太菲公司铁路公司是一个道理。航空业经过几十年的激烈竞争之后，幸存的公司所剩无几，行业的业态也发生了根本性的变化。美国现在剩下的六大航空公司在2016年都实现了连续5年盈利，经过调整后的利润总额超过140亿美元，而在之前的10年中，航空业亏损累计超过500亿美元。可见美国的航空业经过几十年的竞争之后已经胜负已分，剩下胜利者都具备投资价值。

从巴菲特的一些投资来看，他不会抱残守缺，不会拘泥于过去的观点一成不变，不会画地为牢、墨守成规。他会根据行业的变化来调整自己的投资策略。这一点也是非常值得我们借鉴。还有一个原因就是，巴菲特一直倾向于买一些业绩稳定增长的消费股，但是现在巴菲特的投资资金巨大，并没有那么多好的消费股可以配置，因此他不得不去买其他领域的股票，这样也扩大伯克希尔·哈撒韦公司的业务范围，保持了业绩增长的稳定性。

2017年2月27日

跟巴菲特学投资真谛——宁愿亏时间不要亏钱

最近,巴菲特致股东的信发布引起了投资者的关注。每年巴菲特致股东的信都会对他过去一年的投资进行总结,既总结经验,也会总结教训。巴菲特的致投资者的信往往成为全球投资者争相传阅的投资圣经,各类投资者都希望通过巴菲特致股东的信找到投资的真谛。巴菲特作为世界上最成功的股票投资者,也是世界上唯一一个靠股票投资进入世界100强富人行列的人。世界前百强的富豪中99个都是做实业的,只有巴菲特是做股票投资的,这确实创造了股票投资上的奇迹。

在2016年"五一"的时候,我有幸到美国奥马哈小镇,也就是巴菲特的故乡参加伯克希尔·哈撒韦的年会。2016年,参加年会的人数达到了5万人,我国就去了4000多人,应该说全球无论是哪一类股票投资者,无论是什么风格,大家都一致把巴菲特作为股神。巴菲特为什么会赢得全世界的尊重,除了他的股票投资业绩非常惊人之外,还有一个原因是他的投资理念是大家可以学习的、可以复制的。还有很重要的一点就是巴菲特赚的是企业成长的钱,而不是割韭菜的钱,这一点是和其他投资大师不同的。比如,巴菲特在50年前买了很多可口可乐、沃尔玛这种公司,一直持有了很多年直到现在。最近,刚刚把沃尔玛卖掉买了苹果,应该说巴菲特在过去52年能获得1万多倍的投资业绩和他独到的眼光和坚强的毅力是有关系的。能把一些好的股票从这个小公司的时候持有,一直到它成长为跨国公司,需要很大的毅力。因为期间发生无数次的金融危机、股灾,但是巴菲特都坚持下来,才获得1万倍的收益。

伯克希尔哈撒韦股价在2016年最高的时候达到25万美元一股,而在52

年前，也只是不到20美元一股。也就是说，它的股价在52年间涨了1万多倍。奥马哈小镇的很多人都买了巴菲特的股票，也就是说巴菲特老家很多人都分享了巴菲特投资的巨大收益。其实，伯克希尔哈撒韦每年的年均复合增长率也只有19%，但是因为坚持了52年，而复利增长是非常快的，因此实现了财富的奇迹，达到了1万多倍的收益。而在2016年受益于美股的牛市，伯克希尔哈撒韦的净值增加了275亿美元，账面价值增长了10.7%。

巴菲特的投资经历给国内投资者很大的启示，一个就是投资者要选择一些好的公司来坚守，通过时间来分享企业的增长，而不要频繁交易、炒短线、炒题材。真正能够赚到大钱的都是长期持有一些好公司，做短线的投资者是赚不到这个收益的，比如茅台，在上市之后，涨了将近100倍，曾经买过茅台的人很多，可是真正能赚到100倍的人是非常少的，很多人只是在茅台上赚了一点小钱。确实像茅台这样的股票，大家认可它是一个好公司，是一个白马股，大家都知道这个公司在白酒行业的优势地位是无法替代的，但是真正能够坚定持有茅台的人不多。主要的原因就是，茅台的涨幅是非常慢的，特别是在牛市的时候，很多公司都涨停，而茅台只涨1%、2%。根据统计，茅台上市后涨停的次数是非常少的，涨6%以上的次数也不多，如果把它涨5%以上的天数加起来，可能也就一两个月的时间。如果在茅台上市这么多年的时间里投资茅台，反复进出，错过了这一两个月的大涨，累计收益是比较少的。所以对这些白马股，只能采取"买入并持有"的策略，通过时间换空间，累计收益，这是巴菲特的投资给我们带来的第一个启示。

第二点就是做投资要追求稳步长期增值，而不要追求一夜暴富，很多投资者都希望一年能赚翻倍甚至3倍、4倍。甚至有的人都加了杠杆来进行投资，可能在牛市赚了好几倍，结果到下跌的时候把本金几乎亏光。而巴菲特的年化收益只有19%，但是累积了52年，创造了1万多倍的增长奇迹，所以复利的力量是非常大的。大家做投资要追求长期的保值增值而不是一夜暴富，当有一夜暴富的时候往往很快就会受到重大挫折。

第三点启示就是做投资一定要分清：你是愿意亏时间，还是愿意亏钱。

如果在市场在底部盘整的时候买入优质的股票，那你只会牺牲时间，但是不会牺牲金钱。比如在2012年、2013年、2014年那几年，大盘在2000点底部盘整的时候，做多肯定是战略性的正确，但是可能需要时间等待，这时候亏的是时间，但是不会亏钱。而到2014年7月牛市开始启动之后，坚守的人就赚了大钱，所以在底部的正确投资策略就是保持70%~90%的仓位，只做个股上的更换，但是仓位要保持相对高的水平，这样才不会错过市场的牛市。而在高点，比如2015年牛市，大盘接近5000点的时候，这时候买股票亏的不是时间而是钱，可能买了之后立刻涨，但是在随后的下跌中会亏大钱的。

所以，我们做投资是选择亏钱还是亏时间，大家肯定会选择宁愿亏时间也不愿意亏钱。现在市场经过了三轮股灾之后，沪深300已经降到了历史大底，这时候建仓只会亏时间不会亏钱。在2016年春节之后大盘跌到2600多点，前海开源基金全面空翻多，一次性把仓位从接近空仓加到接近满仓，我们的建仓成本是2700点左右，那么建仓之后，我们最多亏一些时间，就是什么时候赚钱的问题，但是不会亏钱。所以，大家要从巴菲特的投资中至少要学到这三点。

第四点就是要跟巴菲特学习，在一个股票过度下跌的时候买入，而不是要追高。在股票的价格被严重低估的时候买股票，而在股票价格被高估的时候卖掉，这才是做投资。很多国内投资者对价值投资有误区，很多人以为买了不卖就是价值投资，这是严重的错误。我觉得以下几种情况都不属于价值投资。第一种就是在一个好的公司在价格被严重高估的时候买入，这不算价值投资。第二种长期持有一只基本面不好的垃圾股，也不是价值投资。第三种在买入的时候还是好公司，但是后来基本面变化了，仍然抱着不放的行为，也不是价值投资。真正的价值投资是在一个公司的股价严重低于它价值的时候买入，而在股价严重高于的时候卖出，这样才是价值投资。所以价值投资的观念要有安全边际，一定在股价严重被低估的时候买，在股价严重高估的时候卖出，这才是价值投资。

很多人说，价值投资不适用于中国。我认为这是错误的，价值投资同样适用于中国。大家看A股市场也诞生了很多牛股，如万科、茅台、格力、苏宁、张裕等，这些公司都是很优秀的公司，在股价上也给投资者带来巨大的回报。中国做价值投资是完全可行的，很多人认为不可行，主要是因为没有理解价值投资的真谛，或者是没有真正贯彻价值投资，而带来亏损。

2016年伯克希尔哈撒韦的年报披露了2016年抄底苹果的投资经验，应该说又是一个经典的案例。苹果的市值一度是全球最大的，苹果的现金也是所有上市公司最多的，苹果一家公司的市值一度超过了整个俄罗斯国家的市值。因为，2016年iPhone 7的销量不佳，很多人担心苹果的好日子已经过去了，所以苹果的股价出现了比较大的调整。这个时候，巴菲特开始分批买入苹果公司，后来的走势证明巴菲特的投资是非常精准的。在他买入苹果之后，短短几个月的时间，苹果的股价就已经接近前期的高点，马上要接近新高。巴菲特是在市场对苹果公司前景悲观的时候，耗资67.5亿美元买入6120万股苹果股票，根据2月24日苹果公司收盘价136.66美元每股的计算，这部分持股的价值已经超过了83亿美元，浮盈16亿美元，伯克希尔·哈撒韦是2016年苹果前十大投资者之一。在苹果上的投资再次证明巴菲特的投资理念，就是在一个好的公司的股价被低估的时候买入是一个比较好的机会。

巴菲特的投资还有一个值得关注的是，他买入的铁路和航空都是他曾经看空的。为什么买入？很简单。铁路和航空以前都属于竞争白热化的行业，巴菲特曾经开玩笑说："你如果想成为百万富翁，有一个办法就是你先成为千万富翁，然后再买入航空股"。但是经过这么多年的发展和激烈竞争，铁路行业、航空行业都变成只剩下几家公司，已经变成寡头垄断了，其实这个时候行业的业态就发生根本性的变化，就从之前的亏钱变成赚钱。2010年，伯克希尔·哈撒韦公司斥资超过260亿美元收购了伯灵顿北方圣太菲公司77.5%的股份，而这家公司成为后来为伯克希尔·哈撒韦贡献利润最大的公司。而航空业经过竞争，现在剩下的六大航空公司在2016年都实现了连续5年盈利，而在之前的10年中，航空业亏损累计超过500亿美元。可见美国的航空业经过几十年的竞争之后已经胜负已分，剩下胜利者就具备投资价值。这也是巴菲特去买这些公司的原因。巴菲特的投资是非常灵活的,他以前只买能稳定增长的消费类股票,不买科技股、铁路股、航空股。但是现在他改变了看法,因为这些行业已经变成可以投资的行业了。所以巴菲特做投资不会拘泥于过去的观点一成不变,不会机械地排斥某些行业,而是根据行业的变化来进行配置,这一点也值得国内投资者学习,古人语:尽信书不如无书,我们学习巴菲特的投资理念也要根据中国的实际情况进行配置,而不应该机械地去照搬、照抄,否则很难真正学习到巴菲特投资理念。

反观A股,很多人号称是价值投资,实际上整天打听消息,买一些消息股,被套之后被动长期持有,这根本就不是价值投资,而是伪价值投资。古人说:"画虎不成反类犬",就能说明这个现象。所以,我们要学习巴菲特投资的精髓,而不是机械地照搬。2017年"五一",我还打算去参加巴菲特的年会,希望能从巴菲特身上再学到更多的好的投资理念跟大家分享。我认为"授人以鱼不如授人以渔",只有大家掌握了真正的投资研究方法,形成了正确的投资理念,才能够做好投资,否则永远摆脱不了追涨杀跌、打探消息、频繁交易这些不良的投资习惯。

2017年3月5日

没有研究基础的投资就像闭着眼开车

研究宏观经济是做策略研究的基础,只有对宏观经济有一个比较清醒的认识,才能够去判断市场的走势,才能够做大类资产配置,因为大类资产配置是在宏观周期的基础上来进行的。如果只是对于局部的市场进行研究,而不管整个环境,往往在其中很难分清大的方向。宏观经济的研究非常复杂,既要有对于全球经济的研究,对中国经济进行深入的研究,还要研究世界各国的政治、经济政策等。

在A股做投资,赚钱的人少。其实,很大程度上是因为很多人做投资,并不做深入研究。我记得一位著名的投资大师说过:"没有研究基础的投资,就像闭着眼睛开车。"只有在深入研究的基础上做投资,做每一次投资决策都有依据,你赚的每一笔钱要知道是怎么赚的。如果你稀里糊涂地赚了一笔钱,并不是靠研究,而是靠运气,那么你早晚会稀里糊涂地再亏掉。所以,我们要重视对于宏观经济的研究。

对宏观经济研究,不仅是对经济面,而且对于宏观政策也要进行研究,特别是在中国,政策对于经济面的影响特别大。从凯恩斯主义出现之后,政府对于经济的干预也越来越多。这种干预在经济发生危机的时候是非常有效果的,但是在经济正常运行的情况之下,也可能影响到市场经济运行的效率,以及造成资源分配的不平等。对于政府干预经济,不同的经济学家又有不同的看法。现在大多数政府奉行的是凯恩斯主义,就是主张由政府政策做逆周期以对经济进行调解。

比如,在经济过热的时候,央行会进行货币收紧、紧缩银根,通过上调存款准备金率、上调基础利率以及公开市场操作等三大货币工具来调节经济，给经济降温。而在经济低迷的时候，央行也会通过货币政策刺激经济回升，比如下调利率，下调存款准备金率以及公开市场操作来向市场释放流动性。这是货币政策方面的调解。

而弗里德曼认为，一切经济现象都是货币现象。所以，弗里德曼非常强调货币政策对经济的影响，但是有时候财政政策对于经济的影响更大，而货币政策并不能完全发挥作用。特别是在经济低迷的时候，通过放松货币，刺激贷款，并不一定能够把经济真正得刺激起来。而在经济过热的时候，货币政策起作用相对容易。所以货币政策对于治理通胀比较有效，但货币政策对治理通缩效果是不大的。

这里也要解释什么是通胀、什么是通缩。通胀就是通货膨胀，是指物价普遍上涨的现象。一般来说，CPI低于3%就是良性通胀，良性通胀对经济的增长是有利的，对股市的上涨也是有利的。但是超过3%的通胀就是恶性通胀，可能会导致资源配置的扭曲，以及造成资产泡沫，同时会妨碍经济的增长。央行的货币政策会努力让CPI保持一个比较温和的水平，避免了陷入恶性通胀。

通货紧缩是反过来的，是物价普遍的下跌，CPI的负增长就是通缩。其实，通货紧缩比通胀更难治理，因为要想刺激经济扩张需要更多的政策。

在投资领域，巴菲特被全世界投资者称为股神，他是唯一一个靠股票投资进入世界前百强富豪的人。在世界一百强富人里面，99位都是做实业的，只有巴菲特一个人是做股票投资的。巴菲特曾经在《滚雪球》一书里面写道："人生就像滚雪球，最重要的是发现湿雪和长长的山坡"。也就是说，首先要有湿雪，就是要有一个比较好的投资市场，另外要"有一个长长的坡"就是要有一个大的经济周期。在经济上升的时候，你的投资往往会获得巨大的回报。

在过去52年的时间里，巴菲特的伯克希尔哈撒韦公司从一个濒临破产的纺织厂变为现在全世界最大的投资公司。净资产在过去的52年之间增长接近1万倍，而股价也从52年前的不到20美元一股变为近期的25万美元一股，可以说涨幅惊人。巴菲特的奇迹首先和他的眼光有关，他确实选到了很多成长型的公司，这些公司被持有了几十年，从小公司变成大公司。而另外一方面，在过去的52年，美国在一个快速发展的经济周期中，也可以说是一个长长的山坡。

如果巴菲特投资在日本股市，他就很难创造这个奇迹。其实，巴菲特每年的投资收益并不高，年化收益率也就是19%，但是复利增长是非常可怕的。所以，巴菲特的公司在经过52年的复利年化19%之后，变为现在的1万多倍的涨幅。巴菲特做投资是真正研究好美国的经济、世界的经济，以及对所投资的公司进行了深入的研究。所以，我们学习巴菲特就要学习他的研究方法，学习他的投资眼光。临渊羡鱼不如退而结网。

可以看到美国在过去这几十年的时间确实是一个经济的长牛，股市的长牛。日本经济则是衰退的20年。而中国经济在过去这20~30年的时间，通过改革开放，加入WTO而使我国成为世界的制造工厂，经济增速也很高，但是股市的走势差强人意。大盘基本在过去10年都是在2000点到3000点之间震荡，虽然2007年和2015年产生两次脉冲式上涨。中国经济和股市的脱节是比较严重的。尽管如此，我们还是要研究好中国经济，因为从长远来看，经济面和股市之间还是正相关的关系。只要是一个上升的经济体，其股市早晚会强大起来。

有人把经济和股市的关系比作是遛狗的人和狗的关系。一个人遛狗，遛狗人往前走，狗也会往前走，但是有时候狗落后了，有时候跑到前面去了。但是无论如何人走到家，这个狗也走到家，但是这个差别可能就是人走了1公里，而狗走了5公里。所以经济面走势相对平稳，而股市的波动是比较大的。我国的经济和股市之间也有正相关的关系，只是这个关系度不是那么高。打个比方就好像是美国遛狗的绳子可能是两米，而我国遛狗的绳子是20米，我国的股市有时候和基本面的脱离是比较严重的。

巴菲特的老师格雷厄姆曾经说过一句名言："股市短期是投票机，而长期是称重机"。也就是说，短期内影响股市的因素非常多，其实就是个投票机，看大家怎么投票，多头和空头之间怎么博弈，有点风吹草动股价就波动。但从长期来看，股市是一个称重机，就是说股市长期的表现是和经济面相关的，股价的表现是和上市公司的盈利正相关的。所以经济和股市关系从长远来看是有正相关关系；短期来看，则可能脱节比较大。

我们回到金融资产的定价模型。所有的金融资产定价的基本原理都是一样的，就是这个金融资产将来给你带来的现金流，通过一定的贴现率进行折现，折现到现值之后，把未来很多年的收益现值加总到一起，就是他现在合理的价值。所有金融资产都可以用这个公式来进行计算。难度在于两点：第一点就是对资产将来带来的现金流存在很大的不确定性，都是预测出来的。第二点就是对贴现率是多少也是一种预估。因此在定价上就会出现一定的偏差。

定价最简单的金融资产就是债券，因为债券的未来现金流是确定的，就是每年债券给投资者带来的利息收入。比如，每年有一定的利息，到期连本息10年以后一起还，这时候债券的现在价值，就是未来10年每年的现金流除以贴现率，（1r）的n次方。这个不确定性就在于预期回报率r是多少，这个影响到债券的价格。

股票的定价就比较复杂，因为股票的收益是未来的分红，通过一定的折现率折算到现在，这和公司的未来盈利和分红政策有关。同时，也跟经济周期的变化有关。贴现率同样是预估的，它反映了投资者对未来的要求的回报率。最简单的股票定价就是未来的分红率是一定的，盈利增速也是一定的，这样就可以用一个比较简单的公式算出来。

要分析经济，首先我们关注最重要的指标是GDP。GDP的核算可以用支出法或者生产法。支出法就是大家最熟悉的"三驾马车"，消费、投资和出口。而支出法把产业分为上中下游，把各方面产值进行相加。对GDP的核算是宏观研究的基础。GDP是国内生产总值，是指在一国之内，所有生产和劳务的总的产出。和GDP对应的是GNP，GNP是国民生产总值，是指一国的国民在全世界创造的生产和劳务的总和，也就包括一些在国外的人创造的价值。

像美国，有大量的跨国公司、大量的美国人在全世界赚钱，所以在美国GNP是大于GDP的。而我国大量引进外资，很多跨国公司在中国生产、销售，因此中国的GDP一般是大于GNP的。值得注意的是，GDP是一个增量的概念，而不是一个存量，因为GDP是经济增长率，反映国内生产总值的增长率。我们不能光看绝对值，而要看跟过去相比的增速，还要看经济结构。比如，中国GDP在过去这些年增速都在8%以上。而美国增速只有2%，但是美国企业的赢利情况却比我们要好很多。

因为，GDP是一个收入的概念，而不是利润的概念。我国的GDP虽然高，但是大多数是钢铁、水泥堆起来的增长，而美国的经济增长，附加值比较高的，利润增长比较快。所以，不能简单地下结论谁的GDP高，谁的经济增长就好。GDP只是反映经济增长的一个指标。

我们的GDP长期以来是投资拉动的，投资对GDP的贡献一度超过50%。而这几年GDP投资增速下来之后，消费对GDP的贡献开始提升，渐渐超过了投资。投资分几块，包括一般的政府基建投资、房地产投资、一般的工业企业的投资。在经济低迷的时候，民间的投资会下降，政府可能会通过政府投资来弥补民间投资不足。投资对经济增速的拉动作用是立竿见影的。2009年，我们当时为了应对全球金融危机，政府推出了4万亿元的投资计划，其实就是靠投资拉动的案例。

在4万亿元的投资计划出来之后，我们的经济指标几乎都是"V"型的反转，可见投资对经济的拉动作用是立竿见影的。但投资对经济拉动也会造成一些问题，比如产能过剩、经济过热、通胀高企等，也会产生一定的负面作用。但是在经济低迷的时候，财政政策对经济拉动的作用是比较直接的，特别是对于我们这样一个工业化程度比较高，经济增长比较依赖投资的国家，投资拉动的效果比货币政策更加明显。

我国的现代工业化基本完成，工业生产的增速基本上就决定了经济的走势。我们看到工业增速的走势和经济的走势几乎是吻合的。我们看工业增速主要看两个指标，一个是工业增加值，这是每个月都会公布的数据；另一个就是发电量。因为只要工业开工就要用电，所以发电量的是一个客观的指标，也是每个月公布的。工业增加值的走势相对来说比较平滑，而发电量走势波动比较大。

工业增加值和发电量是滞后的指标，一般在每个月9日左右公布上个月的工业增加值和发电量等经济数据。而要想提前预估经济，就要找一些经济的先行指标。先行指标之一就是PMI，也就是采购经理人指数。我国的PMI有两个，一个是中采PMI，就是由我国物流与采购联合会发布的一个PMI，是每个月对一些采购经理人进行问卷调查统计出来的数据，这个PMI主要是反映我国中大型企业的增速情况。

另外，一个是财新PMI（原汇丰PMI），主要是以中小企业为主的样本，重点反映是中小企业的经营状况。通过对采购经理人进行问卷调查，采购经理人他们对于未来两三个月的生产状况有一个预估，从而进行采购，所以PMI其实是一个提前的指标。PMI高于50就说明经济在扩张期，表明未来两三个月经济增长较好。PMI低于50，表示经济在收缩。所以，50被称为荣枯分水岭。

PMI是一个环比的指标，是指这个月相对于上个月的情况。所以看PMI，一个主要是看他是在50以上还是在50以下；另一个要看偏离50多少，偏离得越多越说明倾向性越大。同时，也要关注PMI的构成，比如，PMI的哪一个分项出现了比较大的变化。

我们下面讲货币政策对于经济的影响。因为，我国是一个严重依靠银行贷款，而依靠间接融资方式发展的国家，企业大部分的负债都是银行贷款。所以，信贷增速往往决定了经济的增速，我们看到信贷增速和工业增速的拟合度是特别高的。反映社会融资量主要是两块，一个是银行贷款这些间接融资，另一个就是直接融资。直接融资就是由企业直接向市场融资，比如，股票融资，债券融资就属于直接融资。

我们国家是银行贷款等间接融资占绝大多数，而在美国这些成熟市场，企业的直接融资反而是占大头的。我国将来的发展方向就是逐渐得提高直接融资的比例，减少间接融资的比例。融资总量的增速对经济面是有比较大的决定意义的。全社会的融资量是近几年才参考的指标，它比直接融资或者间接融资这些单个的指标，更能反映经济面的资金融资量，所以是一个更加全面的指标。我们也看到，融资总量的走势和经济走势是密切相关的。融资总量比较好的时候，经济面也比较好；反之，等到融资总量比较差的时候，经济面的走势也比较差。

2017年3月11日

再赴奥马哈聆听股神巴菲特

股神巴菲特——一个被全球投资者认可和崇拜的最成功的股票投资者，也是唯一一个靠股票投资进入世界前100强富人行列的。他的成功不可复制，但价值投资理念却值得我们学习。因此，每一年5月的伯克希尔哈撒韦的年会都是一场投资者的"朝圣"。而我在2016年有幸赴奥马哈小镇参加这一盛会之后，2017年的5月6日我会再次赴奥马哈聆听"股神"巴菲特和他的搭档芒格对股市行情以及投资理念的真知灼见。

巴菲特，如往常一样分享了他的价值投资理念。有很多人说，价值投资在我国不适用。这一说法被巴菲特否认。他认为投资理念不分国界，原则是关注业务。芒格也认为我国股市更应该使用价值投资而不是投机。他表示："我不认为价值投资会过时，我国市场将会因为更强调价值理念，更少卷入投资潮而变得更好。"而国内认为，价值投资不适用A股的原因则是对价值投资理念有误解。价值投资是在股票的价格被严重低估的时候买入，而在股票价格被高估的时候卖掉，要有安全边际。

价值投资要做到以下几点，失其一都不是真正的价值投资。

第一点是通过深入的研究公司，选择优质白马股。A股市场曾经诞生了很多牛股，比如茅台、格力等。长期持有这些好公司的优质股票是很容易赚到企业成长的钱的。但如果听信炒作的故事，打听消息，在没有进行充分研究的前提下，冲动地买入基本面并没有表面上那样好的公司，股票只能随着时间渐渐贬值，最后只剩下成为"股东"和割肉两种选择。A股在经历了2015年的三轮大跌之后，投资者已经逐渐不再听信上市公司的故事，而更注重公司的业绩，也正因为如此，A股的价值投资时代来临，坚守价值投资才能在资本市场中长期获益。

第二点就是巴菲特一直说的"投资要战胜贪婪和恐惧"。这是投资者都听过的道理，但能做到的人却少之又少。有了第一步的选择，一个好的股票还不够，还要在价值被高估的时候果断卖掉，而不是一直奢望在最高点逃顶，战胜贪婪。炒泡沫的时候，大家都想赚一个涨停板就走，而这是一种博傻的游戏。只要有人比"我"更傻"我"就能赚钱，但泡沫总有破裂的一天，市场总有最大的傻瓜，一旦你成了那个最大的傻瓜，损失是非常大的。贪婪使得很多人在牛市中期望用杠杆获得更高的收益，期望一夜暴富，而最终的结果往往是一夜爆亏，随着牛市的结束欠下巨额债款。而战胜恐惧就是要在大盘跌到底部的时候，坚定抄底，在投资者都"谈股色变"的时候，用合理价格买入优质的蓝筹股，等待大盘回升。

第三点是坚持。伯克希尔哈撒韦股价在去年最高的时候达到25万美元一股，而在52年前，也只是不到20美元一股。也就是说，它的股价在52年间涨了1万多倍。其实，伯克希尔哈撒韦每年的年均复合增长率也只有19%，但是因为坚持了52年，而复利增长是非常快的，因此，实现了财富的奇迹，达到了1万多倍的收益。

华尔街有句话叫"剩者为王"，也就是说不要看你曾经赚过多少，而是经过很多年的投资之后剩多少。投资要追求资产的稳定保值增值，而不是一夜暴富。如果能保持一个长期稳定的投资回报，最后就是长跑的冠军，因为投资就是一场长跑。他甚至极端地表示，一只股票如果你不打算持有10年的话，就压根10分钟都不要持有。

如果你做到了前两点，在选择一个好公司之后，成功地逃顶抄底，但因为涨幅并没有很高而在短期内卖掉，那也不能获得企业成长的收益。比如茅台在上市之后，涨了将近100倍，曾经买过茅台的人很多，可是真正能赚到100倍的人是非常少的，很多人只是在茅台上赚了一点小钱。确实像茅台这样的股票，大家认可它是一个好公司，是一个白马股，大家都知道这个公司在白酒行业的优势地位是无法替代的，但是真正能够坚定持有茅台的人不多。主要的原因就是，茅台的涨幅是非常慢的，特别是在牛市的时候，很多公司都涨停，而茅台只涨1%、2%。只有坚持持有，通过时间换空间，逐渐积累收益，才能真正赚到白马股的收益。

以上三点就是我总结的巴菲特价值投资理念的精髓。在A股进行价值投资，也要结合国内的具体背景和情况，但基本的原则是不会变的。

2017年5月2日

巴菲特告诉我们如何"抄底"和"逃顶"

2017年的伯克希尔哈撒韦年会，5月6日在奥马哈小镇召开，数万名全球的投资者汇集在奥马哈，参加这一次据说是巴菲特亲赴的最后一届年会，我也有幸再次来到奥马哈参会。

巴菲特被全球投资者称为"股神"，也是股票投资史上的奇迹。他的很多投资经历都被广为流传，奉为经典。

在2006年和2007年，全球资本市场都是超级大牛市，A股也是全民炒股，很多人号称自己是"中国的巴菲特"，连很多不知道股票是何物的人也进入股市。但是，巴菲特没有跟风买，反而把重仓持有很多年的中石油港股卖出。在接受媒体采访的时候，巴菲特说，当时他买中石油的时候，中石油还是一家市值较小的公司，国际原油价格大概50美元一桶，而2007年中石油一度成为全球市值最大的公司，超过美孚石油公司，而油价也达到140多美元一桶。他在牛市的时候战胜了贪婪，没有选择继续持有，而是卖出。

而到2008年年底，全球金融危机使股价大跌，人性的恐惧让很多人不计成本地抛售股票，哪怕很多股票已经跌出了价值。这时候，巴菲特出手了，在市场最恐慌的时候，以救世主的姿态买入了50亿美元的高盛，50亿美元的GE（通用电气）。而在他买入高盛和GE之后，股价跌了一半，被套了50%。很多人担心股神巴菲特会躲不过去这一次的股灾，而他接受电视台采访的时候说："当你听到知春鸟叫的时候，才知道春天来了；其实那时候春天已经过去了。"他也在之前致投资者的信里面说过一句话："如果你不能看到自己买入的股票跌了一半而面不改色，你就不适合做投资。"

很快到2009年，美联储开始量化宽松，美股大幅反弹。在短短的半年之内，他买的100亿美元的高盛和GE就翻了1倍，在半年赚了100亿美元。这就是因为他有正确的投资理念，敢于在股灾的时候买入。巴菲特说："股灾是上帝给价值投资者最好的礼物"。他再一次成功接收了上帝的礼物。

从巴菲特身上我们可以学到，只要有正确的投资理念，战胜贪婪和恐惧，在价值被高估的时候果断卖出，而在被低估的时候成功抄底，就能在资本市场上立于不败之地。巴菲特说："只有傻子和偏执狂才会去猜市场的顶部和底部。"做投资不要妄想在最高点逃顶在最低点抄底，而是要在看到风险之后果断撤出，在看到价格被低估时进入。

前海开源非常彻底地贯彻了这一点，我们在2015年5月看到市场有见顶的迹象之后，就把旗下的灵活配置型基金的股票仓位降到了10%以下。而到了2016年年初，大盘跌到2600多点，投资者信心全无。这时候，市场具备底部的特征，我们对以沪深300为主的蓝筹股进行大量的配置抄底，结束了长达9个月的空仓状态，果断加到接近满仓，并明确提前千点大反弹的观点，用实际行动践行战胜恐惧的观点。在这一波行情中，我们不仅有效地规避了市场的下跌，并且赚到了市场上涨的收益。

2016年下半年，我首次提出A股市场将迎来"慢牛"行情的观点，明确指出3000点以下是历史大底，现在入场正是在合理的价格抄底。过去1年，白马股涨幅喜人，特别是一线白马股已经涨幅很大了，如茅台创出历史新高，但仍然有很多优质的二线蓝筹的估值较低，业绩良好。现在，越来越多的投资者和分析师开始接受"慢牛"行情这个说法。摩根士丹利同样提出，在未来10年中国经济仍是全球经济体中最高的，A股有可能走出缓慢上扬的走势。也就是"慢牛"行情，这和我的观点是一致的。另一家国际大投行高盛同样提出看多A股的观点。现在，大家要积极找出A股的优质蓝筹股，特别是"漂亮50"来配置，积极拥抱本轮"慢牛"行情。

2017年5月3日

从巴菲特投资案例探索投资真谛

在巴菲特的股票投资经历中，有很多被投资者奉为经典的投资案例。最近，受到大家瞩目的就是对苹果公司的投资。

苹果公司一度是全球市值最大的上市公司，超过了整个俄罗斯国家的市值。但因为2016年iPhone 7销量不佳，很多人担心苹果的好日子已经过去了，苹果的股价就出现了比较大的下滑。而这个时候巴菲特开始分批买入苹果公司股票，而没有向其他投资者那样抛售。结果后来的股价走势证明巴菲特的投资眼光是非常精准的。在他买入苹果之后的短短几个月的时间里，苹果的股价就逐渐上升，并接近前期的高点。巴菲特是在市场对苹果公司前景悲观的时候，耗资67.5亿美元买入6120万股苹果股票，而根据2月24日苹果公司收盘价136.66美元每股的计算，这部分持股的价值已经超过了83亿美元，浮盈16亿美元，伯克希尔·哈撒韦成为2016年苹果前十大投资者之一。在苹果上的投资再次验证了巴菲特的投资理念的正确性，就是应该在一个好的公司的股价被低估的时候买入，而不是恐慌性地抛售。

而另一个值得关注的投资案例，就是巴菲特开始买入铁路和航空股，这两个都是他曾经看空的行业，巴菲特曾经开玩笑说："你如果想成为百万富翁，有一个办法就是你先成为千万富翁，然后再买入航空股。"因为当时航空和铁路行业的竞争白热化，但是经过这么多年的发展和激烈竞争，很多公司已经被淘汰，铁路行业、航空行业都只剩下几家公司，变成寡头垄断。这个时候，行业的业态就发生了根本性的变化，从之前的亏钱变成赚钱。在2010年伯克希尔·哈撒韦公司斥资超过260亿美元收购了伯灵顿北方圣太菲公司77.5%的股份，而这家公司成为后来为伯克希尔·哈撒韦贡献利润最大的公司。同样，航空业经过竞争，现在剩下的六大航空公司在2016年都实现了连续5年的盈利，而在之前的10年中，航空业亏损累计超过500亿美元。可见，美国的航空业经过几十年的竞争之后已经胜负已分，剩下胜利者就具备投资价值。这也是巴菲特去买这些公司的原因。

巴菲特的投资是非常灵活的，以前他只买能稳定增长的消费类股票，不买科技股、铁路股、航空股。但是现在他改变了看法，因为这些行业已经变成可以投资的行业了。所以巴菲特做投资不会拘泥于过去的观点一成不变，不会固执得排斥某些行业，而是根据行业的变化和动态来进行配置，这一点值得国内投资者学习。并且要根据中国的实际情况实行价值投资理念，而不应该机械地照搬照抄，学会随着经济和行业的发展不断更新自己的观点，这样才能真正做好投资。这是巴菲特给我们的启示之一。

另一个启示就是，做投资一定要分清：你是愿意亏时间，还是愿意亏钱。如果在市场在底部盘整的时候买入优质的股票，那你只会牺牲时间，但是不会牺牲金钱。比如说，2012年到2014年，大盘在2000点底部盘整，做多肯定是战略性的正确，但是可能需要时间去等待，这时候亏的是时间，但是不会亏钱。而到2014年7月牛市开始启动之后，坚定持有的人就赚了大钱，所以在底部的正确投资策略就是保持70%~90%的仓位，只做个股上的更换，但是仓位要保持相对高的水平，这样才不会错过市场的牛市。而在高点，比如2015年牛市，大盘接近5000点的时候，这时候买股票亏的不是时间而是钱，可能买了之后立刻涨，但是在随后的下跌中会亏大钱。

所以，我们做投资要选择宁愿亏时间也不愿意亏钱，用时间换空间，坚定持有赢得稳定收益。反观A股，在去年市场经过了三轮股灾之后，沪深300已经降到了历史大底，这时候建仓只会亏时间不会亏钱。前海开源基金就是在去年春节之后大盘跌到2600多点的时候，全面空翻多，一次性地把仓位从接近空仓加到接近满仓，建仓之后只是什么时候赚钱的问题，但是不会亏钱。

而对于特朗普上台之后实行的移民禁令，巴菲特是持反对态度的。他指出，即使不是经济学家也应该理解，使美国伟大的关键因素之一是移民，美国经济增长一直都是不可思议的，其中一个主要原因就是有大量的人才和雄心勃勃的移民来到美国。巴菲特指出："从240年前开始，在不到我年龄3倍长的时间里，美国已经集合了人类的聪明才智市场体系，一群智慧而有理想的移民依据法律法规来一同实现我们先辈理想中的富足。"在这段话中，巴菲特重点强调，是美国的移民让美国有了大量的优秀人才。而美国的移民吸引了全世界优秀的人才，这为美国保持长期经济增长做出了巨大的贡献。

显然，巴菲特是支持移民政策更宽松的。其实，美国本身就是一个移民国家，很多优秀的科学家、商人、政治家都是移民。这些移民为美国的强大做出了巨大的贡献，因此，特朗普的新移民政策在推出的初期就受到社会各方的反对，巴菲特也委婉地表达了他的观点。

2017年5月5日

再次亲历巴菲特股东大会的感受

这是我第二次来到奥马哈参加巴菲特股东大会,巴菲特作为最成功的投资者,他一直无私地分享自己的投资理念,很多投资者都非常崇拜巴菲特,大家都是怀着非常激动的心情来到现场。

巴菲特的投资理念在全球已经得到很多投资者的认可,我认为在A股特别需要有价值投资理念。因为A股是以散户为主的市场,行情走势大起大落。虽然A股也有很多好的公司,但是很多投资者在A股还是亏钱的,因为没有真正做到价值投资。很多人说价值投资在我国不适用,恰恰相反,我认为价值投资在A股更加适用。

A股经常存在错误定价的行为。例如在熊市的时候,很多优质股票跌得特别的便宜,可以说是白菜价,这应该是坚定来买的时候。在市场高点的时候,市场的泡沫又非常大。很多股票明显被高估,这时候应该把它卖掉。贯彻价值投资其实不分国籍,也不分市场,只要能够在比较低的价格买入一些好的公司进行持有,那么获得的收益都是比较可观的。巴菲特在过去52年的时间里,累计回报达到1.5万倍,其实每年的复合增长只有20%。因为坚持52年,复利增长是非常可怕的,增长52年之后达到1.5万倍的收益,这是让很多国内投资者都艳羡的。很多人在A股投资还停留在炒消息的阶段,可以说,把价值投资引入我国是非常迫切的。我一直致力于为国内投资者引入价值投资理念,让大家真的能在A股里赚到钱。

过去一年里,我们看到A股已经呈现出"二八分化"的现象。20%的优质蓝筹股股价不断创出反弹新高,甚至创历史新高。而80%的绩差股,小盘股连续地调整。在2016年年初大盘见底之后,我提出A股已经降到历史大底，而市场的方向将转向业绩为王，只有一些优质的蓝筹股才值得拥有。从过去一年的市场走势来看，确实呈现出这种态势。以茅台为代表的白马股股价创出历史新高，但是创业板指数还在不断地创新低，特别是一些绩差股，股价已经跌到了"一元时代"。现在正是要贯彻价值投资的时候，我们要从A股一些好的行业里面选出前三名的"漂亮50"的股票，就是最优质的50只股票来进行持有。对于一些绩差股和小盘股要坚决地调仓换股，这样我们才能真正地贯彻价值投资。

现在，我们看到A股市场走势相对低迷，而股权投资相对来说比较火，特别是现在已经有了新三板市场，它可以说是介于一级市场和二级市场中间的一个市场，或者叫一级半市场。新三板经过前两年的调整，已经有很多新三板股票跌出了价值，现在对1万余家新三板进行了分层，1000家创新层公司价格也已经是比较便宜了。这1000家公司中间有很多属于比较优质的成长股。将来一旦上市，会有比较大的提升。所以现在从新三板创新层里面来挖掘一些好的个股进行配置，也是一种价值投资的体现。

巴菲特的投资理念其实在每年致股东信里面都说得非常清楚，在今年的信公布后，我第一时间写了两篇文章进行解读，但我仍然会选择来现场聆听股神巴菲特和芒格演讲。这就像你喜欢一个歌星，平时会买他的唱片听，但和现场看演唱会还是不一样的感觉。作为全球最成功的投资者，巴菲特亲自主持会议（他跟大家面对面交流的机会越来越少，甚至有传言本届可能是巴菲特最后一次亲自主持股东大会，因为他已经87岁高龄了，他的合作伙伴芒格已经93岁了，所以在将来不一定有太多机会面对面的交流）。在股东大会上，除了包含致股东信里面的内容，巴菲特和芒格会花4~6个小时时间来回答投资者的问题。回答问题时，他们妙语连珠，有非常精彩的言论。这样的问答时间是本次会议的精华，在股东信里面是没有的。

华尔街存在众多的机构投资者，他们的投资理念也相差万别。前几天，我赴纽约拜访几家机构投资者，聊到巴菲特时，感觉他们多数对于巴菲特的价值投资是认可的。但是和国内投资者相比来说，并没有像国内投资者那样执着和狂热，我想主要是因为在华尔街有很多成功的投资人，而在A股非常缺少特别优秀的投资人。对国内投资者来说，巴菲特的声誉最高。在华尔街，存在很多的对冲基金，可能有一些优秀基金在某些年的收益率比巴菲特还高，所以在华尔街存在很多不同的投资理念和投资方法。但对于巴菲特的价值投资理念，认可的人还是比较多的，毕竟他的长期投资业绩无人能及。另外，巴菲特的投资理念是可以学习和复制的，而很多对冲基金的策略是很难复制和学习的。比如，量子基金，他的做空策略以及对市场的敏感性，很多投资者是难以学习的。这一点是我觉得是巴菲特和其他华尔街机构的投资经理不同的地方。

　　无论哪次股东大会，巴菲特都会不厌其烦地给大家讲价值投资理念，这一点是不变的。每年大会，他都会回顾当年投资的得失，这一点也是不变的。现在我们可能更加关注的是两个问题：第一个是巴菲特已经87岁高龄，芒格已经93岁，他们俩面临着退休，要找接班人，继承人究竟是谁，大家拭目以待。第二点就是巴菲特对于我国的看法，在特朗普上台之后，中美的贸易关系也逐渐地理顺，之前的担忧也逐渐地消除。特别是习特会之后，大家已经逐渐去理顺了中美贸易关系。巴菲特对于我国经济和A股的看法，这点也是大家比较关注的问题。

　　2016年这个时候，奥马哈下起了大雨，很多人打着伞很早来排队。大家的热情年年都是不变的，每年都像朝圣一样来到奥马哈。用国内投资者的话说，就像是大家学雷锋一样掀起全球热潮，学习巴菲特的投资理念也成为很多人每年的必修课。其实，大家是否能真学到巴菲特的投资理念可能还是因人而异的。大家都怀着一种崇拜的心情来参会，希望能受到一些感染。大家对于巴菲特的崇拜心情是不分国籍的，在美国我们也可以感受到很多人是看中巴菲特的价值投资。

　　会议现场很多人在散发一些宣传资料，可能是有一些旗下的公司宣传一些材料，一楼展厅展示了很多伯克希尔哈撒韦公司旗下上市公司的产品，这也是一个很好的广告机会。当然门口也有一些举牌子的可能是一些抗议者，因为在美国很多集会都会有一些抗议者,这也是一个美国特色。大家整体的秩序还是非常好,也没有出现人多混乱的情况。大家有序地进场,来到这里其实是一种节日的气氛,所以整体的气氛是非常融洽的。会议第二天还会有运动会等比较轻松的活动。

　　来此会议的大部分人都是股东或者是一些高端的投资人,所以整体的素质还是非常高的。它和一般明星的演唱会比较,它人数不少,但是秩序要好很多。大家从全世界过来是不分种族,不分地域,也不分男女老幼,都是怀着崇拜的心情过来,大家对巴菲特的认可和热情是非常高的。

2017年5月8日

个人恐慌是价值投资最大的敌人

每年都会有很多人怀着"朝圣"的心情来到奥马哈这个美国中部小镇，巴菲特作为全球最成功的投资者，是全世界前100位富人里面唯一一个靠做股票投资成功的，其他99位都是做实业的，光是这一点就值得所有股票投资者膜拜，而巴菲特本身也是一个愿意分享的人。他每年都会在股东会上回答各位投资者的问题，讲述很多经典的言论，令大家醍醐灌顶。

巴菲特的投资理念是价值投资，而A股市场又恰恰缺乏价值投资，在A股做投机的人特别多，有人开玩笑说：在A股做投资和投机有什么差别呢？其实，就是广东话和普通话的差别，广东话说"投资"就是"投机啊"。在A股真正贯彻价值投资的人很少，更需要把巴菲特的价值投资引入A股。我两次参加巴菲特股东大会，希望能在第一时间给投资者传播巴菲特的价值投资理念，给投资者带来启发。

巴菲特股东大会最精彩的部分就是4个多小时的问答环节，2017年问答环节的问题特别多，有50多个，巴菲特和芒格都认真地进行了回答。印象比较深的是，他在投资上的变化，之前他很少投科技股，唯一投了一只科技股——IBM在过去5年股价表现不佳，而在云计算等新的领域并没有出现较好的表现。在过去一年，巴菲特对于IBM的股票投资减低到了1/3，大概3000万股。但是，2016年他在科技股方面有比较大的动作，就是大量买入苹果的股票，在苹果最悲观的时候买入，随后股价上升，获得了可观的盈利。对于买入苹果的股票，他的解释说：苹果股票已经不是一个科技股而是一个消费股，因为现在人手一部iPhone手机，苹果已经变成一个大众的消费品，苹果又有大量的现金，所以符合他的选股标准。这说明巴菲特做投资他并不是固步自封，他也是不断在学习和改变。比如，在很久以前，他会买一些便宜的比较垃圾的股票，但是后来他发现如果是差的股票即使很便宜也不要去买，因为它后来会更差。而一些好的股票即使短期内价格好像高了，但是通过业绩的增长可以消化掉高估值，也可以获得比较大的收获。巴菲特的投资是不断在根据时代变化的，他以前爱投资消费股，现在越来越多去买入一些高科技、互联网等公司，这一点给我留下的印象很深刻。他坦言，因为对科技股的偏见，错过了谷歌和亚马逊这样的牛股很后悔。

在过去几年里，我国投资者问巴菲特关于我国的问题时，他会很谦虚地表示，对于A股市场研究并不多，所以没有太大的发言权。他曾经投资的比亚迪确实是很成功的一笔投资，大概有5倍的收益，但对A股投资还是比较少的。他重点还是投资美股，在国外市场投资也很少，这也证明了他的眼光非常独到，因为美股的过去7年是很大的牛市，现在很多指数都创了历史新高。甚至在过去30年，美股都是很强劲的走势。

对于A股的投资，我在纽约拜访了4家华尔街的金融机构，他们作为QFII投资A股，他们对于A股还是存在很多不理解或者不适应的地方。比方说A股乱停牌的现象，内部交易以及不完整的做空机制，无法对冲风险等。巴菲特对于A股投资今年重点回答了一个问题，就是价值投资是否适合我国。巴菲特认为：A股确实有很多的投资者，靠投机赚钱完全是靠运气的，大部分人都是失败的。另外，因为很多投机者存在导致很多股票存在错误定价，这样一来如果进行价值投资的话，可能会获得更大的超额收益。我认为这一点是巴菲特对于A股今年的表态。

对于价值投资，我希望大家首先要有一个正确的理解。希望能够贯彻价值投资，而不是打着价值投资的头号去价值投机。但是在价值投资理念推广的过程当中，在理解方面，大家就遇到了困难。因为，A股投资者是参差不齐的，有的是专业的投资者，也有很多是散户投资，甚至很多人还停留在打探消息、做波动这种投机的阶段。让他们去接触价值投资确实需要很长一段时间，甚至在市场低迷的时候，有些价值投资还会遭到漫骂。有人会认为，这样是在忽悠大家去买股票，当大家都不愿意去买股票的时候，往往是产生机会的时候。

2017年，巴菲特先生在回答投资者问题的时候就提到了，在致股东信里面也提到了，个人恐慌是价值投资最大的敌人，就是在市场低迷的时候大家往往是恐慌的，这个时候很容易迁怒于别人从而不愿意去抄底。而集体的恐慌对价值投资者来说是一个最好的机会，只有在这个时候你才能以便宜的价格买到一些好公司。我认为，在我国做价值投资推广需要很长一段时间，而非在1年或2年完成的，可能需要10年甚至20年时间来推广。台湾以前也是很多散户的市场，但是经过20年的发展，散户的数量明显的下降，市场的走势也更加理性。其实，历史上美国在100年的时间里，前期也是有大量的散户投资者。但是无数次的股灾让市场逐渐回归价值投资，让越来越多的散户成为基金的持有者或者是机构的投资人，也只有这样美国才慢慢发展成现在一个成熟的市场。我觉得，对于A股市场现在就是要战胜恐慌的时候，需树立信心。无论是价值投资，还是A股一些好的公司，在将来都会有一个好的发展。

我们可以从巴菲特投资科技股的心路历程来看下，在2001年科技股泡沫的时候，当时有很多科技股和国内有类似的状况，非常狂热，很多人都在投科技股，甚至很多公司改名，股价都涨10倍，但是就在这种狂热之下，就产生了2001年的科技股泡沫。而对于巴菲特投资来说，他的理念是只投资看得懂的企业。当时，他认为他是看不懂的，所以他就没有投任何科技股，当然他错过了科技股的上涨，之后的股灾他也躲过去了。这次股灾之后，科技股经过了大洗牌，最终一些成功者走出来了，比如，微软、英特尔、亚马逊、谷歌等。由于他当时躲过了这些股灾，之后他也没有去配置这些股票，所以他没有抓到过去科技股上涨的黄金10年，现在他开始逐渐改变自己的理念。现在的苹果他看清楚了，已经具备消费的属性，人手一部iphone手机，苹果已经变成一个消费股了，这样投资它就没有多少风险了。苹果账上的现金非常多，已经符合他选消费股的理念了，所以他选择投资了苹果股票或者说投资这种胜负已分的企业。

现在，国内投资者投资科技股的热情是可以理解的，大家都希望能够投到将来的微软，投到将来的谷歌，但是真正能够成功的绝对是凤毛麟角。10年前，中国有1万多家电商，但是经过10年的淘汰，现在只剩下阿里和京东等几家了，其他投入的资本基本都已经灰飞烟灭了。我感觉，投这些公司的股权就需要提防这种成功率很低的风险。如果投资成功了，就像买彩票一样中了500万元，但是大多数人是中不了奖的。所以，我认为，对于国内投资这种高科技的热度一定要保持冷静，而不要狂热地去追捧。

巴菲特的公司是一个再保险的公司，也就是说，他是给保险公司来进行保险的。而这些资金都是特别长期的资金，可能都是30~50年不用动的，所以他可以很耐心地抄底一些好的公司，然后等待价值回归。过去每轮股灾时，他都大量去买入好的公司，后来获得了巨大的回报。比方说，2008年市场最恐慌的时候，他买了50亿美元的高盛，50亿美元的通用电气，后来赚了1倍。他之所以有这种信心，除了对这些公司坚定看好外，还因为他的资金期限很长，其次他是用做企业的眼光选择公司。

2017年5月31日

巴菲特单日巨亏50多亿，股神是如何面对暴跌的

"彭博亿万富翁指数（BBI）"显示，美国股市从2月5日骤然下跌，导致全球500名最富有的人损失了1140亿美元资产。根据数据显示，当然损失最严重的就是股神巴菲特，他损失51亿美元。其次是脸书创始人马克·扎克伯格，他损失36亿美元。亚马逊公司创始人杰夫·贝佐斯位居第三位，一天内损失了33亿美元。其后是谷歌联合创始人谢尔盖·布林和拉里·佩奇，他们一天内损失了23亿美元。微软公司创始人比尔盖茨5日损失22.5亿美元。面对美股暴跌，巴菲特泰然处之。他一直主张，在有压力和不确定性的时期，一定要保持清醒的头脑，而"买入并持有"是应对不确定性的最好策略。

巴菲特如何直面暴跌？

而连同此次"爆亏"在内，巴菲特漫长的炒股生涯中经历了5次暴跌，他对市场的态度和应对暴跌的策略是值得我们每个人学习的。

一、让子弹飞——抄底要有耐心

1973年1月，标普500指数最高121点。但到了1974年10月，标普500指数却腰斩，最低跌至60点。股市暴跌，就像发生火灾一样，所有人都想赶快逃离，纷纷不计成本，低价抛售。巴菲特却非常淡定，从从容容出手，大胆买入。

但实际上，早在1969年9月，巴菲特就退出股市，然后一直抱着现金，等待估值过高的股市暴跌。连他自己也没有想到，虽然一年之后的1970年5月26日股市最低跌到68点，但又迅速反弹，连续上涨两年多，1973年1月最

高升至121点，之后才开始真正下跌，直到1974年10月，标普500指数最低60点。巴菲特等待暴跌，一等就是5年。

等了那么久，终于到了出手的时机。巴菲特在接受《福布斯》的记者访问时说："我觉得我就像一个非常好色的小伙子来到了女儿国。投资的时候到了。"

面对此次暴跌，巴菲特给予我们的启示是：不要低估市场的疯狂，高估值持续的时间可能很漫长，等待市场恢复理性的过程不会一帆风顺，其间要淡定、有耐心，因为可能要等上几年。

二、没抓到底不要灰心机会永远有

1987年8月到1987年10月美股暴跌36%。这一次股市跌得快，反弹也快，结果巴菲特只能遗憾没有时间"让子弹飞"。面对暴跌匆匆而来又匆匆而去的投资机会，巴菲特仍然非常淡定，因为他相信下一次机会还会来，只要耐心等待。

在1987年度致股东的信中，巴菲特回顾大跌：对于伯克希尔公司来说，过去几年股票市场上实在没有发现什么投资机会。1987年10月，确实有几只股票跌到了让我们感兴趣的价位，不过还没有买到对组合具有影响意义的数量，它们就大幅反弹了。

"到1987年年底，除了作为永久性的持股与短期套利的持股之外，我们没有其他任何大规模的股票投资（5000万美元以上）。不过你们可以放心，市场先生将来一定会提供投资机会，而且一旦机会来临，我们十分愿意也有能力好好把握住机会。"

这次，巴菲特得到的启示是：有时暴跌来也匆匆去也匆匆，让你无法抓住抄底良机。对此，同样要淡定，不要因为试图把握住每一次机会而自责甚至投资行为失控。

暴跌后第二年，机会来了，巴菲特开始大量买入可口可乐。到1989年，两年内买入可口可乐10亿美元，1994年继续增持后总投资达到13亿美元。1997年底巴菲特持有可口可乐股票市值上涨到133亿美元，10年赚了10倍。

三、暴跌之后，不是什么股都能抄底

2000年3月到2002年10月美股再度暴跌。巴菲特其实早就预言，科技网络股推动的这波股市大涨后泡沫必然破裂。尽管，股市3年跌了一半，巴菲特却并不急于抄底，因为他想买的很多股票还不便宜。

在暴跌之后，巴菲特依然非常淡定，我们并不认为其内在价值被市场低估。同样的结论也适用于大多数的股票。尽管股市连续3年下跌，从而大大增加了股票的吸引力，但只有很少的股票能让我们稍有兴趣而已。这一令人不快的事实正好表明了在大泡沫时期股市对于股票的疯狂高估。不幸的是，狂饮的酒越多，宿醉的夜越长。查理跟我现在对于股票退避三舍的态度，并非是与生俱来的。我们热爱拥有股票，如果是以具有吸引力的价格买入的话。

巴菲特当时表示："在我61年的投资生涯中，其中约有50年中都有这样的机会出现。今后也一定会有很多类似的好年份。但是，除非发现至少可以获得10%的税前收益率的概率非常高时，否则我们宁可闲坐在一边观望。"

2003年，巴菲特终于开始出手，买入中石油。2005年大量买入，投入股市资金规模从2002年年底的90亿元猛增到160亿元。巴菲特面对暴跌的启示是：暴跌后，有些股票未必便宜，抄底也要淡定。因为即使是股市大跌一半，并不代表你想买的股票也大跌一半，而且有些股票即使大跌一半也未必便宜。

四、抄底永远要坚持价值投资

2008年，金融危机来袭。在市场恐惧气氛最大的时候，当年10月巴菲特在《纽约时报》上发表文章，公开宣布：正在买入美国股票。

在文章中，他再次重申他的投资格言：在别人贪婪时恐惧，在别人恐惧时贪婪。他在2009年度致股东的信中说暴跌时要贪婪到用大桶接,"如此巨大的机会非常少见。当天上下金子的时候,应该用大桶去接,而不是用小小的指环。"

巴菲特之所以能够在金融危机的暴跌中如此淡定地大规模投资,关键在于他对于价值投资的坚定信仰,巴菲特当时表示:过去两年对真正的投资者来说是最理想的投资时期,恐惧气氛反而是投资者的好朋友。那些只在根据市场分析人士做出乐观分析评价时才买入的投资者,为了毫无意义的保证付出了严重过高的价格。最终,在投资中起决定作用的是你支付的价格和这个公司在未来10年或者20年的盈利之间的差额,不管你是整体收购,还是只在股市上买入这家公司的一小部分股份。

巴菲特曾表示:要坚信自己持有的这些上市公司具有长期的持续竞争优势,具有良好的发展前景,具有很高的投资价值,坚信股灾和天灾一样,只是一时的,最终会过去,会恢复正常,所持股公司的股价最终会反映其内在价值。

而传奇基金经理彼得·林奇也经历过很多次股市大跌,但仍然取得了非常成功的绩效。如何更好地面对暴跌,其提出了3个建议:

第一,不要因恐慌而全部贱价抛出股票。如果你在股市暴跌中绝望地卖出股票,那么你的卖出价格往往会非常之低。1987年10月的行情让人感到惊恐不安,但没必要在这一天或第二天把股票抛出。当年11月股市开始稳步上扬。到1988年6月,市场已经反弹了400多点,也就是说涨幅超过了23%。第二,对持有的好公司股票,要有坚定的勇气。第三,要敢于低价买入好公司股票。

暴跌是赚大钱的最好机会:巨大的财富往往就是在这种股市大跌中才有机会赚到。

2018年2月11日

2017年巴菲特致股东的信透露了哪些机会

最近发布的2017年巴菲特致股东的信,受到全世界投资者的关注,每年一封的信主要讲过去1年的投资理念以及主要的操作,不仅讲正确的决策,也讲存在的失误,以及由此带来的损失,这反映了巴菲特的坦诚心态。今天,主要对巴菲特致股东的信进行解读,进一步剖析巴菲特的投资操作以及价值投资理念。这几年,我一直致力于将巴菲特的价值投资理念引入A股市场,A股这两年对价值投资理念的认可度也大幅提升,坚持价值投资的投资者获得了巨大的回报。随着A股市场逐渐走向成熟,价值投资将会成为投资者获得长期稳定回报的工具。

下面主要解读巴菲特致股东的信中的一些要点。这封信首先讲了公司的财务数据,伯克希尔·哈撒韦2017年净值增长653亿美元,A类股和B类股每股账面价值增长23%,A类股账面价值在2017年年底为21.1750万美元,税改带来了290亿美元效益。其EPS达到3338美元,高于市场预期的2617美元,每股账面价值增长了23%,主要得益于美股去年的大幅上扬。过去52年的时间,伯克希尔哈撒韦公司的股票账面价值从19美元增长到172108美元,年均增幅达到19%,获得长期的复利增长,所以才能创造出这样的投资奇迹。

根据致股东的信公布的前十五大重仓股,可以看出2017年巴菲特大幅增持苹果公司的股票,新增美国银行的股票,中国公司比亚迪也成功挤到前十五大重仓股之列。同时,2016年大幅减持IBM,IBM转型不成功,连续3年负收益,因此及时止损。这也反映了巴菲特会对错误的决策及时纠正。

另一家科技股苹果公司则受到青睐,继续大幅增持。巴菲特的持仓成本209亿美元,该部分股票的市值是282亿美元,浮盈34.6%。巴菲特投资于苹果公司主要是基于苹果公司的技术优势以及苹果公司具有消费股的特征。苹果公司经过近几年的发展，积累了大量现金，现金十分充足，符合巴菲特一直投资于消费股的理念。巴菲特认为苹果公司已经不是一家科技公司，而是一家优秀的消费类公司，这笔投资也获得了较大的收益。

让国内投资者兴奋的是，中国公司比亚迪也成功挤入巴菲特的前十五大重仓股。截至2017年年底，伯克希尔哈撒韦持有的比亚迪公司的股票达到2.25亿股，持股成本为2.32亿美元，由于比亚迪股价的上涨，截至2017年年底，同样获得巨大的回报。2016年，巴菲特增持的航空股依旧继续持有，金融股方面增持了美国银行。

巴菲特前十五大重仓股的分布主要是消费、金融、科技、航空和铁路。从巴菲特投资标的来看，都是符合巴菲特投资理念的，基本面非常好，业绩也十分稳定，发展前景也很好，可以看作白马股的代表。巴菲特一直坚持投资于这些公司，体现了对这些公司长期前景的看好，但是这些公司短期之内的股价表现不一定是最好的，长期却带来巨大的回报。从巴菲特大量持有比亚迪也可以看出，对于新能源汽车的看好。在过去一年多的时间，我也一直建议投资者关注新能源汽车行业，燃油车向新能源汽车转换是大势所趋，这个趋势短期不会改变，可以积极配置。新能源汽车受益首先就是上游的钴锂等资源股，将来还会有比较好的表现，其次就是新能源汽车产业链以及整车公司，比亚迪作为中国新能源整车的代表，受到了巴菲特的青睐。

伯克希尔·哈撒韦的保险浮存金达到1140亿美元，而美国税改直接给公司带来290亿美元的效益。巴菲特在2017年的致股东信中提到，公司的目标是大幅提高非保险类业务收入，将需要实施一笔甚至更多的巨额收购。但这在2017年并未能发生，伯克希尔·哈撒韦始终没能找到价格合适的收购对象。巴菲特表示："在并购上，我们遵循一条简单的原则：别人越大胆，我们就越谨慎。"

巴菲特还在致股东信中提出，从长期投资角度看，美股的多元化投资组合的风险程度，将逐渐低于债券，"与美国股票相比，继续持有债券已经变成了一种愚蠢的投资。随着时间的推移，标准普尔500指数每股收益（净值）的年收益率远远超过10%。"

在致股东信文末提及欢迎大家到场参加5月5日在奥马哈举办的伯克希尔股东大会。过去两年，我两次赴美参加巴菲特股东大会，及时地将巴菲特最新投资理念介绍给A股投资者，2018年我也计划再次参加，现场感受股神巴菲特的人格魅力和投资理念。对于市场非常关注的"接班人"问题，巴菲特并未在致股东信中做出明示。

2018年2月28日

白马股与新经济将成"双支柱"

2018年以来，A股市场波动加大。我一直建议投资者通过持有优质股票来应对当前市场的大幅波动，只要持有的是好股票，尽管在市场下跌时也可能会跟随调整，但一旦大盘企稳，很多强势股的股价都将涨回来。

那么，到底哪些股票是好股票？我认为，2018年传统的消费白马股和新经济板块会形成"双支柱"的格局。这意味着2017年只有买白马股才能赚钱，而2018年白马股和新经济板块都有机会。

最近，有一些投资者问我是不是市场观点变了。其实，我的观点很长时间都不会改变，除非遇到大的拐点。2018年虽然A股市场出现了大幅波动并出现了阶段性的风格转换，但这些都是非常正常的现象。我所建议的"三七开"配置新经济板块和白马股的策略，并不是观点的改变。

2017年，我坚定推荐白马股，但2018年春节假期前的大跌已经宣告白马股单边上扬的行情已经结束，市场风格有了切换的基础。但不要因为这段时间白马股下跌，就认为白马股的行情已经结束。白马股在2018年涨得太多了，当前出现部分资金获利了结而导致回调很正常。因此，投资者面对白马股的下跌不仅不应该恐慌，而且应该感到欣喜，因为我们可以在更低的价位布局优质股票。

我们不妨看看巴菲特的持仓，给他带来长期收益的最主要板块就是消费股。受益于中国的消费升级和人口增长，我认为消费股值得长期配置。近期，有些白马股因为一些利空传言导致下跌，这为我们提供了抄底的机会。

放眼全球，A股仍是全球资本市场的估值洼地。从市盈率上看，涨了9年之后，道琼斯指数和标普500都达到了25倍，纳斯达克已经达到了36倍。

相对而言，上证指数只有15倍，上证50只有11倍，可以说A股整体上还是估值洼地。这也就意味着，在美股终结9年单边上涨牛市并进入高位震荡模式之后，会有一部分全球资本开始选择处于底部的A股进行投资。

和2016年年初相比，目前上证综指仅比当时的低点高出百分之十几，而许多中小创个股的股价更是低于上证综指2638点时的价格。我认为，3000点之下是历史大底，在这个点位之下，应采取"只买不卖"的策略。最近两次大跌，大盘都是在跌到3000点以上时开始反弹。

从历史数据看，投资者什么时候买贵州茅台等白马股是亏过的？只要你买的是好公司，未来这些公司业绩的增长会不断地消化它的估值。因此，像白酒、食品饮料、医药等板块今年还会有行情。

新经济板块方面，2017年年底我就建议重点关注经济转型的四大方向：一是新能源汽车，特别是上游钴锂资源股；二是芯片，因为将来国家肯定要增加对芯片的投入；第三是人工智能；第四是5G，因为从4G转到5G有大量的投资。

从大方向来看，新经济板块将来肯定会成为资本市场重要一极，而一些独角兽企业回国内上市，势必会改变A股现有的市值结构，新经济板块的占比会大大提升，至少要提升到和GDP中一样的占比，甚至会更高。也就是说，以后A股会接近1/4的市值，都是一些科技股为代表的这些新经济板块。

不过，这些"独角兽"回归之后，可能会形成比较强的"吸金效应"，大量的资金向优势的龙头企业集中，而小公司或者一些绩差公司可能会失血严重，甚至被逐步边缘化，成为无人问津的股票。

这些已经在海外上市的企业回归国内，无论是通过IPO还是通过CDR的方式，都存在一个问题，就是它们已经经过了很大的涨幅，市值已经过万亿，估值上并不一定便宜。他们回归可能会给A股市场带来一定的影响。一方面，让国内投资者有机会参与到这些公司的投资。另一方面，有可能由于估值偏高或者是发行的股份过多，对A股的资金面产生一定的冲击。所以，对于一些"独角兽"企业回归国内，我们不能盲目地去追逐，而是要看它的发行价是否合理，它未来是否还有成长性。

值得一提的是，投资新经济的公司和传统行业的方法是有所不同的，一是要选择绝对的龙头，因为新兴行业往往存在"赢者通吃"的情况。二是要用公司的成长性判断公司价值。可能一些代表新经济的公司，现有业务还无法产生较多的利润，但未来的业绩会大概率释放出来。估值方法上，也不能局限于用市盈率或者市净率的方法，还要综合运用多种估值方式。新经济代表未来的发展方向，符合经济转型方向的科技龙头公司有望逐步释放出业绩，从而推动股价上涨。

只有持有好股票，投资者才能穿越市场波动的周期，而不用去预测明天是涨还是跌。

2018年4月3日

都说巴菲特牛，他的观点对A股有用吗？看看这八条"干货"

巴菲特在2018年的股东大会上讲述了几个重要的观点。

第一，巴菲特分享了他一贯的投资理念，就是不买黄金。很多投资者不了解为什么巴菲特不买黄金。在这次大会上，巴菲特讲道："如果1942年用1万美元投入美国股市，什么都不用做，现在会变成5100万美元。但如果当时听了小道消息，把这1万美元拿来买300盎司的黄金，那今天仍然只有300盎司的黄金，跟1942年一样，而今天300盎司的黄金大概只值4万美元。

所以，巴菲特说：你可以拿黄金做成珠宝等首饰，但是它并不是投资，永远不会产生任何的实物。巴菲特说他希望买一个能够有产出的资产，能够不断地进行再投资，不断产生更多的投资增值。所以，从这一点来看，巴菲特认为黄金本身并不产生价值，从一定程度上来说，并没有很强的保值功能。他测算的例子也可以看出，从长期来看，投资黄金的回报并没有投资股市那么高。巴菲特说过：所谓黄金就是一部分人从一个地方挖出来，然后运到另一个地方存起来，本身并不产生价值。

第二，对于中国投资者重点提出的如何看待中美贸易摩擦的问题，巴菲特认为牺牲世界经济而发生贸易摩擦是不明智的。巴菲特说：两国一直在寻求达成双赢局面的平衡点。在未来很长的时间内，中国和美国都会是世界最具影响力的国家。

巴菲特认为，美国在贸易上做得很好，中国也是如此。全世界很多国家在贸易上做得都非常理想，而且让人满意，这就是所谓双赢或是共赢的结果。有一方想多赢一点，另外一方也想多赢一点，就会吸引注意力。但我们不会牺牲全世界的利益及繁荣，两国正在为解决贸易摩擦作出努力。

巴菲特认为，世界上两个最具智慧的国家，绝对不会做一些非常愚蠢的事情。中美贸易可以达成双赢局面。

第三，关于在我国的投资方面，巴菲特表示，伯克希尔·哈撒韦在我国投资是很成功的，在中石油和比亚迪上的投资都获利颇丰。但芒格补充说：在经济快速发展的中国仅赚到这点钱是远远不够的。巴菲特一直把大部分资金投入美国市场，因为他对美国经济非常看好，对美国的企业也比较了解，并且要动用较大的资金投资在美国之外的地方还是比较困难的。

巴菲特说：在选择海外市场投资的时候，他会考虑市场的容量。很明显，中国经济的发展前景很好。中国市场是年轻而庞大的市场，市场的年龄和有效率的成长是成正比的。他讲到芒格已经找到了一些好的中国股票作为标的。芒格也表示，美国很多投资人错过了中国的机会，今后会有更多的投资者关注中国市场。

第四，会上有些投资者也提出，如何看待巴菲特的第一重仓股富国银行的丑闻？富国银行是巴菲特曾经号称"要持有一万年"的银行，但是2017年股价下跌了6%，而竞争对手像摩根大通、花旗等银行的股价均有两位数的上涨。2017年富国银行表现差，主要是因为被曝大量虚假账户而陷入危机。巴菲特说：这是一个惊人的错误，是糟糕的销售激励带来的结果。但是巴菲特同时表示，富国银行的问题来自于激励机制，富国银行这笔投资在他看来还是值得的。公司的CEO也在努力解决公司的问题，争取让公司变得更为强大。

第五，对于苹果公司的投资也是很多投资者重点关注的。巴菲特在以前的投资中大量避开科技股，这也让巴菲特躲过了2001年科网泡沫破裂带来的损失，但是同时也错过了科技股的大行情，错过了亚马逊、谷歌等大牛股。巴菲特后来买的第一只科技股就是IBM，但是由于IBM的转型并不成功，所以巴菲特后来亏钱卖掉了IBM。这两年他大量买入了苹果公司的股票。在2018年一季度，很多投资者质疑iPhone X的销量可能不及预期，苹果的股价也出现了一定的下跌。但伯克希尔·哈撒韦大量买入苹果股票，一季度再次增持7500万股，成为苹果公司第三大股东。巴菲特明确表示，买入苹果股票是他的决定，而不是他旗下投资经理的决定。

对于IBM和苹果，巴菲特说："我认为它们是两家区别很大的公司，是两种不同类型的投资决策，而我在前者的投资上犯了错。至于后者，未来大家将会见证我到底是对了还是错了。"

时间会给出答案的，但有一点值得我们借鉴。巴菲特说："如果看一个公司的产品，用一个季度的销量来决定它的投资价值，那肯定是错误的。"在巴菲特公布了一季度大量买入苹果股票之后，苹果的股价大幅上涨，创出了历史新高。

第六，对于近年来炒作比较热的数字货币，巴菲特继续表达了不看好的观点。他认为，虚拟货币的泡沫最终会破裂。芒格则表示，他比巴菲特更讨厌数字货币。巴菲特幽默地在旁提醒说：他们在向全世界直播，让芒格不要说得太露骨。在之前接受CNBC采访时，巴菲特表示，加密货币本身没有价值，而是在投机。当然，如果你愿意投机，想赌一把，明天也许有人用更多的钱买。但这是一种赌博，而不是投资。巴菲特更喜欢投资一些能不断产生价值的资产。

第七，在继承者的问题上，巴菲特表示，随着年龄的增长，他会把更多的工作交给手下的基金经理。他处于半退休状态已经几十年了，现在更多的是从大局上进行把握，具体的公司运营和投资都交给手下的基金经理。最近，伯克希尔·哈撒韦晋升了两位副总裁格雷格·阿贝尔和阿吉特·贾因，他们可能会成为公司未来的接班人。芒格幽默地说：巴菲特最擅长做的事就是什么也不做。

第八，在被问及如何选择产品进行投资时，巴菲特回答说：有些产品把它送出去时人们都想亲我一口，而不是打我一个耳光。巴菲特举了一个有趣的例子：看看喜诗糖果，如果你是十几岁的小男孩，你送你女朋友一盒糖果，那么她会亲你一口，而不是打你一耳光。我觉得，这是一个非常好的比喻。做投资就要买业绩好的公司、产品卓越的公司。

巴菲特喜欢投资的公司一般没有什么科技含量，一般都有很深的"护城河"，具有很大的竞争优势但不需要高科技来维持。巴菲特认为，如果一家公司需要高科技来维持竞争力，那么它很难保持长久的优势，可能一个技术进步就会将其淘汰。在A股市场中，和可口可乐、喜诗糖果相同类型的公司是一些消费类的股票，比如我过去两年重点给大家推荐的白酒、医药、食品饮料等。

有意思的是，在特斯拉2018年一季报的电话会上，特斯拉创始人马斯克表示，"护城河"这一概念非常古板，根本站不住脚。"护城河"曾被巴菲特在多个场合提出。对于企业，"护城河"就是其可持续的竞争优势。这个优势赋予企业极大甚至是永久的持续运作能力，而且应该不断加深、加宽。马斯克的理念是科技的力量可以帮助竞争者跨越河道，攻陷城池，所以技术创新才是企业保持强大地位的根本。

巴菲特则表示，技术不能把所有业务全都攫取走，不能解决一切问题，它可能是一些年轻小孩的梦想。随后他再次提到喜诗糖果，调侃道："马斯克可能在某些领域有所颠覆，但我不认为他会在糖果领域成为我们的对手。在糖果业，我们是老大。"而向来心直口快的马斯克当天即发推特表示，要成立一家糖果公司，并后接一条"我非常非常认真"。从中，我们可以看出，巴菲特和崇尚科技至上的新一代领军人物在投资理念上的不同。孰优孰劣，尚难定论。

2018年5月21日

连菜市场大妈都很少讨论股票的时候

美国彼得林奇曾经有一个"鸡尾酒会理论"。在鸡尾酒会上,彼得林奇发现了酒会嘉宾表现与股市周期规律的关联。

第一个阶段,彼得林奇在介绍他自己是基金经理时,人们只与他碰杯、致意,就漠不关心地走开了。当人们谈论其他事情的时候,比如人们宁愿谈论牙病,也不谈论股票时,股市已经完成了探底,不会再有大的下跌空间。

第二个阶段,彼得林奇在介绍他自己是基金经理时,人们会简短地与他聊上几句股票,抱怨一下股市的低迷,接着还是走开了,继续关心自己的牙病和明星的绯闻。彼得林奇认为,当人们只愿意闲聊两句股票而还是更关心牙齿时,股市即将开始抄底反弹。

第三个阶段,人们在得知彼得林奇是基金经理时纷纷围过来询问:该买哪一只股票,哪只股票能赚钱,将会如何。而再没有人关心明星绯闻或者牙齿。当人们都来询问基金经理买哪只股票好的时候,股市应该已经到达阶段性的高点。

第四个阶段人们在酒会上大谈股票,并且很多人都主动向彼得林奇介绍股票,告诉他去买哪只股票,哪只股票会涨。当人们不再询问该买哪只股票,而是反而主动告诉基金经理买哪只股票好时,股市很可能已经到达了高点,大盘也即将进入下跌的状态。

现在,A股市场在调整了3年之后,可以说是连菜市场大妈都很少讨论股票,散户对于股市低迷、灰心、失意,就连专门投资股票的基金经理也不愿意多谈论股市,以免被市场打脸。可以说,投资者的情绪已经极度悲观、低迷。这恰恰说明当前的股市处于底部区域,向下的空间已经不会太大。

事实上，从过去A股市场见底的经验来看，几乎每轮市场的底部都伴随着投资者情绪的低迷，甚至出现了很多基金的发行失败。而2018年以来，已经出现很多公募困难，难以达到2亿元的最低成立标准，不得不找帮忙资金，而小微基金大量出现，当基金存续的规模长期低于5000万元时就要清盘，2018年以来已经出现多只公募基金清盘。

从一定程度上来看，投资者的入场意愿已经到了极度低迷的时刻，这恰恰说明市场已经到了历史大底的位置。这时候其实应该是克服恐惧的心理，不必过于悲观。真正的底部往往是在恐慌中产生的，是在投资者恐慌性地抛售优质股票的时候产生的。这个现象值得大家认真去思索，避免在地板上卖出优质的股票。

2018年8月20日

在市场底部做投资，需要一份耐心

巴菲特、彼得林奇是投资者顶礼膜拜的投资大师，很多人希望能够追随他们的投资思路，在投资中获胜，但现实中能够获得良好回报的人非常少。总结这些投资大师的经验，我们不难发现，这些投资大师普遍具有一些优异的素质：勤奋、耐心、专注等。有句话说得好，"没有人能够随随便便成功"，再有天赋和能力的人缺乏勤奋，不能做到与时俱进也会被别人超越。

人们不能选择天分，但是可以选择勤奋。勤奋在很多优秀的投资人身上体现得非常明显，其中投资大师彼得林奇就是一个代表性的人物，他掌管的麦哲伦基金在13年间资产增长了27倍，创造了共同基金在历史上的财富神话。很多人只看到了彼得林奇的成功，但是忽略了他的勤奋。1982年，彼得林奇回答电视主持人的提问——什么是他的成功秘诀时说："我每年要访问200家以上的公司，阅读700份年度报告"。彼得林奇的成功和他的勤奋是分不开的。

其次，做投资要有耐心。投资大师巴菲特说过：成功的投资需要时间和耐心，即使付出再大的努力，有再高的天赋，有些事情没有时间的沉淀是不会发生的。罗马不是一天建成的，好公司也不是一天能够成长起来的，机会可能就在你的身边，但你需要做的是要有足够的耐心，不要让它溜走。

很多人说中国市场不适合价值投资，中国没有好公司，这其实是错误的。虽然10年的时间，上证指数又回到了原点，但是A股市场仍然诞生出了很多牛股，比如说，万科、茅台、张裕、伊利、白药、平安等一批好的公司，长期持有这些公司投资者都获得了巨大的回报。

当然，真正能够长期持有这些公司的投资者少之又少，很多投资者都曾买过这些长期牛股，但是往往都是割肉出局，没有忍受市场的调整而急功近利，导致在这些牛股上仍然亏钱，与牛股失之交臂。对投资者来说，坚持价值投资、长期投资，在本质上就是要对投资有耐心。同时，要勤奋地去发现这些公司的价值，去研究这些公司的价值。

  投资是反人性的，要求人既要战胜贪婪，又要战胜恐惧，在股价大幅上涨时要战胜贪婪，要在股价大幅下跌时要战胜恐惧。很多投资人在盈利的时候得意忘形，而在亏损的时候心态消极，导致做投资往往做反。要想做好投资，就要有一颗平常心，能够用做企业的方法去选股，做一些好公司的股东。这样，通过时间的积累，才能够真正获得投资的回报。

2018年8月22日

美股迎来史上最长牛市纪录A股如何学习

这轮美国牛市已经持续了9年多的时间，起点是2009年3月9日，当时为了应对全球金融危机，美联储实施了量化宽松政策，向市场释放流动性来刺激经济复苏。而标普500指数触及666点的盘中低位之后一路反弹，截至2018年8月标普500期间的涨幅已经超过了320%，道琼斯指数也涨了近3倍，纳斯达克指数涨幅则高达500%以上。

美股持续走强，主要的原因，一个是保持了长期的低利率，美联储实施了三轮量化宽松，向市场释放了很大的流动性，超级宽松的货币政策，成功地阻止了债务违约和通货紧缩，催生了史上最长牛市。

第二是美国"FAANG"五大科技股盈利大幅增长，为本轮牛市的上涨带来了很大的推动力。FAANG指的是互联网巨头脸书（Facebook）、苹果（Apple）、亚马逊（Amazon）、奈飞（Netflix）以及谷歌的母公司Alphabet。现在全球处于第四次科技革命之中，而美国无疑是第四次科技革命的领头羊。美国的科技股盈利不断地超出预期，推高了纳斯达克指数，同时也给美国投资者带来了比较大的投资回报。

从板块分类来看，标普十一大分项指数中，非必需消费品、信息技术和金融是三个涨幅最大的板块。从更为细分的板块来看，互联网、软件、硬件等和科技相关的板块涨幅最大。

支撑美股持续走牛的第三个因素是企业的基本面持续向好，美国上市公司的盈利大幅增长。美国的企业多数都是跨国企业，在全球获得利润，很多公司业绩不断地增长，通过股票回购等方式提高公司的每股收益，从而带动了相关股价的上涨。同时，特朗普的大幅减税措施也使得美国的企业的盈利大幅增长30%以上，这也使得美国经济增长后劲比较足。可以说，良好的企业基本面，是美股不断走强的重要的原因。

可见，美股长期走牛，并不仅仅是美联储实施了量化宽松的政策，大量放水造成长期的利率接近于零利率。事实上，美联储实施量化宽松，主要的目的并不是刺激股市的上涨，而是支持经济的发展，让美国的企业可以保持足够的资金来进行再投资。通过救经济从根本上来救股市，而不仅仅是为了刺激股市上升。

事实上，在2013年，美联储就果断结束了三轮量化宽松，从2015年年底开始启动加息，至今已加息7次，但是这并没有阻止美股不断地创出新高。这说明通过放水来刺激股市上涨是短暂的，主要还是经济的强劲增长以及企业盈利的不断增长，推动美国股指创出新高。

美国股市走出了9年多的"长牛""慢牛"，这让国内投资者非常羡慕。A股应该怎样向美股学习，将来走出"长牛""慢牛"的走势，这可能是大家比较关心的问题。

从刚才分析的美股走强的原因和经验来看，第一，在经济基本面上，要保持长期稳定的发展，企业盈利要不断地上升，而上市公司应是一些好的企业和公司，上市公司是股市的基石，只有一批优秀的公司通过长期的业绩增长，才能够开启股市的"长牛""慢牛"。通过完善退市制度，让好的公司能够留在市场上，而让一些绩差股直接退市，同时鼓励企业的长期投资，鼓励价值投资。这样才能够让投资者长期分享到一些优秀公司的成长。

第二，美国市场的长期牛市得益于长期的超低利率，甚至零利率的市场环境。低利率是企业获得低成本资金的一个重要的保障，也是股市长期走牛的一个条件，因为根据股票的定价公式，分母中包含基准利率。保持基准利率较低，同时要保障市场经济中低利率的环境，让企业可以以比较低的利率拿到银行贷款，这样企业的盈利才会有比较好的持续增长。

第三，市场的机制要更加成熟，机构投资者占比提高，市场长期投资回报率会相对稳定，这会吸引更多资金的入场。

第四，在市场的监管方面要更加的成熟，打击一些违法违规的行为，保护正常交易以及正常的市场运作，保护投资者的利益。改变当前股市"重融资、轻投资"的现状，让广大投资者可以赚到钱。

通过这些方面来构筑一个长期健康发展的股市环境，保障中小投资者的权益，进而在市场投资中获得较好的收益。

当然，美股大幅上涨之后，现在估值处于历史估值的一个高位，一些著名的投资人开始高位减仓来降低风险。巴菲特就是一个案例，8月4日，巴菲特旗下的投资旗舰伯克希尔·哈撒韦公司公布了强劲的二季报，受益于美国经济状况的改善，伯克希尔·哈撒韦的多个业务均表现良好。A类股的营业利润为每股4190美元，同比增长67%，大幅高于之前分析师的预期。受此利好消息的推动，伯克希尔A类股票的价格上涨了3%，达到31.37万美元每股。

值得注意的是，伯克希尔·哈撒韦公司现金持有量增加到1110亿美元，这说明巴菲特在市场大幅上涨之后，已经开始通过减持一些获利比较大的股票，从而来回收现金。巴菲特可能会通过回购股票的方式来推高伯克希尔·哈撒韦的每股收益，降低组合的风险。伯克希尔·哈撒韦公司，在过去54年中，净资产增长了将近2万倍，带来了巨大的投资回报，这也是巴菲特价值投资理念成功的一个典范。

现在，巴菲特高位减持一部分美股，也验证了之前本人的判断，"巴菲特指标"，也就是市值GDP比，显示美股现在已经高达140%，处于风险较高的位置，巴菲特开始减持美股。相反，当前A股的"巴菲特指标"只有70%，处于中长期的底部。

2018年8月23日

优质上市公司是股市长期发展的基石

2018年，人民币汇率贬值主要是由美元升值过快导致。人民币相对于其他新兴市场国家的货币来说，贬值的幅度并不大，不像土耳其里拉等其他的一些新兴市场国家的货币一样，出现趋势性地大跌。人民币的跌幅是非常有限的。上周，央行时隔一年重启了逆周期因子，也就是在人民币中间价报价的时候，加上逆周期的因子，反映了央行的意图，即不希望人民币进一步贬值。在重启之后，人民币汇率在最近出现了连续大反弹，反弹幅度达到了1000多点，人民币汇率贬值的利空基本上也已经开始改善。

值得注意的是，伯克希尔·哈撒韦账上的现金高达1110亿美元。很明显，巴菲特已经逢高在进行减仓来降低组合的风险，获利了结。这轮牛市，巴菲特赚得盆满钵满，从2008年金融危机花费大笔资金抄底买入股票，到现在10年的时间，赚了整个10年的牛市，现在又开始高位减持，进行套现。所以，巴菲特做法确实值得我们大家学习。

有人评论，现在地球已经无法阻止美股上涨。可以说，美股上涨的强劲程度确实是超出了很多人预期，包括美国的很多投行人士，很多著名的投行都发出了警告，美股已经产生了泡沫，见顶的风险比较大，随时都有可能大调整。但是，很显然，美股的多头依然是奋勇向前，没有退缩的迹象。这说明，美股的赚钱效应依然很强，全球的资金仍然向美国流，这给美股带来了源源不断的增量资金。

美国大规模降税，让美国的企业的盈利大大地超出预期。美股的盈利的增长推动了股价的增长。美国的企业多数都是跨国经营，他们在全球赚取利润，很多跨国企业的盈利绝大部分来自海外，在美国本土赚的反而是少数。

美国的企业实力非常强,也享受了比较高的估值溢价。我们在羡慕美股的同时,也要分析一下,我们怎么能够让A股将来也走出"慢牛""长牛"的走势,让国内投资者也能够分享到资本市场的红利。这是大家应该着力思考的一个问题。

从美股上涨的经验来看,上市公司是股市的基石,只有上市公司的基本面不断地向好,企业的盈利不断增长,这样股价才会持续地上涨。美国是机构投资者的天下,散户投资者比较少,它们是坚定的基本面选股,所以美股里只要是好的企业,盈利不断上升,股价就会不断创新高。这一点是比较明确的。

A股这几年的走势也已经逐步地体现出来基本面选股的重要。现在,A股基本面选股已经逐步成为主流的选股方式,业绩为王是最重要的选股思路,无论是哪一种投资逻辑,最终都是要落实到业绩上。只有业绩稳定增长,业绩超预期,股价才会有比较好的表现。

在市场的底部,我们就是要抓住一些业绩好并且未来还能够持续增长的行业和板块,这样才会有持续的表现。炒题材、炒故事都是昙花一现。所以,建议大家要及时地转变投资思路,抓住绩优股的机会,远离绩差股和小盘股。这样才能够贯彻价值投资,才能够在A股市场筑底的过程中取得比较好的业绩回报。

2018年9月1日

学习巴菲特老师格雷厄姆的选股逻辑

提到价值投资,大家马上会想到股神巴菲特,其实巴菲特的老师本杰明·格雷厄姆才是"价值投资之父"。我们讲价值投资,首先要去研究格雷厄姆的思想,而刚好今天是教师节。

格雷厄姆对于价值投资的贡献怎么形容都不为过。在格雷厄姆之前,人们认为,股票市场的参与者是投机者,而不是投资者。持有债券在当时被认为是真正的投资,而股票市场的活动则被视为投机。格雷厄姆把科学方法和定量研究应用到投资分析过程中,取得了巨大的成就。

格雷厄姆本人直接管理资金,成立了格雷厄姆纽曼合伙企业管理投资基金,在管理基金的几十年里,取得了令人难以置信的成功。他管理的基金在超过20年的时间里,每年赚取了21%的利润,远远跑赢了指数。除此之外,格雷厄姆还一直在他的母校哥伦比亚大学教授投资这门课。巴菲特正是格雷厄姆的学生,也在格雷厄姆的基金公司工作。

格雷厄姆有两本最著名的投资著作,一本是《证券分析》,另一本是《聪明的投资者》。《证券分析》这本书经常被称为"投资者的圣经"。巴菲特则称:"《聪明的投资者》是有史以来关于投资的最佳著作,我建议大家有时间可以买来认真学习。"

格雷厄姆主张投资组合要包含很大仓位的股票。他这一主张基于两个基本原则:第一,他认为股票为投资者提供了保护,以防止通货膨胀造成的美元贬值。第二,结合股票的股息收益率和市场价值的增加,从长远来看,股票提供的收益通常比债券要高。

同时,格雷厄姆提出了一个很重要的概念——"安全边际"。他认为安全边际是指资产的价格与其内在价值之间的差额。如果你以内在价值的大幅折扣购买一个资产,你就拥有了一个"安全边际",可以用它来消化误判或者是糟糕的运气所带来的影响。他认为,要使一个投资成为真正的投资,就必须有一个真正的"安全边际"。

在选股上,格雷厄姆提出来七个标准,供大家参考:

第一,投资于有适当规模的企业。规模过小的企业抗风险能力较弱,一旦经济下滑,就有可能出现倒闭的风险。所以,在企业规模上,格雷姆建议选择适当的企业规模。

第二,投资于有足够强劲的财务报表的公司。他不建议投资一些高负债的公司,因为财务杠杆过高,虽然能增加公司的每股净资产收益率,但是会大大提高公司的财务风险。

第三,投资于利润稳定的公司。他建议投资的公司在过去10年中,每年都能产生利润,这样才值得投资。

第四,投资于能够连续20年以上支付股利的公司,也就是现金分红持续性比较好的公司。现金分红一方面体现了公司的盈利能力,另一方面体现了公司的社会责任。

第五,投资于利润能够连续增长的公司。

第六,按合适的市盈率来投资。目前的股价不应该在过去3年平均利润15倍以上。

第七,投资于市净率比较合适的公司。市净率也就是股价和每股净资产的比例不应该超过1.5倍。

格雷厄姆的这些选股标准值得我们A股投资者借鉴。

2018年9月9日

看看美国投资大师是如何应对市场大底的

彼得林奇曾说过,在市场恐慌的时候,他也曾经大量地割肉卖掉股票,但是无论他卖的价格是高还是低,最终证明卖股票是错误的决定,因为后来这些股票的价格都涨了很多,创了新高。

在市场底部,"市场集体的恐慌是价值投资者的朋友,而个人的恐慌则是价值投资者的敌人"。因为市场集体恐慌会制造一些配资杠杆被错杀的优质个股的抄底机会,但是由于个人内心的恐慌,可能在机会出现的时候很难下手抄底。对于一些中长线的资金,则会选择在市场低迷的时候进行布局。例如像养老金、外资等这些盯住中长线机会的资金,在市场下跌的时候,逆势进行加仓,进行中线布局。

很明显,现在国内的投资者信心疲弱,非常悲观,不断割肉;而海外投资者对A股反而相对乐观,对经济的看法大致也是如此。所以,从操作上来看,外资在逆势加仓,而国内投资者多数是在低点割肉,可能这一次的历史大底又被外资给抄到。

在1987年"黑色星期一"的时候,当时有一个投资者去找巴菲特,看他在这种大跌的时候做什么。到了办公室他看到巴菲特在办公室像往常一样看《华尔街日报》,并没有慌张。然后,这名投资者说:"今天大跌你怎么不慌张,你不害怕你的股票会大跌吗?"巴菲特说:"我的股票都是准备持有10年以上的,短期股价的下跌跟我有什么关系呢?"

从经历上,我们可以看出,真正做价值投资,就是要敢于在集体恐慌时稳住心态。其实,从A股市场历次市场大底来看,每次大底都是在投资者恐慌的时候产生的。像2005年的998点、2008年的1664点和2012年的1849点,包括2016年年初的2638点这几个历史大底产生的时候,都是投资者最恐慌的时候。

2018年9月11日

巴菲特价值投资理念的精髓

当前，我国宏观经济呈现出稳中有变的格局，整体的增速变化不大，而各项的经济指标相对平稳。在政策方面，下半年宏观政策将逐步地明朗：在货币政策方面逐步地偏宽松；而在财政政策方面会更加积极，提升市场的经济的增速，同时提高投资者对于金融市场的信心。

而A股市场现在又到了重新提价值投资的时候，很多优质个股已经跌出了机会，建议投资者要认真地去筛选去研究，抓住一些被错杀的优质个股的机会。首先，我们来回顾一下巴菲特讲的那些关于价值投资的重要观点。

巴菲特说："当我考虑买入一只股票的时候，我会考虑整个公司的状况来决定是否买入。就像沿着街边逛商场，看遍整个商场的产品之后才会决定要不要买。"他的意思是说，对于某只股票的投资，一定要从整个公司的发展状况来研究，通过基本面研究来获得好的投资机会。

而很多投资者并不看公司的基本面，而是通过打听消息或者是看公司的股价走势图、K线图来决定是否买入。巴菲特说："没有研究过基础的投资，就像闭着眼睛开车，如果仅仅是看公司的价格就去买一个股票，很容易出现亏损。"

巴菲特说："如果你买入一只股票，仅仅是因为它的价格低于它的价值，而没有进行全面考虑，我建议你还是不要买入。"

巴菲特说："如果你的智商高于25，投资的成功就与智商没有什么关系。只要你拥有正常人的智商，你需要做的就是控制使人极易陷入投资困境的冲动性格。"巴菲特认为，投资成功和智商并没有太大的关系，而在于心态以及对于公司的了解程度。

巴菲特认为，做好投资并不需要有超越别人的才能，并不是只有做非凡的事情才能取得非凡的成就。这些也给我们普通投资者很大的信心。真正做成功的投资并不需要太多的技巧，也不需要太多的智商，只要能够掌握正确的投资方法，坚定持有优质的公司，坚持价值投资理念，就能够做好投资。

2018 年 9 月 14 日

坚定持有优质公司度过低迷时期

在2018年5月底，A股被正式纳入MSCI新市场指数，外资开始按照MSCI新兴市场指数的比例来配置A股，不仅一些指数基金配置A股，一些主动基金也开始加速流入A股市场。在进"入摩"之后，现在又在推进"入富"，也就是把A股纳入富时罗素国际指数。

富时罗素国际指数和MSCI新兴市场指数一样，都属于国际上最大的指数之一，有众多的资金盯住这个指数来进行配置。根据富时罗素指数的相关负责人的表态，最快在本周有可能宣布把A股纳入富时罗素国际指数，并且初始纳入比例有可能超过初步纳入MSCI的纳入比例，当时这个比例是5%。

越来越多的国际指数把A股纳进去，一方面，看中了A股的市值，现在A股的市值是世界上前三大的市值。在之前本来是第二大市值的股市，但是在最近被日本股市超过。另一方面，也反映了A股市场经过大幅下挫之后，估值上确实具备了比较大的吸引力，外资作为中长线的投资资金，更加看重上市公司本身的价值，以及中长线布局的机会，所以在2018年外资逆势流入体现了这一点。

随着A股国际化程度的提高，将来外资在A股市场的占比也会逐步增大。根据测算，现在外资在A股市场的总市值占比只有2%，占A股自由流通市值6%左右。我认为，在未来的5~10年，外资占到A股市场的总市值有可能提高到10%左右，这会给A股带来大量的增量资金。

外资多数注重长期投资、价值投资和上市公司基本面的分析。随着外资的流入，外资在A股市场的占比增大，外资投资理念也将影响A股的投资者，可能会给A股带来价值投资理念以及中长期的投资价值，也有利于推动A股市场的国际化程度。在这种情况之下,坚持价值投资、长期投资和基本面研究,是未来获得投资收益最重要的方式。对于一些基本面比较差的股票要继续远离,不能去投资一些题材股、绩差股。

巴菲特认为,不需要有超越别人的才能,真正做成功的投资并不需要太多的技巧,也不需要太多的智商,只要能够掌握正确的投资方法,坚定持有优质的公司,坚持价值投资理念,就能够做好投资。

2018 年 9 月 17 日

在不确定市场寻找确定性机会

巴菲特说过,股价短期是投票机、长期是称重器。也就是说,短期影响股价的因素很多,但是从长期来看,驱动股价的核心要素就是业绩。当前,市场存在着很多不确定性,经济也处于稳中有变的状态。怎么在不确定性之下寻找确定性的机会,就是当前投资人应该重点思考的问题。

从历史上来看,长期的牛股几乎都是由于上市公司的盈利出现了持续上升,也只有业绩持续上升,公司的股价才会走出长期牛市。在当前整个市场震荡的情况之下,抓住一些业绩确定性增长的机会才能够在市场中获得比较好的投资回报。美股在过去9年多的时间获得了长期稳定的回报,这主要是由于美国的上市公司盈利快速稳定地增长,推动了股价的上升。

要想选择一些长期的牛股,首先要选择一些行业增速能保持长期较高水平的行业,只有一些朝阳的行业,才能产生出长期的牛股。在我国经济转型的背景之下,消费行业是未来增长最确定的,无论是受益于消费升级的高端消费品,还是受益于消费总量扩张的一般消费品。未来的盈利增长都是比较确定的。

在高端消费品里面,像白酒、医药、食品饮料等一些品牌消费,以及在一般消费品里面的快速消费品,未来都会有比较好的盈利增长。这些行业很容易产生长期牛股。巴菲特在长期的投资中,几乎把全部资产都配置在消费股上,就是看好消费股是能够穿越经济周期保持长期盈利增长。

在科技行业里面,一些能够具有研究能力、技术壁垒的科技公司,会有比较长期的发展。但是科技股的主要问题是公司的技术壁垒,很容易受到别的公司的挑战。一旦技术进步,将导致该公司的技术壁垒被打破,护城河被攻破，公司的业绩可能会出现比较大地下滑。所以，巴菲特长期以来不愿意投资于科技股，就是这个原因。

在选定了行业之后，可以选择这个行业里面的优质的公司。我国的各个行业经过过去二三十年的发展，基本上都已经过了自由竞争的阶段，进入到寡头垄断的阶段。行业前三名在整个行业的市场占有率大幅提升，而寡头垄断是一个行业比较成熟稳定的状态。在寡头垄断阶段，各个企业更加看重的是收入和利润的提高，而不注重价格战。所以，在寡头垄断的行业里面，行业龙头往往会获得比较好的盈利增长。彼此打价格战的意义已经不大，各个公司依靠产品质量的提高以及品牌的提升来吸引消费者。

对于业绩能够向上增长的一些公司，现在是比较好的配置机会。这时候，投资输的只可能是时间，不可能是资金。因为，很多个股，特别是一些优质的白马股，估值上已经处于历史的底位。虽然市场的底部有可能会延续很长时间，但是不会出现大幅下挫，下跌的空间已经非常有限。

过去几年，我一直坚定地推荐投资者关注龙头白马股，我提出"白龙马股"的概念。白龙马股代表了一些成长行业里面的龙头股，包括传统的盈利稳定增长的行业，以及未来将会有比较好增长的一些行业，像食品饮料、生物医药、白酒、家电、电子产品等这些行业的龙头白马股，业绩增长更加稳定，越来越受到资金的关注。

很多资金发现，经过了自由竞争阶段之后，行业的格局已经非常稳定。行业龙头股的股权的稀缺性是非常高的。一些产能过剩的行业或者是订单出现大幅下降的企业，比如做外贸的一些公司，在订单下降之后，已经没有生意做。这时候，如果退出原来的行业，资金如何去投资，以及公司的业务如何转向，这是很多企业家思考的问题。

我的建议是企业家不要仅仅考虑在原有的行业进行转型或者升级，如果找不到好的商业模式，通过投资一些长期增长行业的龙头公司，也可以实现企业的转型。比如，一家做出口贸易的公司已经很难获得盈利增长，但是可以通过买入像茅台、伊利等优秀的公司的股权，作它的股东，从而获得这些公司财务投资的回报，这样相当于间接地实现了企业的转型。

　　当然，对于长期稳定增长的个股，买入的价格非常的关键，选择比较低的位置进入，投资风险是比较低的。经过了大幅下挫之后，A股市场估值上已经具备了很大的吸引力，现在是考虑配置一些优质行业龙头股的时机。

2018年9月22日